黄河后土文化探析

主编 张天柱

中国轻工业出版社

图书在版编目（CIP）数据

黄河后土文化探析 / 张天柱主编．—北京：中国轻工业出版社，2020.9

ISBN 978-7-5184-3165-6

Ⅰ.①黄… Ⅱ.①张… Ⅲ.①祭祀—文化研究—万荣县 Ⅳ.①K892.98

中国版本图书馆CIP数据核字（2020）第165008号

责任编辑：罗晓航　　责任终审：劳国强　　整体设计：锋尚设计
策划编辑：伊双双　　责任校对：李　靖　　责任监印：张　可

出版发行：中国轻工业出版社（北京东长安街6号，邮编：100740）
印　　刷：艺堂印刷（天津）有限公司
经　　销：各地新华书店
版　　次：2020年9月第1版第1次印刷
开　　本：787×1092　1/16　印张：15.5
字　　数：350千字
书　　号：ISBN 978-7-5184-3165-6　定价：98.00元
邮购电话：010-65241695
发行电话：010-85119835　传真：85113293
网　　址：http://www.chlip.com.cn
Email：club@chlip.com.cn
如发现图书残缺请与我社邮购联系调换
200991W2X101HBW

本书编写人员

主　编：张天柱

副主编：胡晓立　王　昭　白春明

参　编：张明明　柴多梅　杜名扬　赵婵璞
宋建华　黄寿臣　邢浩宇　关海燕
马清馨　邵　娟　杨婧荟　刘月姮

顾　问：张德纯　李　桦

张仪古道

序

山西省万荣县政府和国内相关专家学者倾力襄助，本书作者团队不避寒暑，笔耕不辍，《黄河后土文化探析》终于在2020年秋分的中国农民丰收节付梓出版。承编者厚托，嘱余添笔为序。由是先睹书稿，引发感想感悟良多，谨叙于兹。

本书首次将黄河文化与后土文化合为一体，用以探寻中华文明的源头滥觞，向读者展示出一份悠远、厚重、多彩的历史画卷。

悠悠五千年，由伟大黄河哺育成长的中华文明，是人类唯一绵延不断的文明。曾经与她一同引领人类走上昌明之途的古巴比伦文明、古埃及文明和古印度文明，都在历史长河中先后湮灭了、更替了。在此，我们很沉重地给这些逝去的伙伴文明缀上一个“古”字。按照汉语的词意，“古”是久远的时代，“昔”是稍晚的时代。作为中华民族的炎黄子孙，我们为此荣幸，为此自豪，当然更要为此感奋，为此担当，提升中华文明的新高度，继续引领人类走向更昌盛的时代。

中华文明史叙事的重大事件，几乎都在黄河文化中首先登台演绎。上古时期的黄帝、颛顼、帝喾、唐尧、虞舜的五帝时代，都在黄河中下游繁衍生息、铸奠伟业，熔冶出灿烂的黄河早期文明。立邦国，筑城郭，兴稼穑，定礼制，开教化，点亮文明曙光，厚筑万世基业。继之而来的夏、商、周三代，黄河文化以大中原为文化中心区，跨江越岭，开疆拓土，巍巍然凝聚成辽阔的黄河文化圈。其间出土的裴李岗文化、大地湾文化、仰韶文化、马家窑文化、龙山文化、二里头文化等，证明了黄河文化在史前的连续与互联。紧接着，甲骨文、金文、城郭、宫殿、青铜铸造等标志文明高度的文化要素一一走上文明辉光的舞台。此后三千年，黄河文化长期居于中国古代多元文化的排头地位，成为中华文明当之无愧的代表。

本书另一个并列主题是“后土文化”。这是最早形成于河东运城的原始文化。至今在万荣、稷山、闻喜一带，留存有大量有关后土文化的遗迹、遗址和传说故事。近年有关后土传说的研究日渐增多且深入，使我们对后土文化的认识更多、共识更多了。

运城是一座集聚始祖文化的城市。它的周边同时存在关于“后稷”和“后土”的众多历史遗存，在黄河文化圈里独享这份殊荣。这里向读者解释一下后土的“后”。甲骨文中有个“司”的会意字，指一个人张开大口，意为“发号施令者”。人在右边写为“司”，人在左旁写成“后”。“司”和“后”是两个对映字，最初是同一个字的两种刻写方式。后来分别给它们添加了义项，才分为两个字。由此可知，“后”是甲骨本字，与繁体的“後”字无关。

“后稷”和“后土”，都是上古汉语的“定语后置”的组词称谓。在甲骨卜辞和钟鼎金文中，定语后置的人名地名很多。例如，丁祖、司母、妇好、城颍、州屈等。如果按照现代汉语的词序句法，这些人名地名都要倒过来说。也就是说，“后稷”“后土”实际就是稷后、土后。“后”的本意是领袖人物，初时为职官，继为祭祀供奉的神灵。需要注意的是，“后”不含性别指向，男女都可成为领袖，成为“后”。“后稷”是掌管谷物的领袖，是谷物之神；“后土”是掌管土地的领袖，是土地之神。

土地之神的塑造确立，表明当时农耕文明已经进入成熟阶段。因为农业生产离不开土地，需要供奉一个神灵来保护土地。这是原始信仰的原初功能。由于农耕牧养直接受到环境气候变化的影响，经常遭遇各种灾害，生产上存在巨大的不确定性和不稳定性，于是人们借助神灵信仰和图腾崇拜来寄托精神慰藉。远古祖先崇拜敬畏的自然万物，种类非常之多，举凡日月星辰、土地山岳、河流湖池、雷电大风，直至动物植物，无所不包。运城万荣的“后土文化”，将土地祭为神祇，其中蕴含的历史信息是，这里是农耕文明的起源地之一。农耕当惜土、重土、祈神佑。这就是后土文化产生的社会渊源。古代保护土地的理念延续到今天保护生态环境的思想，显示出中华文明千古一脉的承传弘扬精神。

略叙如上，忝以为序。

曹幸穗

2020年农民丰收节　谨撰
中国农业博物馆研究员
农业农村部农业文化遗产专家委员会副主任

目录

绪言

一、讲好“黄河故事”，延续历史文脉

习近平总书记在黄河流域生态保护和高质量发展座谈会上说：“黄河宁，天下平。”“要深入挖掘黄河文化蕴含的时代价值，讲好‘黄河故事’，延续历史文脉，坚定文化自信，为实现中华民族伟大复兴的中国梦凝聚精神力量。”这是从实现中华民族伟大复兴的战略高度和价值哲学的崭新角度，对推进黄河文化研究的期待和要求。

黄河流经中国九省区，绵延千里的黄土地、奔流不息的黄河水、遍布全球的黄种人都是黄河文化能在历史长河中永续不绝最好的解答。黄土地、黄河水、黄种人等概念都与黄河有着深远的渊源，这些概念不仅蕴含着中国人的价值观和世界观，更是华夏儿女精神力量的源泉，联系着全球华夏儿女的精神纽带。

从轩辕帝大战蚩尤胜利后在黄河岸边扫地为坛，到秦始皇统一六国首次完成了中国大一统，再到晋察冀成为中国抗日战争时期重要的根据地，在中华民族五千年的文明史中，黄河流域在每一个国家历史变迁的节点上都扮演着重要的角色。

历经岁月的洗礼、历史的变迁，黄河文化已经深深流淌在国人的血液中，让黄河文化活起来，融入时代的旋律，是涵养社会主义核心价值观的绝佳途径。因此要深度挖掘黄河文化资源，并大力弘扬黄河文化，继而发挥黄河文化强大的凝聚力，让华精神明光辉永驻、日益繁荣。

二、发展生态，人与自然和谐相处

当前中国已经进入全面建成小康社会的决胜阶段，从历史上看，生态建设与经济发展不均衡问题在中华人民共和国建设初期就已出现，改革开放后，各级政府重国内生产总值（GDP）轻环保的粗放型发展模式更加普遍，生态与经济的不均衡情况更加严重，2011年以后，我国环保投资总额呈现先增长后下降再增长的趋势，2016年经济发展与生态保护的不均衡状况得到了控制，但依然没有

根本改善。

十九大报告指出，人与自然是生命共同体，人必须尊重自然、顺应自然和保护自然。习近平总书记提出“绿水青山就是金山银山”，揭示了生态环境对于经济发展的基础性作用，折射出了人与自然和谐统一的重要性。生态资源是最宝贵的资源，经济发展与生态环境相生相伴，在全面建成小康社会的攻坚时期，更要牢牢把控好生态关，保护生态，就是保护人民群众的美好生活，也就保护了中华民族的永续发展。

生态环境作为一种特殊的公共产品比其他任何公共产品都更加重要，清洁的空气、清洁的淡水、清洁的土壤是人类赖以生存的最基本的条件，也是人类能否建设美丽乡村、美丽城镇、美丽城市，实现美好生活的最基本条件。

黄河文化是中华民族的智慧结晶和我国学术思想的历史渊源。就文化的传承性而言，黄河文化是现代文明建设的重要资源。建设现代文明，必须建立在对传统优秀文化的传承、弘扬上，否则就成了无源之水、无本之木，就会失去与多元文化交流的根基，就会失去自我。黄河文化是走向新时代的起点，是建设先进文化当之无愧的重要载体平台。黄河是中原的母亲河，黄河与中原的结合就是文旅的融合，使黄河成为造福人类的幸福之河。文化是旅游的灵魂，旅游是文化的载体。近距离触碰中原文化的脉搏、感知中原文化的神韵、汲取中原文化的营养，也是人们对旅游的美好期望。打造极具国际影响力的黄河文化旅游带，不仅是黄河流域生态保护的重要载体，同时也是建设中原人民“幸福河”的重要体现。因此需要在顶层设计和协同开发上下功夫，从而推进文化资源整合和旅游协作，推动沿黄区域文化旅游的高质量发展。

三、保护母亲河，恢复黄河流域生态

水是生命的源泉，生命受益于水的滋润，河流是文明的摇篮，文明孕育于江河之畔。

大槐树，民族的故乡；黄河，民族的母亲河。黄河是中华民族的母亲河，亦是孕育和发展中华文明的摇篮。黄河流域的大部分地区都处于暖温带，气候温和而且四季分明。在古时，植物生长茂盛，植被良好，土壤肥沃，适宜农耕。然而过度的垦伐，古之中国经济、文化最先进的黄河流域，变为今之旱涝不断、灾害频发的黄河流域，保护母亲河，保护黄河流域生态环境迫在眉睫。

习近平总书记说“治理黄河，重在保护，要在治理。要坚持山水林田湖草综合治理、系统治理、源头治理，统筹推进各项工作，加强协同配合，推动黄河流域高质量发展。”“中国有着5000多年连续发展的文明史，观察历史的中国是观察当代的中国的一个重要角度。”

黄河文化是中华文明的重要组成部分，是中华民族的根和魂。

四、后土以安国，农业丰则天下安

“万物土中生，有土斯有粮”，土地是人类的衣食父母，是“万物之本原，诸生之根菀也”。从远古时代，女娲抟土造人到母系氏族的地母崇拜，从黄帝祀后土到历代帝王祀后土，再到百姓万民祀后土的文化演进，都显示人们对土地的崇拜与期待，人们把社（土地）稷（谷物）奉为国家的象征，把土地人格神话，希望通过对土地的祭祀，祈求福佑万民、社稷平安。这种源自土地祭祀的土地崇拜，是最原始的农耕文化的产物，不仅仅是一种为满足精神和心理冀求的盛举，更显示了人们对丰收的企盼和渴望，对国泰民安的希冀和向往。《诗·大雅》：“乃立冢土”，而《毛传》：“冢土，大社也”。而到了后期几乎各地都有社，所以，社到了后期不仅仅是封土和冢土，“社”代表土，大夫以下成群即可立社，乃为异姓之聚。后世的国家祭祀中也有以后土配社稷之举，常言“封土为社”。

黄河文明的核心就是土地，而后土信仰的形成就是这种具有区域特性的农耕文明的体现。土地是农耕文明的根本，也是当时中国政治权利的根本，中国农民对于土地的依赖形成了中国传统文化，每年都有春秋两个社日（类似今天的“土地日”），春祭秋报，普天同祭。在春天播种时会祈求风调雨顺，丰收在望；在秋天收获时，会载歌载舞，向大地献恩。传统文化中的春社和秋社，反映出人们对土地及丰收的祈福，以及对土地的重视和依赖。

第一章

黄河文化的研究背景

黄河是中华民族的母亲河，全长5464千米，为中国仅次于长江的第二长河，也是世界第五长流河。黄河之源为卡日曲，出自青海巴颜喀拉山脉各姿各雅山麓，冰封雪覆的高山中涌出的河水，清澈见底，潺潺有声；东流经四川入甘肃，上游穿行在高山峡谷之间，跌宕起伏，湍急回旋，水流依旧清冽；及至河口过宁夏入内蒙古，穿行陕西、山西、河南，流经黄土高原，含沙量大增，水色呈深黄，由山东北部而入渤海，登高一望无垠的高原千万条沟壑如同黄土的巨龙，一齐拥入大海的怀抱。

“君不见，黄河之水天上来，奔流到海不复回”“黄河远上白云间，一片孤城万仞山”“白日依山尽，黄河入海流”等脍炙人口的优美诗句，将黄河文明的大气磅礴，质朴与绝代风华，展现无遗。从号称“世界屋脊”的青藏高原奔腾而下的黄河，穿过蕴藏深厚的黄土高原，以其本身的活力，哺育了黄河文明的先民，吸纳、融合了各地区的文明精华，形成了大地湾文化、仰韶文化、齐家文化、马家窑文化、中原龙山文化、大汶口文化、山东龙山文化等代表性文化，成为早期中华文明的主流。创造了举世闻名的中华文明，其绚丽多彩、绵延流长为世界其他文明所不及。黄河流域是世界上人类活动影响最大的河流，自古以来被人们视为中华文明的摇篮。黄河文化与长江文化是中华文明中两支最具代表性和影响力的主体文化。

提及黄河文化研究的背景，首先应该认识黄河文化的概念及实质。认识黄河文化，离不开对文化这一概念的大致了解。关于什么是文化，定义比较多。“文”“化”组合在一起成为一个统一的概念可以在《易·贲卦·彖传》中见出端倪。其曰：“刚柔交错，天文也；文明以止，人文也。观乎天文，以察时变；观乎人文，以化成天下”。这里所说的文化，广义上是指人类在社会历史实践中所创造的物质财富和精神财富的总和，狭义又指社会的意识形态以及与之相适应的制度和组织机构。作为意识形态的文化，是一定社会的政治和经济的反映，又作用于一定社会的政治和经济。随着民族的产生和发展，文化又具有民族性，以及文化发展的连续性和历史继承性等特征。当代社会在使用“文化”概念时一般具有以下三个主要特性：历史性、群体性和影响性，如华夏文化、吴文化、饮食文化、服饰文化等。

上述概念告诉我们，对文化的认识与理解至少有以下三个层次：一是自然先于人类存在，有了人才有了文化。文化的主体是人，文化是人类创造的，文化是伴随着人类的实践活动产生的，文化反映的是人与自然、人与社会、人与人的关系。二是人类文化的成果越来越多，分工越来越细，越来越专业。三是中国文化的根本是一种人文精神，就是以人为本、人文化成，“以文化人”进而“化成天下”。从广义上讲，文化即人化，泛指人类在社会历史进程中创造的一切物质财富与精神财富的总和。而狭义的文化，则专注于人类的精神创造活动及其成果。文化与人密切联系在一起。就黄河本身来说，它是一条自然的河流，是一种自然资源。只有自然的河流与人发生了联系，人类对河流有了接触、认识和思考，人们有了利用河流、治理河流、管理河流、保护河流、欣赏河流、亲近河流的社会实践，才会产生河流文化。黄河文化是在人与黄河的互动中生成发展起来的，反映人与河流、人与自然、人与社会的关系。黄河文化是中华优秀传统文化的基本组成部分，应该把黄河文化放在构建中华优秀传统文化传承发展体系的大背景中来认识，并加以发展。

《汉书·沟洫志》曰：“中国川原以百数，莫著于四渎，而河为宗。”历史上，黄河一直被誉为“百川之首”“四渎之宗”，是中国的圣河，是中华民族的基本文化符号。由此我们可以得出，黄河文化的缔造与中华民族的发展相辅相成。作为一条自然河流，给予人们生活的体验和生存的启迪，随着历史的演变，一代又一代人就在这反复体验与启迪的过程中，将物质与精神、理念与实践、自然与人文、历史与现实相融合，通过有关黄河的环境条件、制度理念、物质现象，形成具有黄河文化特色的衣食住行、风俗习惯、生活方式、思维方式以及行为规范等。

也正是黄河，塑造了中华民族自强不息、坚韧不拔、一往无前的民族性格，从历史上讲，黄河是促成了大一统中国的最重要的自然因素。在漫长的历史发展过程中，中华民族赋予黄河丰富的文化内涵，黄河对于中华民族具有重要的文化地标意义。在炎黄子孙的心目中，黄河已不是一条一般意义上的自然河流，而是中华民族的基本文化符号，是维系中华文化脉络的主干，是中华民族心理认知的最基本参照坐标，是炎黄子孙的心灵之河、文化之河。

第一节　黄河文化的历史地位

关于文明的起源，学术界曾出现了“满天星斗”说、“文明多元”论等，这些都是非常正确的。我们国家地域辽阔，中华文明是各地区、各民族的人民经过几千年辛勤的劳动共同创造的。然而根据学术界所认可的文明起源的要素和标准来看，华夏文明最早是在黄河流域出现和形成的。在文明形成的初期，黄河中下游地区处于“天下之中”的地位，这也是不可否认的事实。

黄河是中华民族的母亲河，而根植于黄河流域的黄河文化则是中华文明中最具代表性和影响力的主体文化。习近平总书记曾明确指出，黄河文化是中华文明的重要组成部分，是中华民族的根和魂。同时也强调，要推进黄河文化遗产的系统保护，深入挖掘黄河文化蕴含的时代价值，讲好“黄河故事”，延续历史文脉。深入学习、认识黄河文化的历史地位与时代价值，并抓住历史性机遇，恰逢其时地保护、传承和弘扬黄河文化。

一、黄河文化是中华文明的“根”

黄河流域是中华民族的祖先在早期最主要的活动地域，在中华民族和中华文明形成的过程中发挥着重要的凝聚作用。

旧石器时期的陕西蓝田猿人、山西襄汾丁村早期智人沿黄河逐水而居，新石器时代黄河上游的马家窑文化、中游的仰韶文化、下游的大汶口文化交相辉映，成为中国早期文化形态的主要诞生地。黄河流域进入文明社会后的夏、商、周“三代”开启了古代黄金时代，从春秋战国到秦汉王朝，黄河流域经历了秦文化、三晋文化、齐鲁文化等多元并立和多元一体的文化融合发展，形成了黄河文化的完整体系。

黄河像一条纽带，在漫长历史岁月中，串联起华夏大地上不同民族和文化。黄河文化作为主体文化不断吸收北方少数民族文化，使游牧文化与先进农业文明得以融合，并向江淮流域和珠江流域持续输出，最终形成了以黄河文化为核心、多元文化融为一体的文化体系——中华文明。

二、黄河文化是中华历史的“脉”

中国历史上下五千年，黄河流域有三千多年是全国政治、经济、文化中心。大禹治水开启了我国历史上从氏族社会向国家形态的转变模式，并为国家的最终形成打下基石。

千百年来，殷商甲骨文、周朝金文与石刻文在黄河岸边篆刻，春秋五霸、战国七雄跨越黄河逐鹿中原，秦时明月汉时关的雄壮，大唐盛世“黄河之水天上来”的豪迈，元明两朝“挑动黄河天下反”的燎原，清朝黄河改道重塑黄淮地理的悲凉，抗日战争“保卫黄河！保卫华北！保卫全中国！”的激昂，中国共产党“延安13年”开拓了马克思主义中国化的新境界，开创了中国革命的新局面，黄河在中国历史的关键时刻从未缺席，一部黄河史就是中华民族的辉煌史、苦难史、奋斗史。

三、黄河文化是中华民族的“魂”

在唐宋以前，黄河流域一直为中国的政治、经济和文化中心，黄河流域以其先进的农业经济为基础，用其深厚的内涵和强大的传统习俗力量，对各个少数民族都产生了巨大的感召力和同化力。在唐宋以后尽管经济重心南移，但黄河流域也一直居于王朝统治的核心地位。在面临长江流域强大经济优势和北方游牧文化在政治作用下持续输入的双重背景下，黄河文化以开放和包容的姿态，将其自身融入一个更大范围的中华文明之中，并通过文化交流不断吸收和与其他地域文化融合，不断引领华夏文明的发展，积累和传承下来丰富的民族集体记忆。

在生计文化层面，象征着古代先进物质文明的农业生产技术、灌溉工程、数理算术、四大发明、天文历法、传统医药等均产生于此，并从此面向全国、全球扩散，对后世的影响极为深远。

在制度文化层面，以农耕经济为基础的宗法制度、政治制度、社会制度及治理理念、历史习俗等延续至今，对现代文明的影响依然可见。

在意识形态层面，中国历史上的炎黄始祖传说、诸子百家思想、旷世史学、文学巨作、宗教信仰、伦理观念等均诞生于此并影响至今，成为中华文明的精髓，深刻影响着中华民族的民族心理与性格。

黄河文化因此成为华夏文明发展及演变的主轴，也成为中华民族的“魂”之所附。

第二节　黄河文化蕴含重要的时代价值

一、为中华民族实现伟大复兴提供精神力量的保障

黄河文化历经沧桑、经久不息，在中国乃至世界文明的浩瀚宇宙中都留下了浓墨重彩的印记，成为增强中华民族文化自信的重要载体。坚定文化自信，是中华民族实现伟大复兴的精神力量保障。

中国特色社会主义文化既包含了中华民族在农耕文明时期所创造出的优秀传统文化，也涵盖了中国共产党在领导人民的革命、建设和改革事业中所创造的先进文化。在农耕文明时期，黄河流域

作为中华民族的发源地，在几千年的历史长河中一直是中华民族最主要的政治、社会、经济、军事、文化活动中心。在这里诞生出了绚丽璀璨的物质文明和精神文明，并构建出中华文明的主要组成部分，且长期领先于世界科技文化的发展水平。同时，黄河文化也通过政治外交、贸易、文化交流等形式扩散至印度、中东、欧洲、日本及朝鲜半岛等国家和地区，而瓷器、丝绸、茶叶等手工业及农业产品和先进的生产技术、文化艺术等也从这里走向了世界，至今仍对世界发展产生着重要影响。唐宋时期的都城长安和东京汴梁成为当时全球范围内最发达的国际性大都市，其形成的城市文明对世界文明影响深远。

在近现代中国共产党领导人民进行革命、建设和改革发展时期，黄河流域的陕甘宁边区是中国抵御侵略和解放战争的战略决策中心，在中国近现代发展历程中影响深远。黄河文化以其博大深厚的文化内涵深刻影响着中国近现代的革命事业，与此同时不断吸收马克思主义思想，在实践中发展出了红色文化、爱国主义及生态文明等新的文化内涵，为黄河文化乃至中华文明增添了新鲜的内容。

从古代到近现代，黄河流域长期居于中华民族的政治、经济和文化活动中心，黄河文明经久不息，是世界历史上唯一一个未曾中断过的文明，不仅彰显了其在华夏文明发展中的主体地位、在世界历史上的巨大影响力、在历史长河中的顽强生命力和巨大创造力，也传承、保护和弘扬了黄河文化，有利于增强中华民族的文化自信，为中华民族的伟大复兴提供精神力量。

二、为我国生态文明建设提供历史经验和理论支撑

黄河文化蕴含了“天人合一”的自然伦理观，在为我国新时代的生态文明建设提供了历史经验和理论支撑。黄河文化是一种农耕文化，是中华民族的先民在与自然的和谐相处过程中创造出的物质与精神文明。

农耕生活要求天时、地利，顺应自然规律，黄河流域先民们在漫长的生产生活实践中总结出了和谐共生的三才观、主观能动的物地观、趋时避害的农时观、御欲尚俭的节用观、变废为宝的循环观等。这都体现黄河文化天地人和的思想，“应时、取宜、守则、和谐”是其主要内涵，强调要把天、地、人统一起来，按照大自然规律活动，取之有时，用之有度。

习近平总书记指出：“自然是生命之母，人与自然是生命共同体，人类必须敬畏自然、尊重自然、顺应自然、保护自然。”保护自然就是在保护人类，建设生态文明就是在造福人类。生态文明建设是关系到中华民族能否永续发展的根本大计，当前在人地关系矛盾日益突出的时代背景下，黄河文化为新时代生态文明建设提供了历史经验和智慧，有助于文明在历史与现实交汇中探寻人地关系和谐发展的根本途径。以相关的学术研究成果作为基础，让传统文化资源的开发更加持久。

三、增强民族认同感与民族凝聚力

黄河流域是华夏民族的孕育发祥地，也是海内外炎黄子孙共同向往的根脉之地。中华民族大一统的主流意识萌发于黄河泛滥大禹治水的逆境中。秦统一六国以来，中央王朝的疆土版图以黄河流域中原地区为中心，不断向周边拓展，并通过经济文化交流、人口迁徙等将价值理念向华夏大地扩散，促使统一融合成为炎黄子孙的共同追求与信仰。

黄河文化蕴含着“同根同源”民族心理及“大一统”的主流意识，也是增强民族认同感、维系民族团结和国家统一的精神文化支柱。在当前国际环境复杂多变的背景下，黄河文化为筑牢民族团结、社会稳定、国家统一的铜墙铁壁，实现中华民族伟大复兴提供了精神层面的伟大力量。传承、保护及弘扬黄河文化，就是对黄河流域生态保护和高质量发展的客观要求和必然趋势。

黄河文化依黄河而生、因黄河而兴，滚滚不息的黄河之水智慧孕育、滋养了华夏儿女。勤劳勇敢的华夏儿女与气势磅礴的黄河水奏起了跟随历史变换曲调的黄河大合唱。新的时代背景下，黄河文化也随着时代有了新的使命，黄河大合唱也必将谱写出举世瞩目的新乐章。

习近平总书记强调：“精神是一个民族赖以长久生存的灵魂，唯有精神上达到一定的高度，这个民族才能在历史的洪流中屹立不倒、奋勇向前。”而黄河文化提升了人民的国家认同感，其蕴含的凝聚力在迎接困难的时候变得异常的坚不可摧。2020年面对新型冠状病毒肺炎疫情，中华儿女团结一心，迸发出“砥砺奋进、自强不息”的奋斗精神、“亲仁善邻、协和万邦”的担当精神，形成强有力的向心力和凝聚力，以坚强意志、必胜决心，面对这场没有硝烟的战争，这正是黄河文化在新时代的重要价值。

四、黄河文化为构建人类命运共同体提供历史范本

黄河文化的包容开放，可以为新时代中国全方位的开放发展及构建人类命运共同体提供可以借鉴的历史基础和实践基础。

以黄河为代表的大河文明对整个人类进步做出了伟大贡献，大河文明的典型特征是注重和平发展，少有拓边侵略。历史上黄河流域社会经济发展在全球长期处于领先地位，中国对外经济联系、文化交流、政治外交也主要兴起和发展于此。丝绸之路开启了最早、最重要的东西方文明交流通道，黄河文化在对外交流中不断扩大自身影响力，不断汲取其他文化营养，完善并形成了具有开放、包容气质的中华文明。

黄河文化与周边国家及地区的交流与交融，为构建人类命运共同体提供了历史范本。要坚持中国特色的大国外交，就要推动文明交流而超越文明隔阂、文明互鉴而超越文明冲突、文明共存而超越文明优越，着力促进兼收并蓄的文明交流。要积极发挥黄河文化中蕴含的“和而不同”“协和万

邦”“亲仁善邻”思想，寻找与当今时代处世之道、治理理念的共鸣点，在对外交流中贡献中国智慧、阐明中国主张，建设好“一带一路”重大合作平台。

五、引领传统文化资源产业化发展

黄河文化是中华文明的重要组成部分，黄河文化的源远流长，中华文明的深厚底蕴，给我们留下了太多极具地方特色的民俗文化。内涵是文化长盛不衰的支撑，只有着力于传统文化的现代转化，才能活化传统文化的丰富内涵，才能真正促进传统文化资源产业化。

当前，在一些地方，县域传统文化资源的开发利用仍处在较浅的表面，缺少深厚的学术研究支撑，难以全面展现县域传统文化资源的精华精髓，一定程度上限制了传统文化资源内涵的挖掘和阐释。例如，有些民俗旅游项目的开发范围、力度、深度都不够，以至于一些民俗的本色与乡土气息凸显不出来；有些传统文化资源开发出现“跟风”现象，民俗文化呈现趋于雷同。为此，我们应重视对传统文化资源的挖掘利用，沿着黄河流域的历史文脉进行传统文化资源、农耕资源的深度挖掘和产业化开发利用。

第三节　黄河文化时代价值的实现途径

一、加强黄河文化遗产的系统挖掘和保护

黄河文化遗产是中华民族智慧的结晶，也是民族文化的见证。要传承好共有的文化记忆，珍视每一处水利工程遗址、每一件黄河文物、每一个黄河农耕遗迹和每一处黄河文化符号，注重黄河文化古籍整理、民间文化搜集等工作。建议尽快开展黄河文化遗产普查工作，在全面评价其功能价值、濒危性与保护紧迫性，有针对性地对黄河文化遗产进行保护性开发。

二、采取形式多样的黄河文化宣传模式

黄河文化遗产具有传承文化、教育后人的功能。要系统梳理黄河文化资源，让收藏在博物馆里的黄河文物、陈列在广阔大地上的水利遗产、书写在古籍里的治河图文、散落在民间的典籍故事都活起来。各地黄河博物馆、水情教育基地、农耕教育基地作用，通过展览宣传等创新传播方式，让黄河文化遗产为人民群众所关注、所喜爱，让文化遗产蕴含的江河情怀、先哲智慧与今人心灵相通。

三、创建黄河文化国家旅游路线

在文化和旅游相互融合发展的新时代，要共商共建共享“黄河文化旅游线路”，以黄河沿岸景观、黄河历史遗迹等为中心，打造推广黄河生态旅游、古都旅游、红色旅游、丝路旅游、科普旅游、研学旅行等精品旅游线路。联合黄河沿线的县市和国际组织，并且创办黄河文明的发展论坛、黄河文化和旅游的博览会。以黄河文明为特色，面向“一带一路”沿线的60多个国家推广黄河文化旅游。

四、开展黄河文化的专题研究

因黄河文化滋养，千百年来诞生了大量名垂千古的文艺作品。重点支持黄河文化挖掘，集中开展以黄河为主题和题材的文艺创作和课题研究。文艺工作者、新闻宣传工作者都要承担起记录新时代、书写新时代、歌唱新时代的使命，深入人民生活、扎根人民群众，不断丰富和提高自己的脚力、眼力、脑力、笔力，撰写“更上一层楼”的文学作品，谱写新时代的义勇军进行曲、黄河大合唱。扎实有效地组织“黄河流域生态保护与高质量发展”主题系列宣传活动，讲好新时代黄河故事。

黄河故事既是一部讲述人类认识黄河、与黄河搏斗的故事，也是一部记录人类与黄河同呼吸、共命运的故事。从社会、经济、环境、科技、生产等不同角度解析黄河文化的内涵，传递具有中国价值理念的黄河文化，发挥黄河文化对凝聚民族精神、复兴中华文化的重要作用。新时代传承保护弘扬黄河文化是全面复兴中华民族优秀传统文化的重要内容，我们每个人都应该担起文脉传承的重任，让文化遗产传承不绝，让中华记忆历久弥新，为实现中华民族伟大复兴的中国梦凝聚精神力量。

第四节　国内外关于黄河文化的研究

一、国内关于黄河文化的研究

（一）关于黄河文明延续千年原因的研究

国内一些研究者指出：黄河流域的中下游是中华文化的核心地带，北边则是较难逾越的蒙古戈壁，而西北是万里黄沙，因此形成了交通障蔽。西边是险峻的天山和帕米尔高原。西南屹立着世界上最高最大的青藏高原、珠穆朗玛峰、喜马拉雅山。东边又紧临地球上最广阔的大洋（太平洋）。这些对于先人来说都是难以打通和跨越的。这种地理环境对以黄河流域为中心的中华民族形成了一种隔绝机制，因此黄河文化独立地发展成为一种内向的、超稳定的民族文化。

关于黄河文明的延续性，学者葛剑雄在“首届河流伦理研讨会”的演讲上给出了两方面答案。

他认为黄河文明之所以能够延续下来，一方面是因为黄河流域适于农耕的面积相当大，另一方面是黄河流域处于相对封闭的环境。他认为黄河文明缺少开放性正是地理环境所驱使。埃及人为了寻找新文明可以沿着尼罗河再进入地中海，而能与中国接触的只有朝鲜半岛、日本列岛和东南亚人，在历史上这些地区都是主动向中国寻求先进文明的，因此中国人既没有可能，且没有必要跨到海外、更不会越过太平洋到美洲。

学者胡文瑞在《大河文明谈》中把黄河文明能够连续不断的原因归结为三个方面，一是孔子的中庸之道，二是科举制的实施，三是佛教的中国化。同时，他认为黄河文明的延续与可以耕种的面积也有着一定关系，尼罗河的灌溉面积很有限，西边就是撒哈拉沙漠，印度河、恒河的可耕面积加在一起还不抵中国黄河长江流域可耕地面积的十几分之一。

也有很多学者通过撰写博客来表达自己对黄河文明延续性的思考。他们指出在黄河文明史上因为南方民族的文明发展已经到了一定的程度，并且远远超过了北方民族，最后游牧民族的落后文明就被南方民族的先进文明同化了。然而，在西方国家，希腊文明和它的继承者罗马帝国，却没有这样的先天条件，所以最终在游牧文明的攻击下，国家灭亡了。由于国家崩溃的时期较早，两种文明之间的差距还不够大，并不具备同化的能力，所以具有攻击性的游牧文明便主导了西方世界。

（二）关于黄河文明特点的研究

李振宏、周雁两位学者在《黄河文化论纲》中将黄河文化的特点总结为三大方面：第一，起源早，成熟快；第二，具备鲜明的政治色彩；第三，拥有强大的同化能力。黄河文化的历史发展过程可以分为五个阶段：原始发展时期是从仰韶文化到河南龙山文化；形成时期为夏商周三代独立文化系统；兴盛繁荣时期从春秋战国到唐宋；元代以后步入迟滞与衰落时期；近代以来为挑战与再生时期。

学者安作璋、王克奇在《黄河文化与中华文明》一文中把黄河文化的发展划分为三个阶段。第一阶段为先秦至秦汉时期，这一阶段的黄河文化是作为一种主体文化的形成时期；第二阶段为魏晋南北朝隋唐时期，这一阶段是黄河文化发展的时期；第三阶段为宋元明清时期，这一阶段是黄河文化与其他地域性文化的融合时期。他们总结了黄河文化的三大特征：从经济特征来看，黄河文化是一种典型的农业文化；从政治特征来看，黄河文化具有正统性特征；从文化特征来看，黄河文化则是一种包容性极强的文化系统。

李航在《中国与海洋文明》中阐述了农耕文明的四大缺点，一是其思想的封闭性；二是小农经济的自给自足存在局限性；三是中央集权制和村落社会的封闭性；四是地域文化有保守性。

（三）关于近代黄河文化的研究

学术界当前对黄河文化这种区域性的文化形态进行梳理的文章比较少。首先，受到了学科划分以及各学科研究特点的限制，古代史学者比较关注黄河文化的传统，但对传入西学后的黄河文化关注度不足。近代史学者通常都将关注的焦点放在外来的海洋文化上，相对更关注外来的西方文化，而忽视了对文化传统的考察。另外，这与近代以来黄河文化相较于长江文化所处的弱势地位也有些许关系，大家几乎都把关注的焦点放在了近代的宠儿长江文化上，一定程度上忽略了近代黄河文化。《黄河文化与西风东渐》《黄河文化丛书》《黄河文化史》是三部比较系统的著作。总体来说，三部著作中关于近代部分大都是以时间为经、以黄河流域的省份为纬，以近代化为尺度，从而对黄河流域自近代以来新出现的物质文化现象进行梳理，在对精神文化层面的梳理也仅限于艺术、文学、史学等学科领域的分门别析，没有深入到文化的深层结构、甚至是民族的心理结构层面。

黄河文明作为中华民族文明的主体，黄河文明的近代转型也正是折射出了中华民族文明的近代转型，亦是中国传统文化的近代转型。而传统的中国究竟该何去何从？从西？从中？抑或是中西汇通？自五四运动以来这种中西文化之间的论战就起起伏伏却未曾终止。在张世宝《西化思潮的源流与评价》一书中可以窥见从近代以来中西文化之间的论战至少有四次。第一次是从1915年到1927年，这一阶段的中西论战持续了十几年，直到1927年思想战线上的争辩最终转移到对社会性质等问题的争论才宣告结束。这其中还包括了1923年开始对科学和玄学之间的争论，这次争论表面上看起来是一次关于人生观的争论，实则是中西文化论战的深入。第二次为20世纪30～40年代的“全盘西化”与“中国本位文化”之间的论战。第三次是20世纪40年代末有关工业化利弊的争论。在中华人民共和国成立之后特别是改革开放以来这种争论又从不同的方面以更加隐晦的形式表现出来。20世纪80年代以来由《河殇》引起的对黄河文化未来命运的反思再度把中西文化之间的论争推向了高潮。因此各家各派各抒己见，表达了自己对黄河文化未来命运的关注和考量，提出了各自认为合理的解决方案。

沈进则在《用长江文化改造黄河文化》的文章中提出黄河文化未来可能会有四种走向：一是希望黄河文化焕发出新的生机；二是海洋文化会取代黄河文化；三是黄河文化与海洋文化在不同程度或不同比例上相互结合；四是建立一种全新的大陆文化。虽然在学理上用长江文化改造黄河文化的主张漏洞百出，但却是代表了当时思考的高水平。在长期的历史发展进程中长江文化吸收融合了黄河文化的优秀文明成果，近代以来长江文化又以相较于黄河文化更为开放的姿态吸纳了西方文明，长江文化本身即成为一个成功的中西合璧的例证。从这个角度来看，利用长江文化来改造黄河文化的确不失为一项有益的探索。然而作者在文章中并没有更加系统地提出长江文化相对于黄河文化来说其优越性的所在以及具体如何实现对黄河文化改造的问题，因此大大降低了这一主张的可操作性。

（四）关于黄河流域农耕文化的研究

徐吉军、侯仁之等多位专家学者在论述黄河文化时，均提出农业文化是黄河文化的核心，是构成黄河流域文化的最稳定元素。

李玉洁主编的《黄河流域的农耕文明》一书从发展的角度，按照时间脉络对不同时期农耕文明的发展情况进行了详尽的梳理，并且对我国古代农业的救灾政策和思想、古代的农神、我国的农书展开了系统的介绍，具有丰富的研究价值和重要的学术意义。

侯仁之主编的《黄河文化》一书中，对黄河流域的农耕文明的出现从地形地貌特征、气候与土壤条件、丰富的动植物基础等方面进行了介绍，详述了不同时期农业技术、农业政策、农业文化等方面的发展情况，为黄河农耕文化的基础性研究提供了重要的素材。

李小建在《黄河沿岸人地关系与发展》一文中指出黄河文明成为中华文明的直根系，成为中国古代文明的发展中心，与黄河中下游地区的农耕文化的发展有着直接的关系，而黄河流域农耕文化的发展与黄河中下游地区特殊的地理条件（气候温暖湿润、水量充沛、黄土冲积平原等）密不可分。

刘壮壮在《农耕、技术与环境："黄河轴心"时代政治中心之离合》一文中通过对纵深考察黄河流域的农耕、技术及生态环境的变迁中的研究，揭示了它们与黄河流域经济发展以及文明兴衰之间的关系：农耕技术的发展是黄河流域农耕经济繁荣的重要保障，农耕技术的发展是自然环境改造的关键性因素，同时自然环境也制约着农耕技术的推广及普及。黄河流域优越的自然条件为农耕经济的繁荣提供了合宜的条件，同时下游地区多水低湿的环境也制约着农耕技术的推广。

高有鹏在《关于黄河流域民间文化类型及其基本分布问题》一文中指出，黄河流域民间文化在整个中华民族文化发展中占有特殊的地位，其中黄河中游的山西、陕西到中下游的河南、山东地区的神话传说、民间信仰、民俗活动、民间艺术等都是在农耕文明的背景下形成和发展的，它是我国农耕文明的一部分，也是我国黄河文化的重要组成部分。

曲丽丽在《黄河文明之近代转型研究》论文研究中提出，黄河流域的农耕文明在历史发展的过程中不但没有衰退，反而逐步实现了创造性的工业化、科技化、城镇化、商业化、生态化等现代化转型，出现了从大陆文明走向海洋文明的未来发展趋势。

二、国外关于黄河文化的研究

中国黄河文化的研究，不仅要依赖我国专家学者，同样还要依赖于西方异质文化圈中的"他方"这个外力。如今，全世界虽然已成了一个地球村，世界各族人民在日益频繁的交往交流交融中相互取长补短、共同发展，中国也在为世界的繁荣稳定和文明进步做着自己的贡献，但由于各种原因，对于中华文化的介入受到一些西方专家学者的质疑，同时还对黄河文明的理解存在一些偏差。虽然由于文化差异、文化取向不同，关于黄河文化的治理却有着异曲同工之处，在每年的"黄河国际论坛"中，中西方针对黄河治理有着相似的见解，对黄河文化传承起到了很大作用。

（一）“黄河学”高层论坛

2019年6月22日，由教育部人文社科重点研究基地河南大学黄河文明与可持续发展研究中心、黄河文明省部共建协同创新中心、河南省文字学会共同主办的第十一届“黄河学”高层论坛暨“古文字与出土文献语言研究”国际学术研讨会在古都开封拉开帷幕。来自加拿大大不列颠哥伦比亚大学、美国新泽西州立罗格斯大学、韩国明知大学、清华大学、北京大学、复旦大学、武汉大学、台湾“中央研究院”、台湾东海大学、台湾政治大学、吉林大学、首都师范大学、华南师范大学、郑州大学、西南大学等40多家单位的80余名专家学者齐聚汴京，共襄盛会。

研讨会持续两天，以“新环境、新视野下的古文字与出土文献语言研究”为主题，围绕“古文字与出土文献语言数据库的建设研究”“甲骨文与商代语言文字研究”“两周及简帛语言文字研究”三个议题展开讨论，旨在纪念甲骨文发现120周年，促进古文字研究者之间的交流，推动国内外古文字与出土文献语言研究领域的进步发展。

（二）黄河国际论坛

“黄河国际论坛”是由水利部黄河水利委员会主办的国际上水利界的大型会议，每两年会举办一次，首创于2003年，是一个以黄河为平台、促进国际水利特别是河流治理与管理、关于黄河文化学术交流与合作的大型国际研讨交流会，目的是促进不同国家和地区之间的沟通，相互交流河流治理经验，共同研究解决黄河及世界流域管理所面临的共同问题，实现人水和谐。

第六届论坛（2019年）在重庆成功举办，来自全国各地相关领域的近500名杰出专家学者、工程师、规划设计师参会。第六届国际论坛主要以“创新、协调、绿色、开放、共享”为主题，并围绕新时代的水务战略、水生态文明建设、长江保护与修复、生态治水、河长制架构与执行等议题展开深入探索和交流，以专业的力量为山水林田湖草生命共同体和美丽中国建设贡献智慧。

第二章

黄河文化的起源与发展

第一节　黄河文化的定义与内涵

一、黄河文化的定义

黄河文化，或为“黄土文化”，主要是指产生并发展于黄河流域的一种地域性文化。

从广义上来说，黄河文化是黄河流域由于特殊的自然地理和人文地理占优势以及以生产力发展水平为基础，形成的具有认同性和归趋性的文化体系，是黄河流域文化特征和文化集结的总汇集。黄河文化是黄河流域的人民在长期的社会实践中所创造出的物质和精神财富的总和，包括一定的生活方式、风俗习惯、社会规范、价值取向和精神面貌，以及由此而达到的社会生产力水平等。而狭义上的黄河文化，则为历史学意义上的文化。

徐吉军认为黄河文化从地域范围来看，同样有广义和狭义之分。狭义上的黄河文化在空间上只包括黄河的干流区，就是传统上所指的青海、宁夏、甘肃、四川、陕西、内蒙古、河南、山西、山东数省区。广义上的黄河文化，除了干流流经区外，还包括了支流流经区，支流流经区的范围要大得多，包括北京和天津两市及河北、江苏、安徽等省份的一些地区。因此，广义上的黄河文化是一个以上游的三秦文化、中游的中州文化、下游的齐鲁文化为主体的文化，如三晋文化、巴蜀等亚文化层次构成了庞大文化体系。当然，这并不是说，凡是黄河干流和支流流经的地区，都应该纳入黄河文化的体系。这是因为，黄河文化是黄河流域地方共同体群中发现的文化规则的聚合。因此，在选择和确定黄河文化的生存空间时，不能单纯地按照地理概念来界定黄河文化区，而应该取决于它们所共享的、并不为相邻共同体所拥有的文化性质。例如，青海、甘肃、宁夏、内蒙古四省区，除少数地区为农业文化区外，基本上为游牧文化区，因此在论述时应加以注意。

从黄河文化最为稳定的或者最为核心的方面去考察，黄河文化是属于一种小生产和封建宗法制的农业文化，是一种以一家一户为社会组成形态的自然经济型文化，一种借助行政权力支配社会来确保中国传统农业生产和“大一统”的社会政治结构的文化。

黄河文化是一个由时空交织的多层次、多维度的文化共同体。“黄河文化”“黄河文明”就是生活居住在黄河两岸、黄河流域的中国古人创造出的中国古代文化和古代文明。黄河文化时间空间的跨度很大，内容非常丰富；黄河是中华民族的母亲河，所以在这一流域生成和发展起来的文化，在中华民族的形成、发展、壮大的历史中，有着极其重要的地位。

二、黄河文化的内涵

所谓文化，广义上是指人类在社会历史实践中所创造出的物质和精神财富的总和，狭义就是指社会的意识形态以及与之相适应的制度和组织机构。作为意识形态下的文化，反映出一定的社会政治和经济，又作用于一定的社会政治和经济。伴随着民族的产生和发展，文化又存在民族性，以及文化发展所具有的连续性和历史继承性等特征。当代社会在用“文化”这一概念时一般会有以下三个主要特性：历史性、群体性和影响性，如华夏文化、饮食文化、服饰文化、吴文化等。黄河文化也是如此，是中华民族及其流域的广大劳动人民在黄河水事及其相关实践活动中所创造的全部物质和精神财富的总和。

黄河流域及沿黄河地区是中华文明的主要发祥地。在6000多年前，黄河流域就已经开始出现农事活动。大约在4000多年前，黄河流域内形成了以炎帝、黄帝两大部族最为强大的一些血缘氏族部落。后来，黄帝在部落战争中战得盟主地位，并融合了其他部族，形成了华夏族（也就是汉民族的前身），黄帝也因此被奉为中华民族的人文始祖。在新石器时代晚期，黄河流域就已经出现了文字刻画符号和铜器。到了商代，开始出现甲骨文，青铜冶炼技术达到了相当高的水平，并开始出现铁器冶制，这标志着生产力水平已经发展到了一个新的阶段。从夏朝到北宋，历代王朝在黄河流域建都时间延绵3000余年，安阳、西安、洛阳、开封均名列中国“七大古都”，著名的诸侯国都星罗棋布。诸子百家、四大发明、唐诗宋词、中医中药……林林总总的文化科技成果，大都产生于或发展成熟于黄河流域。北宋以后，全国经济重心逐渐南移，但在中国经济、政治、文化发展的进程中，整个沿黄地区仍处于重要地位。

黄河流域悠久的文化历史，为中华民族留下了无数珍贵的文化遗产、名胜古迹，以及用之不竭的精神财富，支撑了中华文化的主体与脉络。黄河是中华民族的母亲河，黄河文化及黄河精神内涵的表述应该体现国家意志、全民共识，任何机构和个人都不好妄下定论。这一观点也在很大程度上体现了现代学人对黄河文化的尊重及对相关研究的慎重。

学者薄文军曾经对黄河文化的内涵进行了深层次思索和挖掘，他认为黄河文化也即黄河文明、黄河精神，具有披荆斩棘、艰苦卓绝的开拓性，坚忍不拔、百折不挠的延展性，兼收并蓄、汇纳百川的包容性，生生不息、凤凰涅槃的生命力，也是中华文明的优良基因，更是中华民族的力量源泉。同时，黄河入海这一创新性的提出并不意味着一个完整过程的结束。这其实只是一条大河、一种文化、一个民族在辽阔世界大格局中的一个新起点。黄河入海不是一种归宿，不是一种终结，而是再一次的庄严誓师，再一次的隆重起航。奔流入海的黄河依旧是海洋当中最稳健、最青春、最活跃的力量。她正以最执着、最诚挚、最温馨的情怀，化作一股暖流，化作千顷波涛，化作万里春风，继续伴随中华文明的大船扬帆寰宇，走向世界。薄文军还指出人们不应过分纠缠于文化、文明、精神这些概念之间的所谓“区别”，而人为地将简单问题复杂化。在很大程度上来说，这三个词语的概念指向是相同的，并且是可以相互替代的。综合多方面的因素考虑，认为黄河文化的核心内涵就是物质层面的奉献、精神方面的支撑。而就这两个方面，我们的先辈们其实已经做出过经典归纳。《易经》：“天行健，君子以自强不息。”“地势坤，君子以厚德载物。”自强不息就是“精神”，厚德载物就是“奉献”。“自强不息、厚德载物”就是最有概括力和承载力的黄河文化、黄河文明、黄河精神的核心内涵。

黄河精神是黄河文化的结晶，有学者（温婧）高度凝练了治黄过程中的黄河精神内涵，认为黄河精神是一种抗争精神、奉献精神、敬业精神和宽容精神。黄河精神体现了抗争精神，黄河造就了华夏文明，但频繁的泛滥迁徙，给沿黄居民带来了深重灾难，黄河流域的先民们前仆后继地同洪水的抗争，锤炼出具有抗争精神的黄河流域人民。黄河精神体现出了奉献精神，而黄河水浇灌着中原大地，哺育着炎黄子孙，在历史文明的发展长河中，黄河流域一直作为历史、经济、政治、文化发展的中心舞台，先人们在这里创造了灿烂的华夏文明，其中大部分都受到了黄河文化的影响。此外黄河还解决了各大中城市缺水的现状，引黄济津（天津）、引黄济青（青岛）、引黄济烟（烟台）等水利工程，为这些严重缺水的城市送去20多亿立方米的黄河甜水，这就是黄河的奉献精神。黄河精神体现出敬业精神，大禹三过家门而不入的传说，世世代代影响着中华儿女，用其执着又敬业的精神不断激励着中华儿女。黄河精神体现了宽容精神，我们的先祖们由于对自然认识的局限，或是对黄河流域自然资源无节制的索取，伐林造田、填海造田，自然环境空前浩劫，稀有动植物一度灭绝，当黄河三角洲列出动植物保护区，人与自然开始和谐共处。

由此我们可以得出，黄河文化由中华民族创造，内容十分丰富，充分体现了人文与自然的统一、历史与现实的统一；黄河文化以黄河的水事实践活动为载体，是河流给人类的灵感、启示和体验，也是河流价值的实现；黄河文化也是物质与精神的统一、显性与隐性的统一、理念与实践的统一；黄河文化的实质就在于它的气质、精神和价值观，它是中华民族的根和魂，是中华民族优秀传统文化的重要组成部分。黄河文化的缔造是与中华民族的发展相辅相成的，是中华文明的重要组成部分。

黄河文化是中华民族的精神旗帜和宝贵财富。黄河作为一条自然河流，给予了人们生活体验和生存启迪，随着历史不断的演变，在黄河流域劳动人民一代又一代人的反复体验与启迪过程中，将自然与人文、理念与实践、物质与精神、历史与现实相融合，根据黄河的环境条件、物质现象、制度理念，形成具有黄河文化特色的风俗习惯、生活方式、衣食住行、思维方式及行为规范等。例如，我们熟知的“黄河母亲”雕像，作为一尊雕像，它只是物质现象，由于它所传递的信息与黄河文化“母亲河”相融合，它便体现出具有黄河文化特色的价值观念——黄河哺育中华儿女。于是，“黄河母亲”的雕像成为黄河文化组成的要素之一。

三、传统黄河文化的典型特征

（一）土地兼并与重农抑商

从春秋战国时期列国变法改革承认土地私有开始，土地兼并就造成人地矛盾并与中国传统社会相始终。历代封建王朝的末期无一不存在大规模的土地兼并和十分尖锐的人地矛盾，并最终以农民激烈战争的形式表现出来。在大规模的土地兼并过程中，封建王朝手中没有富余土地分给小农，又无力从既得利益获得——土地所有者手中掠夺土地，这就决定了改革的方式无法根本解决社会危机。王朝和农民的战争导致人口大量死亡，无主荒地的出现可以在一定程度上缓解紧张的人地矛盾，并巩固新王朝的统治基础。然而随着社会逐步稳定，新一轮的土地兼并会再度出现，传统的黄河农耕文明就是这样在兼并与战争的周而复始中推进的。

重农抑商是中国的传统黄河文化一个基本经济观念。西周时期便开始实行“工商食官”制度，就是手工业和商业活动是由政府控制，且必须在官府作坊和指定范围内活动。到了春秋战国时期，秦国的商鞅变法正式提出了重农抑商政策，从此重农抑商的思想基本被历代统治者继承，成为传统黄河文明的重要经济特征。那么封建王朝为什么要抑制商业发展呢？从本质上讲，商业是一种通过倒买倒卖赚取差价的经济活动，在王朝统治范围内的商业活动不会直接创造价值。所以从这个角度来看，商人从事的买卖活动实质上就是在与政府争利，理所当然要为封建王朝所难容。而中国封建社会重农抑商的措施大体上可以分为三类。第一，专营制度。铁、盐、酒等生活必需用品是由政府专卖，禁止商人私营；第二，设置官员调剂物资、平抑物价；第三，对工商业者征税。例如汉武帝时期就实行了算缗告缗制度。

（二）高度强化的君主专制主义中央集权

传统黄河文化的政治形态其最大特征是实施高度集中的专制主义中央集权制度。专制与民主是相对的概念，君主专制则指皇帝的个人独裁专断，汇集了国家的最高权力于一身，从制定的决策到军政大权的制定都具有独断性和随意性。其重要表现为帝位终身制和皇位世袭制。中央集权是相对地方分权而言的，中央集权制是指地方政府在政治、经济、军事方面没有独立性，而且必须严格服从于中央政府的命令，即一切受制于中央。一般情况下，加强专制主义皇权时，往往便是中央集权比较有效的时候，削弱专制主义皇权时，往往也是中央集权不力的时候。在君主专制主义的中央集权制度下中央与地方之间，中央内部各个要素之间都存在矛盾。中央与地方之间的矛盾主要表现为皇帝与地方割据势力的矛盾，中央内部各个要素之间的矛盾则表现为皇权与相权、皇权与宦官、皇权与外戚的矛盾等。外戚宦官专权实则是君主专制高度强化的副产物，由于皇帝一人手中的权力高度集中，挟天子便获得了令天下诸侯的专断权力。中央与地方之间的矛盾、君权与相权之间的矛盾就成为君主专制主义中央集权的两大基本矛盾。

中央与地方的矛盾。西周开始实行分封制，所封诸侯在王畿之外各建其邦国，并享有政治经济权力，具有很强的独立性。但随着地方诸侯不断增强的实力，王权衰弱、礼崩乐坏，传统的黄河文明步入诸侯争霸的春秋战国时代；汉高祖刘邦在汉建立之初，为了巩固其政权在继承秦朝郡县制的基础上再实行郡国并行制，分封了一批刘氏子弟为王。景帝时期中央与地方诸侯之间的矛盾日益凸显，景帝采纳晁错的建议进行削藩，这一行为引发吴楚七国之乱；到了唐玄宗时期，在边地设立十个兵镇以加强中央对边疆的控制，交由九个节度使和一个经略使管理。节度使集军权、行政、财政大权于一身，通过逐步发展壮大成为能与中央抗衡的地方割据势力。唐朝的安史之乱成为由盛而衰的转折点；再到明初，明太祖朱元璋为拱卫王室前前后后分封二十四子和一从孙为王。在建文帝即位后采取削藩措施，导致燕王朱棣造反，夺了建文帝的帝位，史称靖难之役。以上这四个时期是中国历史上中央与地方矛盾最为突出的时期。由此观之，分封制的实施以及地方权力的集中是导致中央无法集权的主要原因。但随着明清两朝专制皇权的不断强化，这两大隐患也基本上根除。

君权与相权的矛盾。汉武帝时期提拔了一批中下层官员作为皇帝的侍从和助手，形成了中朝。中朝成立后变为实际的决策机构，即以丞相为首的外朝官变为政务执行机关；东汉时期刘秀以设立尚书台作为实际决策机构，丞相改称为司徒，只负责管民政，权力比丞相小很多；隋朝时期实行三省六部制，相权被一分为三，三省的长官同为宰相；唐朝初期为抑制三省长官的权力，多不常设三尚书令、中书令、门下侍中，而是由三省内品级较低的官员加上同中书门下平章事、同中书门下三品为宰相；到了唐玄宗时期又在内廷设立了翰林院，主要为分割中书舍人的草诏权；北宋时期，剥夺了三省长官的宰相头衔，设同中书门的下平章事为宰相，参知政事的为副相，相权被一分为二；明初朱元璋正式废除了丞相制度，开始由文人担任内阁大学士，通过票拟的形式对奏章提出处理意见，决策权掌握在皇帝一人手中。内阁的设立可以说是君权对相权的巨大胜利；清朝皇权专制得以进一步强化，皇帝可以随意处置军机大臣，军机大臣需要完全听命于皇帝。

（三）儒学与国家政权高度契合

春秋战国时期是中国文化发展的轴心时代。在这一时期各家各派的立场、观点各不相同，百家争鸣，但无一不是为了封建政权服务为宗旨，以资政、辅政为目的。当时儒家学派的代表人物孟子不支持用政府战争兼并别国，他主张施行仁政，认为民心归附就可以不战而并天下。他的民本思想在后来成为后世统治者“外儒内法”的重要思想依据。也可以说，儒学从诞生之初就具有了高度的政治色彩。到了西汉武帝时期，董仲舒提出“天人感应”“君权神授”的思想，进一步对儒家学说进行了政治改造，使之与高度专制主义的中央集权相适应。于是汉武帝采纳了董仲舒的建议，采用“罢黜百家，独尊儒术”，设立了五经博士，从此，儒学成为正统的官方哲学。隋唐时期实行科举取士，根据对儒家学说的掌握程度作为选官的依据，中央政府倡导儒学，因此国家官员都以儒家学者为衣食政府，封建帝王成为儒学的最大倡导者。如若将儒学作为宗教来看，某种程度来讲，中国传统社会正是实现了高度的“政教合一”。

统观中国传统的黄河文化，经济形态上是重农抑商，政治形态上则高度君主专制、中央集权，文化形态上又与传统儒学紧密抱合，使传统的黄河文化形成了一种超稳定的内部结构。而重农抑商政策的推行，让中国传统社会的内部难以形成像西方社会一样的大商人阶层，也不曾出现以商业城市为主体的争取自治权的斗争。当重农抑商政策与士农工商的四民社会的观念相配合，大商人也以置办田产巩固基业，致使地主阶层与商人阶层的划分逐渐模糊。重农抑商、土地兼并和工商末等观念达成三位一体，牢牢操控了传统的黄河文明内部经济运作。在高度君主专制主义的中央集权控制下，无论地方还是中央统治机构内部都无法再生成对现存政权的反抗力量。所以说，儒学与国家政权高度抱合，可以实现国家对意识形态的强化控制。

四、黄河文化的起源

（一）黄河文化的起源

从纵向的角度看，黄河文明的演变轨迹是连续的，以黄河中游的中原文化区为主要代表。它以豫西、晋南、陕东为中心，以山西、陕西、河北、河南四省为范围。新石器早期该地区有老官台文化和磁山文化，到了新石器晚期便融合为仰韶文化，再后来又发展成为中原龙山文化。晚期的仰韶文化与中原龙山文化，和历史传说中的五帝时代及其活动的范围基本一致。紧接五帝之后便为夏商周三代的前后连续。而夏商周三族的文化又都源于中原龙山文化。中原龙山文化包括许多地方类型。“河南西部的一支就是以王湾三期为代表，之后发展为早期青铜时期的二里头文化。因此不少学者认为二里头文化就是夏代夏族的文化。还有学者认为河南北部和河北南部的后岗文化则是商文化的前身。渭河流域的客省庄遗址，虽然与周文化有一段距离，但被认为是周文化的重要源头。”

从历史学角度来看，黄河中游的中原地区是由五帝酋邦时代的文明追溯到夏朝第一个文明方国而建立的，和商周文明的繁荣发展，前后紧密相连。从考古学角度看，仰韶文化到龙山文化再到夏商周三族文化三者存在着前后承继关系。也是因为如此，当我们追溯文明起源时就会发现，从五帝到夏商周，有关城池、青铜器、礼仪中心、文字等文明要素时，都经历着由初始到壮大、由简单到复杂的一脉相承的发展过程。在这基础上，才出现了之后的秦汉得以统一帝国，乃至于魏晋、隋唐、宋、元、明、清等朝代。由此可以得出一个结论，以中原文明为主体的是连续发展的，悠悠五千年的奔流不息，不曾间断，是世界古文明所罕见，也是中国古文明的主流。

（二）黄河文化形成的渊源

当黄河在一连串内陆湖盆的基础上刚刚孕育的时候，我们人类的猿类祖先也才开始告别爬行的生涯，第一次以“直立人”的姿态走上地球这个大舞台。

人类与黄河几乎是同时在更新莅临东方这片古老的黄土地。自此，黄河千年万载且绵延不断地流淌，人类在此世世代代生生不息的繁衍。河与人，就这样互相追逐依偎，流出了一条万古一系亘古不变的文化巨流。那么究竟是什么原因在黄河流域形成了黄河文化，其中与丰富的水资源、广袤的森林以及大量的黄土资源是分不开的。

1. 丰富的水资源

水是地球历史中一种极为特殊的物质。地球表面的7/10被水覆盖。地球上包括人类在内的全部有机体的2/3都是由水组成的。“天下之多者，水也。浮天载地，高下无所不至，万物无所不润。”圣经记载：太初时，地上皆水，浩渺无边，水面上空虚混沌，暗淡无光，上帝耶和华的“灵”行于水上。

水是生命的源泉，是人类赖以生存、社会得以发展的物质基础。人类的进化、生活、居住、迁移都和水密不可分。生物学家曾这样描述生命的起源：原始的大雨在古代的地球上曾连续降了几千年，使得地球表面一片汪洋，只有很少的陆地。而这时的海洋就是所谓的“原始汤”。生命源自于水，原始汤则是生命之摇篮。

在我国原始先民的创世神话里，也生动、形象地揭示出了水与人类及万物起源的关系。“大水里有七十七种动物在生长；先祖的诞生也经历了七十七万年。”“先祖的人种就种在大水里，天晴的日子，他们骑着水到处漂荡；先祖的人种发芽在老林里，阴冷的季节，他们歪歪倒倒走在地上。”云南乌蒙山彝文典籍《六祖史诗》中也曾讲到人从水出的故事：“人祖来自水，我祖水中生。”水孕育了人类。地球上几大河流的分布无形中决定了世界文明的布局。黄河流域之所以成为华夏文化的发祥地，就是因为在这一区域内，很早就密布着异常充足的水资源。

2. 充足的树木

300万年前，华北的塔里木古陆块上自西而东散布着许多古湖盆。而恰恰在这个时期，地球气温开始不断下降，森林面积不断向赤道方向退缩，人类的猿类祖先不得不告别森林。告别森林是一个痛苦而又艰难的“蜕变”过程。在完全离开森林之前，必然还要经过一个相当长时间的若即若离的适应过程。在结束攀缘生活一步步转向地栖的过程当中，他们所选择的最佳栖居地一定是在那些大大小小的湖盆周围，不仅因为这里有一定面积的林木，能够满足他们身上残留的“攀缘”的本性，更主要的是这里有充足的水源，可供他们食用。于是，黄河流域最早的人类也便在这里得以生息繁衍。单就黄河的河川径流量来说，与世界上的一些大河如北美洲的密西西比河、南美洲的亚马孙河、非洲的尼罗河等相比较，甚至与我国的长江、黑龙江、珠江相比较，它都显得有些贫乏（黄河河川径流量在全国七大江河中仅居第四位）。然而，异常众多的支流汇集于黄河，犹如纵横交织的条条血脉，使这条九曲回肠的黄色巨龙始终涌动着亢奋的生命力。从河源的玛曲曲果到入海口，流域面积大于100平方千米的支流就多达200条。其中，流域面积过万平方千米的有14条，流域面积的总和几乎占了全河流域面积的50%。

在渭河流域，我们看到了距今约百万年的华夏族的老祖先蓝田人；在汾河之滨，我们看到了距今数十万年的丁村人；在北洛河流域，我们看到了距今约10万年的大荔人；在内蒙古的红柳河边，我们看到了距今数万年的“河套人”。

每一条支流，都是一片生命的绿洲；每一片绿洲，都是人类文化得以滋长的天然温床。条条支流汇成了气势磅礴的大河，绿洲片片连缀成黄河文化的巨大摇篮。

3. 大量的黄土资源

在黄河流域75万平方千米的土地上，北起长城，南止秦岭，西自日月山，东抵太行山，黄土覆盖面积达40万平方千米。在世界上是这么大规模的黄土覆盖是绝无仅有的。

由于这厚重的黄土，从巴颜喀拉山欢腾而下的清澈的“孔雀河”，一下子变得异常凝重和浑厚。从此，一个更响亮的名字——“黄河”，伴随她走到地老天荒。

在人类文化的发生与发展过程中，地理环境虽然不是决定性因素，但是，黄河流域广阔无垠的黄土分布的确极大地影响着黄河文化的发展流程。不论中华文明是“墨渍发散”式的一元发生，或者是“满天星斗”式的多元发生，都是迎接人类诞生的自然生态。

第二节　黄河文化的表现形式

一、黄河文化与农耕

农业的出现与文明起源的关系是极为重要的。古代文明随着农耕的发展而开始兴旺起来的。黄河流域的土壤肥沃，且具良好的保水和供水性能，这是原始农业生产的适宜土壤。因此黄河流域可以说是我国古代农业的重要起源地。

早在前仰韶文化时期，农业生产已经达到一定的水平，除了出土大量的石斧、石铲、石刀、石镰、石磨盘和石磨棒等农业生产和粮食加工工具外，在甘肃秦安大地湾遗址发现有炭化的稷和油菜籽，属于大地湾一期文化的农作物。

仰韶文化时期，黄河流域仍然以菜为主要作物，西安半坡、临潼姜寨、华县泉护村、元君庙、邵县下孟村、宝鸡北首岭和斗鸡台等地均有粟出土。蔬菜的种类很多，西安半坡发现白菜和芥菜的种子，郑州大河村发现莲籽。河西走廊甘肃民乐县六坝镇的东灰山遗址，是一处5000年前的新石器时代遗址，这里同时出土有小麦、大麦、高粱、粟（小米）、黍（黄米）五种农作物的炭化种子，表明我国是普通小麦、栽培大麦和高粱的原产地及重要起源中心之一。

龙山时代的农业生产则脱离了原始锄耕农业的阶段，开始进入耒耜耕作时期，水利便是农业的命脉，河南洛阳的矬李遗址中就发现沟渠遗迹。此外，在河北邯郸的涧沟、河南洛阳的矬李、汤阴的白营和山西襄汾的陶寺等地，均发现龙山时期的水井，除了汤阴白营的一眼井的井壁附设有方形木构井圈外，其余地区的均为圆形土井，根据目前的资料表明，世界上发明水井最早的地区就是我国黄河中游地区。

关于家畜饲养业，在黄河流域发生的时间也很早，裴李岗遗址出土有猪骨及栩栩如生的猪头、羊头塑像，磁山遗址中的动物骨骼，经鉴定，猪、狗和鸡均为饲养的家畜和家禽。

从考古发现来看，我国的古代文化在很大程度上就是一个农业社会的文化。黄河流域的古代文明离不开农业经济的发展，它深深根植于农业文化土壤之中。

二、黄河文化与陶器

陶器的最初出现应该是以实用为目的，因此，对陶器的坚固性要求必然是第一位的。在长期制陶实践中，人们逐渐发现火温高低直接影响陶器的质量，因此，如何改进烧制方法，使火温迅速升高到一定程度，成为原始制陶过程中亟待解决的问题。陶窑的出现正是人类对这一问题长期探索的结果。到了新石器时代早期，黄河流域的陶器烧制虽然大部分还是采用原始的平地堆烧的方法，但陶窑的原始形态已初步形成。在裴李岗文化遗存中，发现了一处残破的陶窑，这说明最迟在距今七八千年的时候，黄河流域的远古祖先已经逐渐摆脱原始落后的烧制方法，从而进入陶器制造史上的新阶段。

在探索陶窑结构和烧制方法的过程中，黄河流域的先民们把使用火的技术提高到了一个新水平。陶器的发明，是人类历史上最早通过火使一种物质变成另一种物质而产生的创造性劳动。用火技术的不断发展，为原始冶炼业的出现奠定了基础，从这个意义上说，制陶业的日益进步孕育着文明科技时代的来临。

三、黄河文化与城市

黄河流域环境因素优良，如气候、土壤均适宜动植物的生长繁殖，且水量充足，建筑取材便利。便于与外界人群沟通等，成为城市出现的客观基础。

从考古发现来看，至迟在前仰韶文化时期，我国黄河流域的远古居民，已经从事定居的农业生产，步入聚落文化阶段。到了仰韶和大汶口文化时期，原始村落已经颇具规模。河南渑池的仰韶村遗址，面积将近30万平方米；陕西西安的半坡遗址，面积大约5万平方米；临潼姜寨遗址，面积约5.5万平方米。特别是在半坡和姜寨遗址，均发现有围绕居住区的壕沟，壕沟内壁较外壁口沿为高，并且设有防卫栅栏和哨所，从其防御职能来看，可以说是出现城的征兆，甚至可以视作城的萌芽。

根据资料显示，龙山文化时期相当于龙山时期的城堡8座；山东章丘市龙山镇的城子崖、寿光市孙家集街道的边线王、河南安阳后岗、登封市告成镇的王城岗、淮阳区平粮台、郾城县石槽村的郝家台等6座土城；内蒙古包头市阿善、乌兰察布凉城县的永兴镇老虎山等2座石城。上述几座古城，全都在黄河流域，集中分布在中原地区。

这些最早的城和市原是分离的，大约到了夏商或者更晚时期，方才出现“城”与“市”合为一体的真正的城市。尽管这些城堡并不完全是城市，但二者之间确实存在着渊源关系，某些重要城堡的出现，应属文明曙光来临的标志。

四、黄河文化与文字

文字的发明和使用，是人类历史上“泣天地、动鬼神”的大事，它是古代人类在长期生产、生活实践中，出于记事和传递信息的需要而逐渐发明的文字的产生，在人类历史上具有里程碑的意义，为古代文化增添了色彩、活力和丰富的内容，是文明的重要标志。黄河流域的文字起源甚早，过去在陕西西安半坡、临潼姜寨、零口、垣头、长安五楼、合阳莘野、铜川李家沟和宝鸡北首岭等仰韶文化遗址内，出土一批刻有符号的陶器。半坡出土的113件陶器上刻有38种符号，李家沟出土的23件陶器上刻有8种符号，据七个遗址不完全统计，发现在270件陶器上刻有52种符号。

从裴李岗文化时期开始，黄河流域地区进入了文字创制时期，经历了一段漫长的历史阶段以后，真正的文字才正式形成，从此沿着象形、指事、会意、形声、转注、假借等途径发展。非拼音文字的方块字，是中国文化的一大特色，在世界上有重要影响，铸造了著名的“东亚文化圈”，堪称世界文字的表率。

五、黄河文化与金属器

在人类发展的历史上，划时代的重大事件就是金属器的出现，这也是文明时代的重要标志之一。在各种金属当中，铜是人类最先认识并使用的金属。铜器是人们第一次采用化学方法，将天然的矿石溶化，铸造出来工具与用器，促使人类社会生产力发生一次质的飞跃。

迄今为止，黄河流域发现年代最早的金属实物，是陕西临潼姜寨第一期文化的残铜片。在马家窑和大汶口文化遗址中也发现过铜的遗物。甘肃的东乡林家遗址出土了一件铜刀，经过激光光谱分析，是含锡的青铜。永登的蒋家坪遗址出土过马家窑文化的一件马厂类型的表铜刀（残），年代约为公元前2180年，这可谓是目前所知最早的两件青铜器了。

在龙山文化时期，铜器的冶炼铸造相对普遍起来，在河南郑州的牛砦出土了龙山文化晚期的一块炼铜炉壁残片上，含有一小块铜。临汝煤山遗址二期的文化灰坑发现了有龙山晚期炼铜坩埚残块。淮阳平粮台遗址三期灰坑近坑底部，发现一块龙山文化晚期的绿色铜渣。这些均属于龙山时代的遗物。龙山时代的铜器制造已越出最初的阶段而普遍开来，技术上也有所进步。

六、黄河文化与饮食

黄河流域祖先餐桌记忆的萌芽和核心部分，最早可追溯至约160万年前，在山西芮城西侯度人类活动的遗址中，人们找到了被火烧过的动物化石和鹿角化石，在100万年前的陕西蓝田人类遗址中，人们找到了多处炭末堆积。从那以后，蓝田人、丁村人、大荔人、河套人，便都在黄河的臂弯里繁衍生息。直到6000年前，黄土地上出现了以半坡文明为代表的母系氏族文化，从采集渔猎阶段到原始农牧业阶段，用火和熟食成为一种“经常性的”文化特征和历史风貌。在这期间，燧人氏教人钻木取火；伏羲氏带给人们牺牲的分割和食用；黄帝煮粥为食；炎帝发明耕种，培植五谷等，三皇五帝带领黄河流域的先民，就在这样一片绿野间狩猎采集，培育粟米，驯化狗、猪，制陶酿酒，度过了华夏文明的金色童年。

4000多年前，夏启在河南禹县为诸侯设宴，史称“钧台之亭”，是黄河流域最早的宴会。《礼记·王制》载：“天子、诸侯宗庙之祭，春日礿，夏日禘，秋日尝，冬日烝”。“春荐韭，夏荐麦，秋荐黍，冬荐稻。韭以卵，麦以鱼，黍以豚，稻以雁”，将祖先祭祀餐桌按四季安排得井井有条。“凡养老，有虞氏以燕礼，夏后氏以飨礼，殷人以食礼……五十异粻，六十宿肉，七十贰膳，八十常珍，九十饮食不离寝，膳饮从于游可也”，这是黄河流域古老的祖先餐桌宴会制度，文中的有虞氏在今黄河中游河南虞城县。《史记·殷本纪》称，殷纣王在安阳一带“以酒为池，悬肉为林……为长夜之饮”。这是历史上最早最大的宫廷嬉戏宴会。夏少康被夷族追逐，逃到已有宴会制度的有虞氏作厨官，后来恢复了夏朝，少康成了国君，可谓“国君厨师”。商都开国相伊尹，擅烹调，以滋味说天下，帮助商汤建立商朝，可称为“宰相厨师”了，被后代尊称为烹调始祖。钱钟书先生在《吃饭》一文中写道：“伊尹是中国第一个哲学家厨师，在他眼里，整个人世间好比是做菜的厨房。《吕氏春秋·本味篇》记伊尹以滋味说汤（商汤），把伟大的统治哲学讲成惹人垂涎的食谱。这个观念渗透了中国古代的政治意识，所以自从《尚书·顾命》起，做宰相总比为‘和羹调鼎’，老子也说‘治大国若烹小鲜’。伊尹倒当得起‘和’字，这个‘和’字，当然还带些下厨上灶、调和五味的含义。”这些观点后来影响到中原文化的主流文化——儒家文化，其实，儒家也讲“和”，儒家饮食文化的核心是孔孟食道，而孔孟食道的核心是“仁”，也就是“中庸”之道。中庸之道对黄河流域饮食文化的影响就是“和”味的产生，中和大味，不偏不倚，堂堂正正，是中国饮食文化的典范。

由此而看，黄河祖先餐桌的核心记忆由此产生了：博大宏深、坦荡粗犷、古朴壮观、敦庄温厚、老成持重；尊儒、尚法、崇佛，尚仁、尚贤、贵和；从阴阳、顺四时、和五味而至“中和”。

第三节　黄河文化的空间划分

文化区指有相似或相同文化特性的地理区域，也是学术界所说的文化地理区。在同一个文化区中，其居民的言语、生活习俗、宗教信仰、艺术形式、道德观念以及性格、心理、行为等方面都具有一致性，有着浓厚的区域文化特征。文化区与行政区在文化特质的区域分类上不属于同一概念。行政区作为行政管理区域单位，而文化区则为不同文化特质的空间载体。行政区是人为划分的，而文化区则是在一定的地理环境中形成的。因而，不能简单地用行政区划的概念来替代文化区划，否则是无法得出正确的结论的。当然，因为有些行政区划是按照一定的地理环境划分的，再加上历朝行政区划的延续性，久而久之便具有了文化区的性质，例如山东省齐鲁文化区就是典型的代表。同时，文化区还是一个动态的概念，它是随着时间不断发展变化的。

一、黄河流域的空间划分

（一）黄河的形成与河道变迁

1. 黄河的形成

黄河形成时代的相关问题，学术界尚未达成共识。依据各自研究成果，目前学术界主要有三种观点：第一种观点认为黄河形成于更新世（距今约240万至1万年）以前；第二种观点则认为黄河在早更新世（距今约240万至73万年）就形成了；第三种观点认为黄河于晚更新世（距今10万至1万年）形成。晚更新世是黄河形成的重要阶段，第三种观点成为学术界的主流观点。

黄河的形成与演化是一个繁复的地质过程，它是由地质构造、地形地貌、气候变化和水文等多种自然因素综合作用的结果，并且与青藏高原的隆升、黄土高原和华北平原的演变皆有密切的联系，它反映出东亚构造地貌和自然环境变迁的重大地质事件。

早在第四纪（距今258万年），黄河干流尚未形成，黄河流域分布着一些独立的湖泊，并且互不相通。新生代以来，由于印度洋板块和亚欧大陆板块碰撞，太平洋板块向西俯冲于亚欧大陆板块之下，形成了差异性的升降运动。差异运动的强度为自东向西由弱变强，从而导致我国的地势从东高西低向西高东低演变。自新生代以来，印度板块持续向欧亚板块挤压和碰撞，导致青藏高原的隆升。青藏高原的隆升，带来了明显的环境效应，改变了大气环流的运动模式，阻挡了印度洋暖湿气流向亚洲内陆输送，使亚洲内陆沙漠和干旱化以及风尘堆积的出现。中更新世（距今100万至10万年）以来，地壳运动使青藏高原大幅度隆升，这不仅使高原环境骤变，也使青藏高原出现大范围冰川。季节性的冰川融化加大河川径流，因而为黄河的贯通奠定了水动力基础。距今约60万年，黄河切穿李家峡，黄河上游发展到李家峡以上地区。距今约15万年前，黄河从龙羊峡切穿进入共和盆地。末次间冰期气候变暖，使冰川融化加剧，黄河上、中游从各自独立的内流水系逐步相互连通，因而干流水量增加，这些巨大的水量汇集于古三门湖，使得古湖水位升高。至晚更新世，湖水便开始由东部三门峡地垒山地低缓的分水垭口逐渐向东溢流，且不断下切，最终切穿三门峡。黄河干流进入黄淮海平原，最终形成东流入海的黄河水系。

2. 黄河河道的变迁

由于黄河流经过黄土高原地区，携带了大量泥沙到达下游，大量泥沙淤积，使河床抬高，容易造成泛滥。再加上人类不合理的开发，造成森林、草原和沟洫系统的破坏，导致黄河决溢改道。黄河决溢的范围北部到海河，南部达江淮，纵横25万平方千米，大的改道达6次。依据河道的主要流向，黄河下游的河道历史变迁大体上可分为四个时期：

从春秋战国至北宋时期。在这一时期黄河以北流为主，流经到河北平原中部再由渤海湾入海。春秋中叶（公元前602年），河道从河南浚县南开始改道向东，又流经山东西北部，入河北境后，沿着今卫河的河道，从北汇合由故道入海。王莽始建新朝三年（公元11年），黄河东决，从今天的山东入海，分支溢流到今鲁西豫东一带，后经过王景治河修筑了由荥阳东至千乘（今山东利津一带）的千里黄河大堤，使黄河和汴河分流，各行河道，此后黄河出现了800年的安澜局面。北宋时期黄河下游河道虽有多次变化，但直到北宋末年黄河仍然保持在纵贯河北平原中部至天津入海的河线上。

从金元至明嘉靖后期。南宋的建炎二年（1128年），为了阻止金兵南下，宋朝的东京留守杜充在滑县以上李固渡（今天河南的滑县西南沙集镇约1.5千米）以西扒开了河堤，使黄河向东流，在今天山东的巨野、嘉祥一带，汇入泗水，夺淮入海。这一次人为的决河致使黄河不再进入河北的平原，这是黄河的第三次重大改道。从这一年到明嘉靖后期长达400年的时间，黄河下游便分成数股入淮，相互迭为主次，到了黄河下游河道的干流流势逐渐向南摆。元代之后，黄河下游被分成数股在今天黄河以南、贾鲁河颍河以东、大运河以西、淮河以北的黄淮平原上不断地泛滥、决口和改道。为了保护祖陵和漕运的畅通，明朝政府尽可能地将黄河的干流保持在开封、徐州一线上。

从明嘉靖后期开始到清咸丰四年（1854年）。这300年间里，“南流故道始尽塞”“全河尽出徐、邳，夺泗入淮”，黄河由此逐渐演变为单股而后汇淮入海。黄河河道由于长期的固定，导致大量泥沙堆积，因此明代后期黄河下游大部分的河段成为“悬河”。这个时期，河南境内的河道曾出现过一段相对安流的时期，而在山东、苏北境内河段决口次数相对增多。万历年间经潘季驯的治理，徐州以上才最后固定为今日废黄河。嘉庆以后，政治动荡，河政废弛，堤防残破，新的改道灾难的发生已不可避免。

清咸丰五年（1855年）以后河道由山东的利津入海。清咸丰五年，黄河在河南的兰阳（今兰考）铜瓦厢决口，刚开始的时候分成三股洪水，都由山东寿张县的张秋镇穿运河，汇入到大清河，由利津入海。于是在黄河的下游结束了700多年来夺淮入海的历史，又回到了由渤海湾入海的局面。在此后的20年间，洪水开始在山东的西南地区到处漫流，直到1876年将全线河堤完成，黄河下游河道趋于稳定。

（二）黄河上中下游的划分

黄河，蜿蜒九曲，浩荡东流，从而体现了其所经西高东低的地形大势和山脉高原盆地丘陵错落其间的变换。显然，黄河流域的地形地貌，正蕴含在黄河东流去这一亘古的事实之中。

1. 黄河上游

黄河上游，首先在青藏高原的巴颜喀拉山与阿尼玛卿山（积石山）之间直下东南，至若尔盖附近，为岷山西麓所阻而折返西北，绕西倾山拐了一个半径100余千米的大弧后，东下黄土高原西南的兰州一带。这整个地区大部分属青藏高原，地貌以高山峡谷、冰川冻土为主。其边缘与黄土高原交接之处，地层皱褶，山体错综，壑岭如织，唯黄河及其支流洮河、湟水等谷地稍稍平缓开阔。这里西有祁连东脉，南有昆仑与秦岭余脉汇聚处的一系列山地，东北为相对低矮的黄土高原。自西南至东北，平均海拔从大致4000余米逐渐降至1000余米。黄河因此而向东北继续流去。

2. 黄河中游

自兰州起，黄河在祁连余脉与六盘山之间向东北迂回至青铜峡后，又在贺兰山与鄂尔多斯高原间蜿蜒北上，抵阴山南麓折而向东，直至晋冀山地受阻，又沿吕梁山西麓逶迤南下，到风陵渡一带，受秦岭北坡的拦截再转向东方，流经秦岭北麓与太行南部中条山之间的山地，进入平均海拔不到200米的华北大平原。这样，黄河上中游的形象在地图上便呈现为一个巨大的“几”字。该地区兼跨我国第二台阶上的阿拉善高原、鄂尔多斯高原、黄土高原和山西高原。地势大致由西向东倾斜，在太行东麓跌至我国的第三台阶。地貌则以长时期演变而成的连绵荒漠、浑厚的黄土堆积和雄伟的山地为主，尤其以早更新世至晚更新世堆积起来的黄土地为显著的特征。除西北一隅和海拔1000～2000米的石质峰脊，这里真可以说是黄土的世界。总面积约为30万平方千米，黄土的平均厚度30～60米，最厚处可达200米的黄土高原，是世界上最为典型的黄土区。由于黄土本身易受雨水冲刷、河流切割的性状，不仅决定了黄河中游大部分地区沟深崖陡，塬、梁、峁错杂变换的独特地貌，赋予了黄河及众多支流浑黄多沙的特殊性格，而且也极大地影响了黄河下游的自然状貌。

此外，在黄河中游的一系列高原与山地间，新生代的地层断陷又导致了不少较宽的条状谷地。其中黄河流经的银川地堑和河套一带的黄河地堑，渭河流经的渭河地堑和汾河流经的晋中断陷盆地等，都在流水与黄土的复杂作用下，形成了小型的冲积平原和明显的阶地。

从豫西山地流出孟津后，黄河随华北平原轻微起伏的地势缓缓向东，至武陟一带遂朝东北方向绕过连绵的山东丘陵，流入了渤海，历史上黄河也曾向东南绕过山东丘陵，夺淮而流入黄海。因此，黄河下游的地形地貌，大体由西而东，从平原过渡为丘陵再没入大海。华北平原从渺远的古生代开始由海变陆，中生代的燕山运动和新生代的喜马拉雅运动以来，这里在大幅度凹陷沉降的同时，积累了厚数百至数千米的河湖沉积，其间夹以薄层的沉积物。而其坦荡的地表，则与黄、淮、海河所搬运冲积的大量泥沙密切相关。特别是黄河，从中扮演了最主要的角色。整个黄河冲积扇，西以孟津附近的宁嘴峡口为顶部，向东延伸至鲁西山前洼地，其南北两翼却在海河和淮河间伸缩不定，从而轮番改造了这里的原有水系和地貌。

山东丘陵包括了鲁中南和胶东丘陵两大部分。除去泰山等少量海拔在1000余米左右的高峰外，其余大多都在300～600米以下。偏西的鲁中南丘陵，因为有许多暴流性辐射状河流的切割而显得支离破碎。淮河、沭河以东为山东半岛，其东端的胶东丘陵多为矮山，经长期风化剥蚀而成连绵的波状；在鲁中南丘陵和胶东丘陵之间的胶莱平原，便成为一个剥蚀冲积而成的小型平原。

3. 黄河下游

黄河下游面朝渤海和黄海，是条漫长的海岸，有着广阔的海域。经过悠久的自然变迁，山东半岛海岸线曲折，三面临海，港湾众多。有峻峭的花岗岩海蚀的岬角，也拥有较大的沙嘴、沙坝和典型的陆连岛。山东半岛以南以北，皆为平原海岸，海陆间皆为泥沙，几无坡度，海岸线极不稳定，有宽几千米至十几千米不等的潮间带浅滩。在它的南苏北一带沿海，属于粉沙淤泥质平原海岸。在北黄河入渤海的地方，是三角洲平原海岸。现代黄河年均挟带的10多亿吨泥沙中，除4亿～5亿吨留在华北平原外，大多被挟而入海，其余造陆。故自1855年黄河铜瓦厢决口，夺大清河故道在渤海湾西部入海以来，历时虽不到140年，其三角洲的面积却已达5000多平方千米，每年以2～3千米的速度向前推进。

由上可见，黄河所经地区的地形地貌，总的表现为由西向东，巨大高原和广袤平原、雄伟山脉与低矮丘陵的强烈对比。而这种状态对各气候要素的影响，反过来又导致了这里从冰川冻土、荒漠戈壁过渡为沟壑纵横的黄土高原和坦坦荡荡的冲积平原，间之以风雨蚀积下的山地丘陵、河谷盆地的地表形态。显然，对整个黄河所经地区的地貌来说，地壳运动决定了其大轮廓。而此种大轮廓影响到气候状况，再作用于地表物质，则又决定着具体的面貌，构成了这里自然区域划分的重要依据；使大河上下在复杂的地质构造，地形与气候的相互作用中，形成了丰富的金属矿藏、煤、石油、天然气层带以及地热、水力、风、光能、潮汐等多种多样的资源。而作为最显著的特征，黄河上中游积累的深厚黄土和不断被流水运送到下游的广泛次生黄土，更为黄河人长期赖以生存和发展的农业，提供了得天独厚的条件。

二、黄河文化区的空间划分

随着黄河文化逐渐地发展、扩散并融合，一些古老的区域文化慢慢衰落或消失了，然而一些新的文化区却这样出现了。例如在新石器时代，黄河上中下游分别有马家窑文化、大汶口文化、仰韶文化这三个文化区；到了秦汉时期，黄河文化在地域上可以划分为关东文化区和关中文化区，其中关东文化区又可以细分为三晋文化区和齐鲁文化区；明清时期，当秦文化等处于急剧衰落的时候，天津文化却迅速发展起来了。此外，文化区的文化特质也存在不断变化的过程。在文化发展过程中，它不断地淘汰旧的因素，进行更新改造，自我组织，自我完善，形成和造就与传统文化区域性质和面貌完全不同的新的文化区域。因此，我们在研究文化区的分类和特征的时候，既要考虑传统的文化区域特征，也要认真研究和分析新文化区的形成、发展和变化。

基于上述认识，在黄河文化这个大整体中，可以根据流域内局部的和地区的多样性，将其划分为中州文化、三秦文化、齐鲁文化三个核文化区和巴蜀文化、三晋文化、河湟文化三个亚文化区（或称作次文化区）。

（一）三秦文化区

三秦文化区又称为秦陇文化区、关中文化区，简称为秦文化区，地处渭河流域和黄土高原，这里曾经是中国历史上文化最发达的地区之一，历史也极为悠久。1964年在陕西蓝田公王岭发现的

“蓝田人”头盖骨化石，距今已有六十五万至八十万年的历史。至距今约6000年的仰韶文化时期，生活于这里的半坡先民已经创造了比较发达的文化。传说中的黄帝族则发祥于陕北，与黄帝族共同构成华夏族主干的炎帝族也曾长期活动在陕西关中西部，这些都表明三秦文化与中华文化的起源有着不解之缘。虞夏之际，周族开始在今天的陕、甘泾渭流域开始活动；后来的古公亶父在周原又开始创建西周文明。自西周起，这里先后有西周、秦、西汉、隋、唐等十多个王朝建都于此，特别是西安更是获得了“千年古都”的美称。

该地区文化发展经历了漫长曲折的过程，西周时这里就是全国的文化中心。周室东迁后，其文化重心的地位也随之东移，且由于长期与戎狄杂居，故这一时期不仅经济上远远落后于中原地区，而且缺乏自己的文化思想传统，为文化落伍之邦；直至战国秦孝公时，中原华夏诸国仍以“夷狄遇之”；秦孝公以后的秦国，主要受到了三晋文化思想的影响，特别是法家思想，成为孝公至秦始皇时代秦国得以迅速发达兴旺以至于富强无比的根本指导思想。特别是《吕氏春秋》一书在秦国的问世，不仅为秦的统一奠定了理论基础，而且成为战国文化史上的一次大总结。由于此时的秦文化与三晋文化相同，故有学者在划分这一时期的文化区时，将其合称为秦晋文化。秦代是秦文化大发展的时期，林剑鸣先生在《从秦人价值观看秦文化的特点》一文中认为，秦文化“外倾”的特点较为明显，如秦国经济生产和科学技术发展十分迅速，以及缺乏严格的宗法制，宗法观念淡薄等，皆与其“重功利，轻伦理”的价值观有关。追求“多”和“大”成为秦国人的时尚和审美的重要标准，也成为秦文化的重要特征。

汉唐时期，以长安文化为主体的三秦文化达到了鼎盛，如日中天，光芒四射，影响遍及世界各地。三秦文化在安史之乱以后急剧衰退。唐都长安城从昔日的宏伟壮丽、繁花似锦变得“日渐衰耗”。至南宋以后，三秦文化更是一落千丈，几无人才可言，其登科进士在南宋一朝竟至空白，元代也仅14人，只及浙江的五分之一；明清时仍然如此，有名者屈指可数。鉴于此，明代著名史学家黄宗羲在其所著的《明夷待访录》中深有感叹地说道：“秦汉之时，关中风气会聚，田野开辟，人物殷盛；吴楚方脱蛮夷之号，风气朴略，故金陵不能与之争胜。今关中人物不及吴会久矣。”

（二）中州文化区

中州文化就是狭义上的中原文化，其地域范围大抵为今天的河南省。从文献和考古资料来看，中州文化具有悠久和丰富多彩的特点。

1. 远古时代

早在距今五六十万年左右，“南召人”就生活在这里。到了新石器时代，这里逐渐形成了裴李岗文化—仰韶文化—河南龙山文化的发展系列。裴李岗文化距今约有8000多年的历史，其时已经进入耕作农业阶段；而到了龙山文化阶段，开始出现了文字、城堡和青铜器，这就标志文明时代到来了。

2. 夏商周时期

在奴隶制社会，夏部落在今天的豫西河洛地区建立了中国史上第一个奴隶制的国家——夏王朝。传说中的夏禹就是在这里诞生。此后的商族又崛起于今日的商丘，商建立后虽然多次迁都，但基本上都是今日的河南省境内，如亳都（今河南偃师）、敖都（今河南郑州）、殷墟（今河南安阳）。西周的统治者虽然定都镐京，但洛阳是作为陪都的。东周迁都到洛邑，这里便成为全国的政治和文化中心。

3. 秦和西汉时期

这里的文化，东不及齐鲁，西不及关中。随着政治中心的东迁，东汉时期洛阳地区的文化迅速崛起，再次成为全国文化最为发达的地区。魏晋南北朝时期，中州文化的发展虽然比较缓慢，但在当时仍是黄河流域文化最发达的地区。如在北魏孝文帝时期，“时天下承平，学业大盛，故燕、齐、赵、魏之间，横经著录，不可胜数，大者千余人，小者犹数百”。因此南人陈庆之在出使北魏回来后对人说：“昨至洛阳，始知衣冠士族，并在中原。礼仪富盛，人物殷阜，目所不识，口不能传。所谓帝京翼翼，四方之则。如登泰山者卑培塿，涉江海者小湘、沅。北人安可不重?”。

4. 隋唐五代时期

中州文化的地位仅次于关中，其时这里人才辈出，哲学家有姚崇、刘禹锡；著名的诗人有杜审言、上官仪、宋之问、沈佺期、岑参、崔颢、元稹、元结、杜甫、李贺、李商隐等；散文有韩愈；史学家有吴竞、李延寿、司马贞；书画家有被后人誉为“画圣”的吴道子以及孙过庭、褚遂良、郑虔等；佛教有玄奘、高僧智、神秀；道教学者有司马承祯、成玄英；科学家有一行和尚、刘佑、尚献甫、甄立言、甄权、李虔纵、张文仲、孟诜等人。此外，唐代龙门石窟及这里的印刷、陶瓷等也都称雄于海内。至五代时，中州文化的发展虽然因军阀长期混战等原因的影响而呈现出停滞和下降的趋势，但其成就和地位在黄河文化中无疑位置第一，再次超过了三秦文化。

5. 北宋时期

中州文化不仅领先了三秦文化和齐鲁文化，而且在全国也成为首屈一指。作为首都的开封是全国文化中心，是百嘉所毓、人文精华荟萃的地方，无论是文化活动、文化设施，还是文化素质、文化品位，都是一流的，都代表着宋代文化发展的繁荣和高度。另外，该地洛阳、许州（今河南洛阳）、郑州等地也都是文化发达之地。但中州文化随之也由于靖康之难而遭到了严重的破坏。

6. 元代以后

其文化不仅远远落后于长江文化中的吴越文化、荆楚文化、巴蜀文化，而且其在黄河文化中的首要地位也由齐鲁文化取而代之。

（三）齐鲁文化区

齐鲁文化区大致包括今日的山东省。

1. 远古时期

根据文献和考古资料，这个文化区的文化发轫较早，早在新石器时代便已成为当时文明最发达的地区之一，东夷族生活于这一地区并创造了光辉灿烂的东夷文化，这一地区发源的大汶口文化、北辛文化和山东龙山文化也曾经一度处于黄河流域文化发展的领先地位。其中，山东龙山文化的玉器艺术和大汶口的陶器符号，对夏、商文化产生了重要的影响。大约在公元前两千年之前，东夷文化已发展到文明时代的门槛。从神话传说来看，最早生活于这一地区的太昊氏、少昊氏、蚩尤和炎黄族共同创造了最早的黄河文明。此外，如“舜作陶”“羿作弓”“伯益作井”“蚩尤作兵”“皋陶作刑”等，都反映了东夷族对中华文化和黄河文化发展的贡献。

2. 夏商周时期

进入奴隶社会后，东夷文化在当地文化的基础上吸收了夏、商、周文化，两者的渐次融合最后形成了华夏文化的主体。特别应该指出的是，随着西周初年齐、鲁两国的建立，使东夷文化与中原地区的周文化迅速结合起来，并在东夷奴隶制文明的基础上形成了齐鲁文化。但这一时期的齐鲁文化并未完全统一，它可分为齐文化和鲁文化两部分。

3. 春秋战国时期

齐文化和鲁文化出现了一体化的端倪，由其构成的齐鲁文化圈，成为东周时期七大文化圈之一，并出现了一大批杰出的人才，如孔子、孟子、荀子、管仲、晏婴、孙武、孙膑等，儒学及以《孙子兵法》等为代表的兵学便是他们留给后人的宝贵文化遗产。

4. 秦汉至宋朝时期

秦统一中国后，齐鲁文化在全国继续保持着领先的地位。无论是文化发展水平，还是文化影响力，齐鲁地区都堪称是秦王朝的文化重心区。进入西汉时期，齐鲁地区仍旧是全国文化最发达的地区。据统计，西汉五经博士、私家教授、列传士人的籍贯分布与各地区所出书籍，以东方的豫、兖、青、徐四州比重最大，而其中又以齐鲁一带出人、出书为最盛。当时的齐鲁地区，不仅文化昌盛，人才众多，在全国具有重要地位，而且其影响力也是十分深远，经久不衰。这里除在早期盛行黄老之学外，儒学更是从这里传至全国各地，成为封建文化的主体。雅乐也是以鲁地为其发源地。其时的齐鲁文化已与汉文化彻底统一，影响与传播在当时最为广泛。汉武帝在“齐学家”董仲舒的建议下，实行“罢黜百家，独尊儒术”。到了东汉，齐鲁地区的文化地位便开始下降，已经落后于中州文化。这种情况至宋代犹然。刘敞说：“齐鲁虽皆称贵文学、尚礼义之国”，然自“五代之乱，儒术废绝。宋受命垂七十年，天下得养老长幼，亡兵革之忧，庶且富矣。然未有能兴起庠序，致教化之隆者也。自齐、鲁之间，弦诵阙然，况其外乎?”。再之后，齐鲁文化的地位更加一落千丈，不再有往时的盛气。明人章潢有言道：“邹鲁多儒，古所同也。至于宋朝，则移在闽浙之间，而洙泗寂然矣”。不过让山东人略微欣慰的是，这个时期的齐鲁文化在黄河文化中的地位还是最高的。

（四）巴蜀文化区

巴蜀文化区在四川省、重庆市境内。

1. 远古时期至秦朝

从文化源头上讲，巴文化和蜀文化分野显著，《山海经·海内南经》载："巴蛇食象，三岁而出其骨……在犀牛西"，巴人的图腾是蛇。因地处楚地西侧，巴人受楚国影响巨大，巫鬼文化极为盛行，《后汉书·南蛮西南夷列传》说巴人，"未有君长，俱事鬼神"，《华阳国志》说巴人"俗好鬼巫"。这些信鬼求巫的习俗就成为创立道教的肥沃土壤。后来，与巫鬼文化有着莫大关系的中国道教从蜀地的青城山诞生，成为中国唯一的本土宗教。巴人民风彪悍，战斗勇敢，闻名中原，让人闻之胆寒。古蜀人的先祖为蜀山氏，最初活动在川西岷山一带，三皇五帝之一，蜀人大禹，就诞生、成长在位于岷山山腰的北川地区。以广汉三星堆为代表的蜀文化，更进一步地解密了蜀文化的历史脉络，以实物确证了史书中历经五代"蜀王"的古蜀国的存在，展现了古蜀文化的灿烂辉煌。秦在统一中国之前，巴蜀文化与中原文化便已有往来。

2. 秦统一之后

秦统一中国之后，巴蜀之地迎来历史上的第一次移民潮，巴蜀地区的汉民族得以形成。而除了汉民族之外，盆地四周的高山、高原地区还有许多个少数民族，包括盆地西侧蜀地的藏族、羌族、彝族，盆地东侧巴地的土家族、苗族、布依族等。例如，闻名中外的僰人，就是苗族的一支，僰人悬棺，是原属于巴国的珙县、兴文的丧葬方式。

秦在统一中国之后，蜀地便成为历代中央王朝粮食的主要供给基地和赋税的主要来源，而四川盆地四面环山、易守难攻的特殊地形，更是使天府之国这个大仓库里储备的不仅仅是可见的物质，还包括政权的迂守转圜和各类人才的蓄势待发。

无论是汉中王刘邦，还是汉室宗亲刘备，都曾把经营四川作为创业立国的根基。天府之国，虽从来不是中国政治舞台的中心，却是中国政治舞台的发动机。与之相应的还有唐朝中期"安史之乱"和晚期"黄巢起义"，唐玄宗和唐信宗都把四川成都选列为避乱之地，以及抗日战争时期，西南一隅成为抗战大后方，为对日作战输送了350万兵源，占到总兵力的五分之一，更在1941年到抗战胜利的4年间，上缴稻谷总量约占全国总量的三分之一。也可以说，如果没有四川这个抗战大后方的支援，抗战历史或许会被改写。

概而言之，巴蜀文化是兼容了移民文化、民族文化、地域文化和宗教文化，在四川盆地内生长，为盆地内外的文化所滋养的独特地域文化。

（五）三晋文化区

三晋文化简称为晋文化，其地域范围主要在今山西省，东以太行为屏，西以大河为襟，南障群峦，北蔽大漠。因此独特的地理位置，造就出了独特的三晋文化。

1. 远古时期

从文献记载和考古资料来看，三晋文化萌芽于旧石器时代，著名的山西芮城西侯度遗址，是目前世界上最早的古文化遗址之一，距今已有一百八十万年的历史。西周初年，唐叔虞在此地受封，成为晋国的始祖。

2. 春秋战国时期

晋、韩、赵、魏诸国先后以此为根据地，并逐渐形成了一个具有独特风格的地区性文化。李元庆、高银秀在《先秦三晋文化思想探析》一文中认为，三晋文化是一个具有独特思想风貌的文化形态。三晋文化思想的主体是法家思想，同时这里也是名家和纵横家的发源地及活动中心。在对待传统的宗法制度及其观念形态的问题上，三晋文化表现了新兴封建势力的朝气蓬勃的积极进取精神。这是三晋文化的主流。由于独特的地理位置，使其在中国历史发展进程中长期成为黄河文化与北方文化相联系的重要纽带。如在史前时期中原和北方两大古文化区系的三次大冲撞中，它都起了纽带作用，使两大区系的史前文化不断扩散、融合。

3. 汉唐时期

这里的文化比较发达，科技、哲学、宗教、文学、艺术等都很繁荣，涌现出大批人才，其中仅文人就达470人。故《三国志·魏书·杜畿传》注有“河东特多儒者”的记载。《通鉴》卷一百七十九也载：“河东晋魏以降，文学盛兴。”例如身为太原人的白居易、王维都是唐代著名的文学家。宗教特别是佛教在山西也十分盛行，在姜亮夫先生的《历代名人年里碑传总表》一书中，载有高僧593人，其中籍贯山西的就有42人，除去籍贯不明的63人外，山西人即占全部的近十分之一。

4. 宋元清时期

在当时的黄河文化中三晋文化占有非常重要的地位。宋代名家有晋州平阳人孙复、解州夏县人司马光、汾州介休人文彦博；金元时，平阳不仅堪称元杂剧的摇篮，而且其杂剧作家人数之多也在全国名列前列；平阳（今临汾市）、平水（今新绛县）的出版业更是盛极一时山西商人和封建政权的关系愈加紧密，进而发展成为当时与新安商人（也称徽州商人）齐名的两大商人集团，雄踞海内。正如当时的学者谢肇淛所言：“富室之称雄者，江南则推新安，江北则推山右……山右或盐，或丝，或转贩，或窖粟，其富甚于新安。”至清代，更是形成了天下“商贤皆出山右人”的局面。

（六）河湟文化区

河湟文化区包括黄河上游九曲之地和青海境内湟水谷地、甘青交界地区、河西走廊及宁夏部分的地区。独特的地理环境赋予了河湟文化以游牧与农耕两种文化形态长期并存的特征。两种文化在经过同其他民族的四次文化汇合后，实现了河湟区域文化的总体整合，体现出多元汇聚的历史机缘。

1. 远古时期

从考古资料来看，这里的文化起源很早，新石器时代的马家窑文化和齐家文化是河湟史前文化的发端。它们均以农业为主要的经济形式，种植粟类作物，具有比较发达的农耕文明，特别是马家窑文化精彩绝伦的彩陶制作，更使其成为与仰韶文化、大汶口文化齐名的黄河流域史前时期三大彩陶中心之一。

2. 春秋战国时期

羌族是河湟地区最早出现的土著居民。他们原本过着以畜牧为主、以穹庐为居的游牧生活。大约到战国时期，羌人无弋爰剑从秦人那里学到了较先进的农业生产技术，并将其带回到了河湟地区，从此河湟地区的农耕文化再次出现了重大的变化。

3. 汉代及以后

西汉时，汉人随着军事力量的发展，大量移居河湟地区，并在这里屯田，从而使河湟地区的农耕文化作为一种全新的文化脱颖而出。此后，在魏晋南北朝、隋唐、元代三个时期，河湟地区的土著文化与其他民族的文化又进行了三次大的交汇，从而实现了总体整合与多元汇聚的发展趋向。

三、黄河文化区的文化特色

（一）从黄河中上游的陕西、山西到中下游地区的河南、山东

黄河文化区能看到中国古典文化的重要集结，与此同时，也在深深影响并融入进民间文化之中。在这里，有着历史人物的传说，同样也有着民间信仰的接受与再创造。例如，司马迁是一位历史学家，在陕西韩城市的芝川乡为其建了神庙，传说农历二月初八是司马迁的生日，民间的百姓为为了纪念他举行庙会祭祀。还有著名的文学家韩愈，在河南孟州市建有韩愈祠，当地百姓每年农历三月十二日都会举行庙会。其中最富有特色的祭祀仪式是夜幕降临之时，在韩愈祠和韩愈墓园的挂红灯，成千上万的灯笼聚集一起以表达虔诚的敬意。这种情景在许多庙会被称之为“暖会”，有崇拜遗存的意义，在这里已然明确体现出韩愈是民间敬祀的神灵。更不用提老子和孔子了，这两位著名的思想家在民间信仰中早已被奉祀为庇佑人间的大神。老子家乡在河南鹿邑，当地建有老君台和太清宫，每年的农历二月十五日在这里举行庙会；老子庙遍布中原。或许是作为道教神，又或者作为祖师爷，享用香火奉祀。

在孔子的家乡山东曲阜，就建有庞大的孔庙建筑群来与官祭相呼应，民间百姓会在此处举行庙会。在山东邹县孟子的家乡，所建的孟庙被称为亚圣庙，在每年农历正月十六日有庙会。在全国各地都有对一些杰出人物的庙祀，这里不乏会有一些文人学士。这些都是人文传统与民间信仰之间有机融合的表明。当然这些民间文化形态的类型都是在农耕文明的背景下逐步形成和发展的，因此从某种意义上讲，它就是我国农耕文明的一部分，同样也是黄河文明的一种重要类型。

（二）黄河下游地区，主要集中在山东沿海

黄河下游地区是海洋文化的典型。黄河流域，特别是中下游地区，作为一个历史地理的概念，它还是有不确定性的。因为在中国治水史、救荒史上有一个尤为突出的现象就是黄河改道。也是因为改道，黄河入海口便这样成为我们理解其作为海洋文化的一个重要基点。并且应该强调的是无论黄河从哪里入海它都对海洋文化赋予了新的内容，从而才形成与珠江、长江等大河三角洲呈现明显不同的历史和时代的文化成分，与此同时，也与中游地区的农耕文明历史所存在的背景形成了特殊联系形式。作为海洋文化的类型，它需要面对大海，而它依靠的则是以土地耕种作为基本生产方式的农耕文明。在这一点上，我国三大流域应该是一样的。

当然黄河流域也有属于自己的独特性，而它的海洋文化也随之表现出来相应的特殊性内容。但与东南沿海地区不尽相同的就是，黄河新旧入海口对龙王的崇拜要远远超过对妈祖的崇拜。济南以下，济阳、历城、滨州、齐东、利津包括整个莱州湾的黄河都冲积扇平原，道教文化是具有绝对优势的，泰山为神崇拜，尤其是碧霞元君的民间信仰，成为黄河下游地区的民俗生活中极为突出的一个亮点。再就是八仙、玉皇和龙王等神系弥漫进入民间文化的生活。同时还要指出的是，黄河水流作为组成黄河流域民间文化的一部分，对于民俗生活的具体影响在这一地区早已失去了绝对的决定性意义。换句话说，黄河流域的最危险地段是从陕西壶口到山东东明的这一带。这其中，从壶口到河南孟州这一段只是地质上的典型；而从孟州的黄河北岸堤坝西端起点一直到兰考东坝头这之间的黄河水是最为凶险的，例如“铜头铁尾豆腐腰”的开封、再或者是造成千万人流离失所的郑州花园口等，这些地方都是黄河流域安危所在的焦点、极点。因此民间文化也为之发生了变化。

相较之下，山东半岛更多是受到了海洋性季风气候的影响，土壤和水文的性质是与中游、上游有着明显不同的，当然人文也随之有相当大的区别。而这种状况，又是中国海洋文化的一种新的典型。

第四节　黄河文化的历史变迁

一、史前时期黄河文化是中华文明的起点

（一）史前时期的黄河文化

黄河流域的远古文化产生于旧石器时代、新石器时代和铜石并用时代。早在地质时代，黄河流域已经有早期人类存在。当时，黄河流域气候温暖湿润，有着茂密的森林、草原，还有湖泊、沼泽和沙地，还有老虎、野猪、鹿、猕猴等动物，生活着三门马和羚羊，适合干燥地区的鸵鸟和骆驼，以及生活在河湖沼泽的水獭。地质时代黄河流域环境非常适应早期人类从事狩猎、采集的生产方式，繁衍生息。

继旧石器时期猿人及石器工具在黄河流域的出现之后，距今8000～3000年时期，黄河中游黄土高原地带，有着相当规模的森林和草原，有利于原始人类采集和狩猎，在原始农业发展初期，黄河流域是最理想的农耕场所，仰韶文化就是典型的新石器时代的农业文化，这是中华文明的起点。

（二）传说时代黄河流域的先民

长期以来，历史学家把商朝盘庚迁殷之前的历史时代成为“传说时代”，迄今为止仍把夏以前的历史时代视为“传说时代”。

在远古时代也就是“三皇五帝”世代，在文字出现以前，人们都是通过神话和传说世代口耳相传保存着他们的历史。依据神话传说，“三皇”历时约50万年，正是北京猿人和南召猿人生活的旧石器时代早期，此时猿人的生活完全依赖于自然界的恩赐，把自然力人格化为“天皇”“地皇”“人皇”附会于猿人进化为人，具有一定的改造自然战胜自然的能力。

“有巢氏”和“燧人氏”是人皇之后“天地之初”的远古先民，可以反映出人类早期生活的场景。

“有巢氏”和“燧人氏”之后，在黄河流域的中原地区，又出现了一批传说的英雄人物，如伏羲、女娲和神农，此三人被更多的人称为“三皇”，处于旧石器时代向新石器时代过渡的社会阶段。

继神农氏之后，是处于新石器时代中晚期的皇帝轩辕氏、帝颛顼高阳氏、帝尧陶唐氏、帝舜有虞氏，此五人被称作“五帝”。之后的帝禹夏后氏、大昊、少昊、蚩尤、后羿等都是黄河中下游地区有影响的传说英雄人物。

二、先秦和秦汉时期是黄河文化的形成时期

（一）黄河流域多元文化并立和融合发展

黄河流域经过秦文化、三晋文化、齐鲁文化等多种文化的融合与发展，形成了完整的黄河文化体系。

先秦时期，尤其是在春秋以前，黄河流域处于漫长的农耕文明的初级阶段，当时的社会生产力比较低下，交通也不发达，黄河两岸的人们主要是利用葫芦、皮囊、筏或独木舟等工具渡河，这大大限制了黄河两岸人们的各种往来活动。在春秋战国时期，随着社会制度的变革、社会生产力的快速发展、铁器等工具的广泛应用，粮船队从秦都雍（今陕西凤翔南）出发，途径渭河即由风陵渡入黄河而北上运至晋都绛（今山西翼城东），以贩灾荒，史称“泛舟之役”，这是先秦史上一次大规模的水运活动。另外，春秋战国时期各诸侯国间争霸不断，鲁襄公二十三年前年，“齐侯遂伐晋，取朝歌。为二队，入孟门，登太行。”正是这些接连不断的战争间接推动了造船业等渡河工具的发展。在那个时期，即使是中原地区，跟西周末比起来，船舶运输业也有了很大的发展。沿黄河和汾水段航程虽然非常艰难，但也已开始划桨拉纤并用可以逆流而上了。民间渡河工具主要以轻舟、扁

舟为主，还有适用于短途交通的船。这些活动在客观上推动了黄河两岸间的商业往来，同时也促进了黄河津渡的开辟。

（二）黄河流域成为政治、经济和文化中心

秦汉时期是我国第一个大一统时期，社会生产力和生产关系都发生了质的改变，这个时期也是我国封建社会巩固和发展的一个重要历史阶段。当时的统治者非常重视农业领域的发展，大力发展农耕经济并广泛推广使用铁器等农具，很大程度上提高了耕作的技术以及农作物的产量，强有力地促进了以农业为主的封建经济的快速发展，社会经济呈现一派繁荣的景象，黄河流域也成为当时全国的政治、经济和文化中心。

在汉代同一时期，中国的传统造船技术也获得了很大的发展，出现了中国造船历史上第一个发展高峰时期，这极大地促进了黄河水运的发展和物资交易。司马迁在《史记》中有描述过当时黄河水运的繁荣景象，里边写道“汉兴，海内为一，开关梁，弛山泽之禁，是以富商大贾周流天下，交易之物莫不通，得其所欲。”当时的关中地区，地处黄河中游地带，气候温和，土壤肥沃，农业较发达，是全国的统治中心。统治者为了解决京都对粮食及各种物资的需求，以黄汾渭为中心建造了发达的水运工程，使得全国各地的物资都能源源不断地抵达京都长安。其中，黄河水运及其津渡的转运作用功不可没。

秦末汉初和东汉末年，战争纷扰不断。公元前年，刘邦命淮阴侯韩信去攻打河东的魏王豹，韩信就是从这里用木罂渡过黄河，攻取魏都，俘获了魏王豹。东汉中平元年为镇压黄巾起义，在津上置关戍守，为八关之一。东汉中平六年，袁绍大诛宦官，“张让、段珪等困迫，遂将帝与陈留王数十人步出谷门，奔小平津”。这些因素促成了黄河中游津渡迅速增多。

三、魏晋南北朝和隋唐时期是黄河文化的发展时期

（一）魏晋南北朝时期多水利发展促进多民族融合

在魏晋南北朝时期，由于接连不断的征战，导致黄河两岸人口急剧减少，从而严重阻碍了社会生产力的发展，黄河水利及航运事业也因此阻滞不前。但在这将近四百年的时间里，黄河两岸的人民虽然长期经受战争的困扰，仍然努力克服了种种不利因素，不但修复和修建了一些水利工程设施，还开发了黄河航运及其沿岸的津渡，促进了两岸的经济发展和商业往来。匈奴、鲜卑、羯、氐、羌等少数民族也因此进入黄河流域，促进了黄河文化在这一特殊情况下的复苏，对黄河文化的繁荣有重大的影响；到北朝时期，鲜卑族入住到黄河流域，给黄河文化注入了新鲜的血液。少数民族地区的“胡桌”“胡椅”“胡床”“胡服”等也传入了黄河流域，这些大大丰富了黄河流域人民的生活。黄河文化也是在这一特殊历史时期融合少数民族文化从而形成了多层次文明。

（二）唐宋时期黄河水利促进商业繁荣

隋唐时期，中国再次出现了大一统的局面。统治者重视农田水利的建设，社会生产蓬勃发展，经济生活欣欣向荣。隋朝时期开凿的南北大运河，把长江、淮河及黄河三大水系联系了起来，逐渐形成了以长安和洛阳为中心的航运体系。江淮一带的粮食等物资从黄河逆流而上，然后在沿岸的各大津渡口岸转运到长安、洛阳等地区，保障了京城的各种物质需求。到盛唐时期，农田水利的发展规模超过了汉代的繁荣时期。水利科技方面比两汉时期也有了快速发展，传统造船技术也日益成熟，这是我国造船技术发展的第二个高峰时期。黄河水道船只来往不断，沿岸渡口转运不停，商人往来络绎不绝。这时期，黄河中游津渡的巨大转运作用，保障了社会稳定，促进了商业贸易，繁荣了社会经济。到了隋末、唐朝的安史之乱时期，社会动荡，战争不断。例如，公元882年，“李克用率代北之师，自夏阳渡河，屯沙苑。”这些军事活动，也很大程度地影响着黄河中游古渡的存在和发展。

四、宋元明清时期是黄河文化和其他地域文化融合时期

（一）北宋时期黄河航运进一步发展

北宋时期，随着社会生产力的快速发展，河工技术的不断提高，人们对黄河水运的自然规律有了更进一步的认识，航运及渡河工具也有所改进，这是黄河水利事业的又一个重要发展时期。北宋时期定都开封，使得黄河与开封周围的广济河、惠民河、金水河等构成了发达的航运体系，在当时的运输方面起到了举足轻重的作用。除了江淮流域的物资运达汴梁以外，黄河流域的各种物资也都经诸多黄河渡口转运进黄河水道，源源不断地汇聚到京城。

（二）元明清时期政治与经济中心远离黄河流域

自宋代南迁之后，历经元明清，中国的政治和经济中心都一直远离黄河流域，这使得黄河流域经济发展变得缓慢。但在这段时期，黄河流域的社会经济总体上并没有停滞或者倒退，而是仍然保持了一定的发展速度。尤其是在明清时期，手工耕作技术在全国普遍推广，中国的封建经济进入了又一个高峰发展期。由于生产力的进步，京杭大运河的开通，黄河的水利航运事业仍然有一定发展。许多黄河津渡在也持续地发挥着它们的重要作用，并且还开辟了一批新兴渡口。其中，元末明初，朱元璋北伐时，就是由开封运粟，溯河而上，以给陕西，甚至还转运到宁夏和河州今甘肃临夏。最主要的是，这些黄河中游津渡方便了当时的商业往来，推动了黄河流域经济的持续发展。昔日遍布各地的山西、陕西会馆，至今还有很多依然存在，向我们展示着黄河流域地区那一时期的商业繁荣。到清朝中后期，随着封建经济的解体，资本主义经济的产生和发展，中国的社会生产力也

发生了根本性的变革。

随着人口急剧增长，沿黄河工农业和城镇用水量的增加，黄河水资源问题变得很严峻。尤其是近代以来，铁路的兴建极大提高了交通运输能力，黄河沿岸陇海铁路和同浦铁路的修建也减弱了黄河的航运作用。同时，桥梁建构技术的飞速发展，催生了一座座大桥飞架黄河两岸。这些黄河大桥的修建也逐渐取代了黄河津渡的转运作用。近几十年，黄河中下游频繁出现断流现象，影响了黄河的航运条件。黄河津渡逐渐进入了衰落期，一批批曾经繁华一时的津渡逐渐被淘汰或废弃。

由此可见，从封建社会到后来的不同朝代，黄河中游古渡的分布面积越来越广，数量越来越多，发挥着极其重要的作用，但是近现代以来，由于社会制度的进步，社会生产力与经济的发展，科学技术水平的提高以及交通工具的改进，一大批津渡又逐渐走向衰落。黄河中游津渡在清代以前持续发展，是封建社会自身生产力逐步发展和完善的结果。而自近代以来由繁荣逐渐走向衰落，是封建社会走向瓦解，新的社会生产力代替旧的社会生产力的结果，与铁路的修建、黄河水运的衰落和黄河大桥的修建有着密切的关系。

五、近代是黄河文化的新生期

鸦片战争以后，伴随着资本主义军事、经济侵略而渗透进来的西方文化，第一次向黄河文化提出了严峻挑战。此时的黄河文化已进入衰落期，没有足够的信心、勇气和生命活力对西方文化进行吸收、消化。西方文化是以近代大工业发展为基础的资本主义文化，黄河文化圈的社会经济条件根本无法为该类型文化提供发展的土壤。因此，黄河文化的再生，必须以中国社会政治、经济环境的根本性变革为前提，一方面要以现代工业、现代农业和现代科学技术的发展为坚实基础，另一方面又要保持黄河文化的精髓。

1978年党的十一届三中全会以后，中国真正开始了工业化的进程。黄河流域的旱地农业文化圈也开始发生根本性变革，乡镇企业星罗棋布，商品经济迅速发展。人们的传统观念和衣食住行也随之发生了变化，这也影响了人们的精神面貌和思维方式。现代化建设，给黄河文化的再生注入了新的生命活力。一个继承了黄河文化传统特质又反映了当代人们崭新精神风范的文化系统正在形成，黄河文化又迎来了一个新的大发展时期。

第五节　黄河文化的时代特征

一、黄河文化的包容性

黄河文化是中华民族以及黄河流域广大劳动人民创造的全部物质财富和精神财富的总和。将近

5000年来黄河流域所出现的全部文明成果都视为黄河文化的要素。

各族人民在漫长的历史岁月中，饮食方面既保持了各自的传统，又融会互通，形成了独特的地方风味。例如回族的麻花、白焙子、油炸糕等，甘肃的拉面等，蒙古族的羊背子、烤全羊、涮羊肉、奶茶等，陕北的羊肉泡馍、肉夹馍等，山西的刀削面等，还有一些特色的面精酿皮、猪肉勾鸡，酸烩菜等吃法，蒙汉兼通，老少皆宜。

包容方能和谐，和谐才能成事。纵观古往今来那些成就大事的人，他们无不具有包容天下的广阔胸怀，无不善于在“不同”中谋统一、在和谐中凝聚力量。几千年来，儒家思想的精华就是包容，几千年后的今天，构建社会主义和谐社会的基本要素也是包容，一个包容的民族必定会欣欣向荣，一个包容的国家必定会昌盛繁荣、一个包容的社会必定会充满着温情。

二、黄河文化的开放性

阴山横亘，黄河环绕，黄河，我们的母亲河，有平原一样坦荡的气节，有草原一样宽广的胸襟。蒙古民族热情好客的品性也展示了大河民族开放的情怀。从而打破了草原与中原的隔阂，带来了勃勃生机。同样，黄河下游多次改道、决口、漫流，沿海又经常受到海潮袭击，生存环境非常恶劣，因此这里的人们大都吃苦耐劳、勤奋节俭、勇于开放、不断创新。黄河三角洲地处暖温带，沿海滩涂广阔平坦，又是海产、海盐基地，这种可农、可渔、可盐的便利条件，使人们形成了开放务实的创业精神。人们用辛勤的汗水浇灌出了驰名海内外的滨州棉、小营米、阳信鸭梨、无棣小枣、沾化冬枣等。这里还盛产柳、蒲、苇、草，先民们就地取材编织出技艺高超、花色品种繁多的手工艺品。特别是这里的柳编工艺、草编工艺，具有独特的艺术风格和浓厚的地方色彩，在国内外久负盛名。

迄今为止，中华人民共和国的改革开放事业已经历了30余年的艰苦岁月，而真正的开放可以说由来已久，母亲河带给我们的不仅仅是河流本身，还有她豪迈宽广的胸怀。今天改革开放的巨大成就赢得了来自世界各地广泛赞誉。开放，打开了我们的国门，更打开了中华民族的心门。与时俱进、不断创新的时代精神既是民族传承，也是今后发展社会主义伟大事业的必经之路。

三、黄河文化的拼搏性

黄河自古以来就以“善淤、善决、善徙”闻名于世，有“三年两决口，百年一改道”之说。从先秦一直到1949年，黄河下游决溢了1590次，改道了26次。每次决口不仅淹没耕地、房舍，还造成了土地沙化，人员伤亡等灾难。这就迫使先民们在“洪水横流、人畜漂流、庐舍为墟”的残酷现实面前，一次次为生存和发展而与自然抗争，由此而磨砺出这一地区的人民特有的不畏艰难、英勇顽强的抗争精神。东汉末年，宦官专政，横征暴敛，黄巾领袖张角揭竿而起，从河北辗转来到阳信县安营扎寨，并在此同官兵展开了惨烈的肉搏战，当年的黄巾冢、点将台、校练场至今仍依稀可见。这种不畏艰难、英勇顽强的抗争精神激励着一代代黄河儿女，也被一代代继承下来。

黄河，是我们祖祖辈辈赖以生存的生命之河；更是我们炎黄子孙无法割舍的精神之河。在漫长的历史发展长河中，她萌芽、成长、壮大，融会了各个支流上的多民族文化，逐渐凝结成深远浩瀚的黄河文化，犹如一幅瑰丽多姿的历史画卷，向世人展示出最朴实却极富创造性的民族精神，她更像一盏指明灯，指引着中华儿女在前进的道路上不会迷失方向。

第六节　黄河文化符号

一、黄河文化符号的定义与特征

提炼了黄河流域物质及精神文化的黄河文化符号，反映了黄河流域群众在精神、物质、才智与感情等方面的一系列特征。

黄河文化符号的特征有：

一是价值内涵方面，黄河文化符号作为经历了时间沉淀而来的物质与精神文化的精粹，高度集聚了黄河流域的文化内涵；

二是区域特性方面，以另一种形式呈现区域文化的黄河文化符号，在其凝结经历下深深烙刻上了黄河历史文化的印记；

三是凝聚功能方面，黄河流域的文化符号的认识理解，生成了强烈的文化自信和民族自豪感，推动了对于黄河文化的认同感；

四是形象传播功能方面，对内而言，拥有相同文化背景的人们由于对黄河文化有相近的记忆而产生共鸣，对外而言，拥有其他文化背景的人们由于好奇心理而交往互动，逐渐相互理解达成共识。

二、黄河文化符号的内涵

（一）黄河文化符号是中华文化符号的主体展示

黄河文化符号是黄河文化成就中最具代表性的，是其核心精髓所在。黄河文化符号在事实上能主要代表中华文化。黄河文化是一个内容多样、博大精深的概念，是由黄河流域的人们的生活习惯、社会制度、风俗习俗及宗教信仰、审美观念等综合而形成的，是黄河流域的地理及人文空间的内容、特征的提炼，是一个具有社会生活多方面、多层次、多维度特点的文化共同体，并为华夏文明的组成贡献力量。

（二）黄河文化符号体系建构是中华民族根魂的具体体现

习近平总书记指出，“黄河文化是中华文明的重要组成部分，是中华民族的根和魂”。黄河文化符号只是一种元素，并用此主要表征黄河文化，对于黄河文化符号的整理和理解，促进了人们对黄河文化价值、黄河文化与中华文化关系的认识，具有重要的现实意义。

要从中华民族根和魂的角度去梳理黄河文化符号。根和魂，代表了中华民族的本色，以及浸润在民族骨子中的不屈的精神。要从自身文化的深处探寻根脉，铸就灵魂。将体现民族根魂的文化符号提炼出来，以不断传承光大民族凝聚发展壮大的文化基因。

黄河文化符号的梳理要从中华文化认同的角度来进行。中华文化认同是中华民族发展最根本的基础，要从黄河文化符号的梳理中寻找历史上促进民族融合发展的关键点、关键符号、关键要素，从而使我们这一多民族国家像石榴籽一样紧紧地拥抱在一起。这也是中华民族要走向复兴的关键所在。

三、黄河文化符号的主要形式

（一）汉字

汉字。汉字的基础就是象形，结构由象形、会意、形声、指事等组成。汉字不但包含了中国人对世界的丰富体验，也是中国人思维方法的具体体现。仓颉造字的传说发生在黄河流域，尤以陕西长水和河南南乐的仓颉庙最为著名。我国考古最早发现的贾湖的契刻符号，距今已七、八千年。发现于安阳殷墟的甲骨文，是最早最为成熟的汉字体系。周原发现的青铜铭文，是中国金文的大篇幅杰作的重要代表。东汉汝南召陵（今河南郾城）人许慎的《说文解字》，则解开了汉字的构造秘密，成为中国最早的汉字字典。汉字的行书、篆体、隶书、草书，早期也都形成于黄河流域。

（二）长城

中国长城是一项防御型工程，其修建时间最长、工程量也最大。长城修建最早起源于东周列国之间，尤以位于今山东的齐长城、位于今河南的楚长城，时间最早。秦始皇统一中国后，连接列国间的边城，用以防御北方少数民族。汉、隋、唐、明等王朝，均在北方边界不断构筑长城。尤以明长城最具完整性和代表性，总长度6700千米。历代王朝所修长城主要位于黄河流域，是农耕文明与游牧文明的分界线，也是华夏文明发展壮大的重大守护体系，是中华民族爱好和平、不畏强敌的象征。

（三）四大发明

中国对世界科技最大的贡献就是“四大发明”，其中指南针，古又称为“司南”。《鬼谷子》有“郑人之取玉也，载司南之车。”反映最早的司南实践在中原。造纸术，在西安灞桥的汉墓中发现了西汉的纸张，东汉时蔡伦在洛阳又改进了造纸术。印刷术，在西安的唐墓中发现了高宗时的佛经印刷品，应为最早的雕版印刷实物。北宋的开封是全国最大的活字印刷中心。火药的产生则与炼丹有关，晚唐时火药已出现，嵩山则为道教炼丹中心，最早的火药配方就出自北宋官修的《武经总要》一书，而这部书的编写在京城开封。

（四）二十四节气

它是古代先民顺应农时，通过对天体运行的长期观察，对一年中时令、气候、物候方面变化规律科学探索而形成的知识体系，是中国悠久农耕文明成就的具体体现。二十四节气的名称最早见于《史记·太史公自序》和《淮南子》，另据《稷山县志》记载：唐尧时创制历法的羲仲、羲叔、和仲、和叔四位大臣，死后即葬在东庄村北一带。那里有四大陵墓，墓前有羲和庙。由此可以判断羲和当年生活在稷山，二十四节气起源于运城稷山，稷山大部分在万荣境内，因此位于黄河流域的山西万荣是二十四节气发源地。

（五）河图洛书

由文献中的伏羲画八卦相关联的河图洛书，成为中国人最早以阴阳为代表的思想理念，其形成在黄河流域。阴阳太极理念开启了中华文化思维模式的先河，并由《周易》得以发展。“文王拘而演《周易》”的历史，就发生在汤阴的羑里。由《周易》而形成了儒道两大文化流派，儒家的创始人孔子出生在黄河下游的鲁国，其到中原周游列国，并形成和完善了儒家体系；道家的创始人老子出生在黄淮之间的河南鹿邑，他的主要人生阅历以及重要成果《道德经》，也是在黄河流域体验完成。

黄河文化符号，还包括中医、瓷器、丝绸、戏剧、酒、围棋、城市中轴对称、四合院等，反映这一文化符号可以通过分层而成为一个庞大的体系。进行对比，可知黄河文化符号体系就是中华文化符号体系的主体。

四、山西省黄河文化符号的主要表现形式

（一）农耕文化

农耕文化包含了物质和精神两方面的财富，是在人类在农耕生产实践中所产生的。农耕文化的

出现紧密联系着人类“择水而居”的生活习惯。处于黄河中下游的山西是古代最适宜人类居住的地区之一，这里四季明显，气候适宜，黄土土质疏松，适合耕种。

在黄河水的养育下，人类早在180多万年前就在这片土地繁衍生息，丁村遗址、陶寺遗址证明了当时的农耕文化。黄河沿岸及其文化影响区范围内仍然留存了遗址，它们都有着黄河农耕文化的印记，如万荣县的后土祠等。然而民居建筑方面有着较大不同，位于黄河沿岸的晋西北有着黄土高原典型的土穴窑居，窑居依崖而建，层窑叠院，随地形而变化，参差不同；而晋西南的代表民居为四合院院落，具有晋商文化特色。

在留存的岁时节日、农事礼仪、神话谣谚等农耕文化礼仪和风俗的内容方面虽特点不同，但一脉相承，观灯会、看社火、赶庙会的活动几乎在沿岸的每个村落都有举行。

（二）商业文化

山西别称晋商故里。晋商文化的核心是开拓进取、不畏艰难、诚实守信，并不断地影响着一代又一代的山西人。有所区别，晋中地区的晋商文化特色是金融和票号，并将“水元素”更多地融合至黄河两岸所形成的晋商文化中。

中国游牧区和种植农业区以黄河为自然分界，这是由黄河独特的地理位置和自然条件决定的。在加之区域频发的自然灾害和战争，增加了这个区域古代文化的冲突，并促使其成为最为激烈的区域之一。历史上曾在黄河西岸边域存在过许多的军事要塞，此外还兼职了当时中原政府对外开放的商贸功能，因此大力发展了商业文化。如在历史上碛口、壶口、蒲津渡等地都曾以北方商贸重镇的形式存在，西北各省的大批物资连续不断由河运而来，在这些渡口转到陆运，至太原、北京、天津等地。至今，黄河沿岸一些河口三角洲地区仍然留存着大量具有漕运商贸集镇的典型特征的古代渡口遗迹，这在北方地区难以见到。

（三）革命精神

黄河也是一种革命精神，是中华民族的精神寄托：在抗日战争时期，黄河寄托了全国各族人民反抗压迫、反对侵略的爱国主义精神。在日本帝国主义全面发动侵华战争，中华民族面临生死存亡的重要关头，中国共产党领导的八路军三大主力师东渡黄河进入山西，把山西建成了敌后游击战争的革命根据地，开创了抗日战争新局面，每当《黄河大合唱》这首歌响起来都会让人热血沸腾。中华人民共和国成立以后，黄河又展示出了全国各族人民勇于进取、勇于付出的大无畏精神。

黄河曾经是一条桀骜不驯、多灾多难的河流。在新时期为了治理黄河，人们凭借积极的进取心和丰富的创造力，完成了大禹渡电灌站、万家寨水利枢纽、小浪底水库工程等浩大工程，展示了非凡的英勇气概和自强不息的革命精神。

（四）军政文化

“表里山河”一词在《左传》中被用来形容当时山西这一区域，意为外有山内有河。黄河的存在使得晋陕大峡谷成为天然屏障，这里有刀光剑影，战马嘶鸣，也有觥筹交错，鼎食钟鸣；更有红军东征的英雄壮举和光辉历史。

长城是军政文化的重要符号，长城与黄河犹如两条巨龙蜿蜒在中华大地上，有一个地方称作老牛湾，在这里这两条巨龙实现了第一次握手，伫立在老牛湾悬崖之上的望河楼至今已有四百多年的历史。除此之外，碛口、壶口、风陵渡等地在历史上都曾是河东、河南、关中交通要塞，且一直都是兵家必争之地，历史上曾在沿线设有“总管府”“慈马戍”“司侯司”“巡检司”等军政机构，至今为止，一些地方的地名仍然保持着军事特色，如偏关县老营堡等，就是黄河军政文化的文化符号。

第三章 黄河文化与农耕文化

黄河是中华民族的象征，它不仅仅是一条大河——黄河，而且与黄土地，黄帝，黄皮肤以及传说中的“几”字形中国龙构成了中华民族形象的表征，因此，人们把这条流经神州大地的河流升华为“圣河”。从“雪原雷动下天龙，一路狂涛几纵横。裂壁吞沙惊大地，东奔致雨啸苍穹”的诗句中，可以领略到黄河犹如中华民族那种气势磅礴，几经曲折纵横，经久不息、勇往直前的伟大气魄与生命力。黄河流域的先民从与自然斗争的经验中得知，生存只能依靠自己，虽然他们也有原始的宗教，也祭祀神灵，但和其他文化不同的是，他们不祈求神灵的帮助，他们认为天意（自然规律）是神灵也无法改变的，因此他们主要发展卜巫术，力图预测吉凶，以便依靠自己“趋吉避凶”。大量出土的甲骨文都是卜巫的结果。这一自然观体现了黄河文化蕴含的“天人合一”自然伦理观，可为我国新时代生态文明建设提供历史经验与理论支撑。

黄河文化是一种农耕文化，是中华民族先民在与自然的和谐相处中创造的物质与精神文明。农耕生活要求天时、地利，顺应自然规律，黄河流域先民们在漫长的生产生活实践中总结了和谐的生存观：趋时避害的农时观、主观能动的物地观、变废为宝的循环观、御欲尚俭的节用观等。这都体现黄河文化天地人和的思想，“应时、取宜、守则、和谐”是其主要内涵，强调要把天地人统一起来，按照大自然规律活动，取之有时，用之有度。

黄河农耕文化是以北方旱作农业为基础而形成的社会经济文化科技体系。但是历史时期对中国历史与文化产生重大作用与影响的，仍为厚重的黄河农耕文明。无论是中国基本经济区的东西轴心时代（周秦、汉唐）还是南北轴心时代（宋元、明清），黄河流域始终处于联结南北、沟通东西的中心地位。司马迁以五帝时代为中华文明之始，五帝活动范围虽广，但基本地域仍在黄河中下游地区。超越四裔的华夏农业，是黄河文明较早发育的物质基础。夏、商、西周三代分别以黄河流域的汾涑、济泗、泾渭农区为依托，形成了最早国家形态，确立了中华民族的基本特质，建立了完善的礼乐制度，促进了中原农区的深度开发。《史记·货殖列传》将战国秦汉的基本经济区划分为山西、山东、江南、龙门碣石以北四个地区。以崤山为界的所谓山东、山西，实际上就是黄河中下游流域。山东的魏、韩、齐、鲁诸地“地狭人众”，农业向“治田勤谨”“务尽地力”的精细方向发展，奠定了中国传统农业科技的基础。山西乃战国秦地，秦汉王朝强干弱枝、徙实关中，致力于京畿农区的改良与开发，农田水利建设与铁犁牛耕推广的规模与效益明显超过周边地区。时谓关中“于天下三分之一，而人众不过什三，然量其富，什居其六”。隋唐时期中原地区经过长期的民族融合，胡汉界限渐趋消弭、农牧结构渐趋合理、生产关系得到调整，社会经济发展重焕生机。隋唐盛世使得中华文明第一次真正奠基于统一的、发展水平相若的三大农业类型（北方畜牧业、中原旱作农业、江南稻作农业）之上。民族融合、南北统一所产生的政治、经济、文化“合力”，铸就了充满生机与活力、自信与开放的隋唐文化，表现出空前的繁荣昌盛景象。黄河农耕文化发展到了它的巅峰时期，政治经济文化盛极一时，深刻影响了中国乃至世界的历史进程。

以渔樵耕读为代表的农耕文化明是千百年来汉民族生产生活的实践总结，是华夏儿女以不同形式延续下来的精华浓缩并传承至今的一种文化形态，应时、取宜、守则、和谐的理念已广播人心，所体现的哲学精髓正是传统文化核心价值观的重要精神资源。从思想观念方面来看，农耕文明所蕴含的精华思想和文化品格都是十分优秀的，例如培养和孕育出爱国主义、团结统一、独立自主、爱好和平、自强不息、集体至上、尊老爱幼、勤劳勇敢、吃苦耐劳、艰苦奋斗、勤俭节约、邻里相帮等文化传统和核心价值理念，值得充分肯定和借鉴。正如习近平总书记指出的：“自然是生命之母，人与自然是生命共同体，人类必须敬畏自然、尊重自然、顺应自然、保护自然。”保护自然就是保护人类，建设生态文明就是造福人类。生态文明建设是关系中华民族永续发展的根本大计，以黄河农耕文化为新时代生态文明建设提供了历史经验和智慧，是助于文明在历史与现实交汇中探寻人地关系和谐发展的根本途径。

第一节　黄河文化与农耕文化的关系

自古至今，黄河人对黄土地有着过多的情愫，吃于斯，喝于斯，居住于斯，生长于斯，其间深刻的联系剪不断，理还乱，“黄土地里刨食”，一个“刨”字把黄河人和黄土地紧紧捆在了一起。久远以来，黄河人深深地植根于黄土地中，“黄土地里刨食”一直是黄河人最基本的营生，是黄河人经济生活的主干、支柱，其余诸如畜牧业、手工业、商业、服务业等经济行业都不过是这根主干上的枝杈，围绕和依存于这根支柱，历史造就了黄河基本的经济格局，这就是立足于黄土，以农耕作为核心和基础。

这片黄土地，是我们中华民族的母亲河——黄河的母亲。她给了黄河丰盈的血液，留下了她的遗传信息——黄色。母亲的母亲给我们的民族也打上了她的烙印——黄色，用她丰腴的胸脯哺育着我们这个黄皮肤的民族。

一、黄河文化的核心是农耕文化

从地理上说，黄河流域地处东亚大陆的核心，是东西方文化交流的主要通道——南北丝绸之路的起点。有些学者认为，在中国古代文化的发展历程中，最具代表性、最具影响力的主体文化就是黄河文化。黄河流域、长江流域的原始文化汇合成中华文化的主体。所以，从某种意义上来说，黄河文化是中国文化的重要组成部分。

黄河文化的影响之所以能延续至今有两个原因，一方面黄河文化有很大的区域，也就是黄河流域可用于农耕的面积足够大；另一方面黄河流域的环境相对封闭。不过也有些学者认为黄河文化是有三大特征的。从经济特征来看，黄河文化是典型的农业文化。从政治特征来看，黄河文化是具有正统性的。从文化特征来看，黄河文化是包容性极强的文化系统。

因此，就黄河文化的本质而言，其实就是农耕文化。也就是说黄河文化的属性是农耕文化，是与海洋文化和游牧文化对立的一种文化形式。所以有的学者认为农耕文化是由农民在长期的农业生产中而形成的一种为了适应农业生产、生活需要的国家制度、文化教育、礼俗制度等的文化集合，并且概括的指出农耕文化所具备的三大特点：对土地的依赖性、传承性和内向温和性。还有一些学者认为海洋文化是伴随着地中海大西洋沿岸等国家的航海事业的发展，由海洋贸易的繁荣开始逐渐衍生并发展出来的有关海洋的那些神话、风俗和科学的文明，相比较而言，农耕文化更具外在的开放性和创新性，更强调自我和理性。这个想法提出海洋文化本身也是一种多元的文化，但是这种多元性是要建立在竞争性的基础上，并没有黄河文化体现出的那种包容性。在海洋文化内部这种多元性主要表现在容忍个体发展自己的创造性和个性。

简单来讲，黄河文明是从大河文明的区域来定义的，学者刘成纪认为，自仰韶时期起，以黄河流域为地理核心，以农耕方式为根源的中原文化就为后世奠定了国家、政治、思想与文化的基础，塑造出中国特有的政治伦理、国家观念与思想认识的雏形。

所以具有正统性、地域性和合法性。黄河文化就属性来说，就是农耕文化，因此黄河文化是有农耕文化特点的，同样具有对土地的依赖性、传承性和内向温和性。

勤劳朴实的万荣农民
（供图：王春喜）

二、农耕文化贯穿黄河文化始终

黄河文化的核心是农业文化，纵观黄河流域发展中的各个阶段，都伴随着农耕文化的起源和发展。温润的气候、广袤的土地、肥沃的土地，形成了黄河流域发展农业的基础条件，由猿人进化为人类的原始先民，以采摘野果和狩猎为生，随着部落氏族的发展，粮食需求也急剧增长，这成为先民发展农业的原始动力。我国古代社会发展的标志是农业，黄河中下游地区在的新石器时代，是最早创造农业文化的区域。大汶口文化、仰韶文化、龙山文化，都出现了初具规模的农业体系。

从三代典型文化遗址的出土实物看，夏代依然是非金属农具的使用年代；商、西周则是以非金属农具为主，金属农具与非金属农具并用的时代。夏商周三代时期，出现了青铜农具、田间管理技术和管理制度以及与之相应的天文历法。早期国家制定了土地的租税制度。三代时期的农业相对于石器时代有了进一步的发展。

春秋时期作为我国农业发展史上的重要阶段，在这一时期延续了“三代”以来在农业生产方面的经验成果，并且随着青铜农具的逐步发展，铁制农具得到了初步应用，而金属农具与木、骨、石、蚌等这些非金属材质农具相互消长，因此农业生产水平开始得到了提升，并且带动了春秋诸侯国土地和赋税制度的变革。

我国古代农业生产力发展的一个重要阶段是在战国时期，农具的金属化发展，彻底改变了春秋时期在农业生产方面非金属农具与金属农具并存的局面，逐渐铁制农具在农业生产中占据了主导地位。从战国初叶开始，直至战国中、晚期，黄河流域铁制农具的强势应用及推广成为显著特征，而且也成为生产力进步的一个重要标志。

距今2000余年的秦汉时代，农业文化北上占领了今甘肃、陕西、山西、河北北部长城以北地区。

与前代相比，唐代农业生产工具有所提升，开元年间发明了曲辕犁，还出现了新的灌溉工具即水车和筒车。唐高祖武德七年（624年）统一全国，在之后稳定的130年之中，仅见于记载的重要水利工程总计160多项。其中著名的安徽镜湖、如玉梁渠、山东窦公渠、绛岩湖、河北三河、山西文水、湖南武陵、四川彭山等。开元二十八年（740年），总耕地面积达到14003862顷（注：折合今市制为12.197亿亩耕地，1亩=666.6平方米）。农业工具的进步以及水利工程的发展促使粮食产量逐年提高。

宋代对农业生产非常重视，历任帝王都不断地颁布劝农诏书，招流民复业、开辟荒地、兴修水利、设置农官、劝导农桑、推广农业新技术、奖励种树和种桑麻、设置常平仓和义仓，这些措施对农业的发展起了相当的促进作用。

元代推行了许多重视农业的措施，推动了农业经济的全面发展。元代农业的发展，主要表现在生产技术的提高、生产工具的改进及农产品产量的增加等方面。

在明朝刚建立之时，社会便是一片残破的景象，明太祖为此制定了一系列的政策，并鼓励农民归耕，劝课农桑，奖励垦荒，使农村经济恢复了活力。其后明朝的农业经济不断发展，这突出表现在农业生产技术的新变化、水稻单位面积产量的提高、农业高产作物和经济作物更普遍的传播和种植等方面。清朝农业在农具的使用，农田水利的建设，耕地技术和柞蚕放养技术的改进、作物构成、施肥和病虫害防治以及植树造林等方面，都有些局部的改进和提高，体现了时代的特点。

三、农耕的发展奠定了黄河流域发达的经济地位

中国古代社会以农业为本，农业发展的程度可以直接决定在一定空间范围内一个地区的经济地位。黄河流域因其发达的农业而成为中国最早的经济区。适宜的气候、黄河冲积而成的肥沃土壤，都可以为黄河中下游地区早期的农业发展提供了非常便利的条件。

四、农耕文化造就了黄河流域中华文化的诞生

黄河流域的农耕社会最初主要集中在中下游地区，即今天的关中平原、中原地区等地。地势平

坦、气候温和，而且有适宜的温带季风季候，加之容易耕作的黄土层，很适合文明初期农业的发展。到夏商周时期，农业开始摆脱了原始的耕种阶段，随着人口的增加、农业工具和生产技术的进步，黄河流域逐渐成为中华文化最早的诞生地。

第二节　黄河流域农耕文化的起源与发展历程

通过黄河农耕文明的形成及特征的研究，以及黄河文明变迁发展历史的研究，能够更加深入的了解环境变迁与历史发展、文明进程、文化兴衰之间的关系，了解这种文明系统中农民的精神世界等，对于认识和指导当今农村的社会变革和稳定发展等有现实意义。

一、黄河流域农耕文化的起源

黄河是大自然馈赠给中华民族的礼物，是我们中华民族的母亲河。黄河起源于巴颜喀拉山脉北麓的约古宗列盆地，由青海高原奔腾而下，经四川、青海、甘肃、宁夏、内蒙古、陕西、山西、河南、山东九省区，汇入大海，流经5000多千米，在黄河的中下游地区形成宽广、美丽而富饶的冲积大平原，为华夏文明的诞生提供了优越的地理环境。

早在17000多年之前，黄河流域已经人类生存其间了。北京猿人的发现曾经震动了世界，开辟了人类学研究的新纪元。黄河流域发现了蓝田猿人、大荔人、丁村人、许家窑人、河套人、山顶洞人、峙峪人等大量的古人类化石。这些古人类化石的发现，使我们仿佛看到华夏民族的祖先勇敢顽强开拓大自然的身影。在这里他们创造了举世闻名的裴李岗文化、磁山文化、大汶口文化、仰韶文化、马家窑文化、龙山文化、齐家文化等。通过对这些远古文化的研究发现，农业是其主要内涵。从新石器时期开始，华夏民族就已经成为农业定居的民族。华夏民族的祖先在黄河流域的大平原上选择向阳、临水的地方，用土筑起高台，在高台上建立起邑居，即作“邑”、作“丘”、作“冈”、作“京”、作“台”、筑城、作邦，就这样建立起自己的家园。

华夏民族的祖先英勇顽强地劳动，发明了耒、耜、镭、铚、钱、镈、艾、斧、犁等生产工具；从野草中培育出禾（谷子）、粟、黍、稷、麦、稻、菽、粱等统称为五谷的农作物；培育出葵、苴麻、瓜、枣、薁、郁、芥菜、荼菜、白菜等农副产品；在野兽中驯养出家畜，如猪、牛、狗、鸡、羊、犬等六畜；并发明了蚕桑丝绸之业，发明了农业。在河北磁山的遗址中发现了大量囤积粮食的窖穴，出土了大量的农作物粟。据有关学者考证，“磁山遗址窖穴中的粟米储藏量可以十万斤计”（注：1斤=0.5千克）。该遗址还有大量的粮食生产工具和加工工具出土，如石斧、石铲、石镰、石磨盘、石磨棒等，充分说明黄河流域古代农业的发达和进步。在黄河流域伟大的中华民族创造了灿烂的农耕文明。因此黄河流域是世界上最早同样也是最重要的农业发源地之一。

二、黄河流域农耕文化的发展历程

（一）新石器时代黄河流域出现了早期的农耕文化

1. 人们过着以种植粟为主的定居生活

新石器时代，磁山文化的先民已经过着定居的生活，他们以种植粟为主，同时还从事渔猎和采集野生的胡桃、榛子等果实活动，他们已饲养猪、狗、鸡等家畜；裴李岗村文化的先民过着稳定居住的生活，并饲养了猪、羊、狗等家畜；老官台人也是过着以农业为主的生活，在有些遗址里发现了炭化的粟粒和油菜籽，同时兼有渔猎生产；甘肃秦安大地湾遗址中发现了粟的另一品种——黍。黄河流域早期农耕文化村落就是一座座半地穴式建筑组成，男子早起耕种土地、捕鱼打猎，妇女留在家里忙着家务劳作。

2. 最早期的农作物——粟的出现

黄河流域早期农耕文化出土的农作物粟，最早可达距今8000年左右，这是世界上最古老的粟的实物遗存，黄河流域是粟等的起源中心，我们中华民族远古的黄土儿女是粟类作物的最早种植者，他们是开拓黄土高原的农业先驱，当磁山文化和裴李岗文化被发现以后，人们惊讶地发现，当时的氏族先民已经开始使用锯齿石镰和石磨盘了，磨制石器的产生是新石器文化开始的重要标志。我国彩陶艺术作为新石器时期的黄河流域最繁荣的地区，老官台文化发现的彩陶开创了新时代黄河流域彩陶艺术的先河。

（二）仰韶文化中农耕文化不断发展

1. 粟作得到全面发展

起自黄土高原的粟作经过新石器时代初期以来初具规模的经营，到仰韶早期时获得了全面发展。粟和黍的籽粒或其外壳此时在黄河流域广大地区已有相当多的发现，当时黄河流域的人们普遍以粟作为生产作物并在经营者向主要的种植业中积累了相当多的经验，便不断地深入到那些适于耕作的区域区开辟处女地。粟和黍的适应性很强，都是耐旱作物，与我国广大北方地区的气候和土壤条件相适应，因此在黄河流域刚刚进入仰韶时期时，已开始将粟作物生产向北面、西北和东北方向全面推广。刀耕火种这种原始农业的生产方式此时仍然作为主要的耕种方式，石斧、石铲、石刀等的发现，表明农耕器具有了长足的进步。

2. 植稻术在黄河流域得到采用和推广

由于黄河流域先民日趋深入地加强同南面长江流域的交流，使得兴盛于长江流域的植稻术在黄河中游附近的汉中盆地和南阳盆地日益得到采用和推广，陕西西乡何家湾和河南淅川下王岗这两处属于仰韶早期阶段的遗址，就曾发现稻作的迹象，到仰韶中期，地处秦岭以北的黄河中游在一定范围内也推行了植稻术。

3. 蔬菜园圃技术开始运用

在西安半坡遗址中还发现了整罐的蔬菜种子，被鉴定为芥菜或白菜，它告诉人们，仰韶早期黄河流域的居民除了经营粟等作物的大田生产外，还掌握了种植蔬菜的园圃技术，这表明人们当时的食物构成已经变得复杂多样了。

4. 养猪业推广至黄河流域外围

半坡文化遗址中占饲养动物最多的仍然是猪，元君庙半坡文化墓地中使用猪颚骨作随葬品，这是我国此类现象中最早的例子，此时黄河流域外围区域的养猪业也发展起来了。除猪以外，仰韶早期饲养动物至少还有狗、鸡和黄牛，黄河流域源远流长的家畜饲养业在世界动物驯养史中独特而显赫的地位是任何一个地区都替代不了的。

（三）龙山文化形成了以农为主的社会经济形态

1. 以粟为主的原始农业有了空前的大发展

在龙山文化时期，黄河流域传统的以粟为主的原始农业有了空前的大发展。不仅粟早已是人们生活的主要来源，粟作农业也变成了当时主要的生产活动，得以大面积推广和种植，基本形成了以大田生产为主的大规模的粟作农业。它为龙山文化的繁荣和发展奠定了基础，并最终使得中华民族成为世界上以农立国的大民族。这是黄河两岸已经普遍开垦和种植起来，不仅土地肥沃的河谷平原到处是一片片粟地，就是土地贫瘠的偏远山区也有了定居的农户。

随着稻作面积的扩大，收获量也有了大幅增加，贮藏粮食的库房在山东胶县三里河遗址中被发现，说明当时的农业生产已经到了很高的水平。农业生产的发展在生产工具中也有反映，这时打制石器已极少见，以农业生产工具为主要用途的磨制石器已极少见，龙山文化的农人已经开始使用挖土的木耒，家畜下颚骨做成的骨锄、石镰和蚌镰等，这些改进或新出现的农具，不仅大大提高了农业生产的能力，而且充分说明了龙山文化的农业生产技术相比仰韶文化已经有了很大进步。

2. 种植作物品种不断丰富

龙山文化时期，黄河流域原始农业已经以粟为主。那里的先人，除了种植粟、黍以外，同时种植水稻和小麦等不同的粮食作物。粟和黍是黄河流域传统的农作物品种。早在龙山文化之前四五千年就已经开始种植，到了龙山文化时期成为主要的粮食作物，此外可能还种有大麦、大豆（菽）和高粱（稷）等许多粮食作物，其他作物方面，油菜和仰韶文化时种植的芥菜或白菜等，也有了更多的种植。麻和桑等及一些果树也有了栽培，给黄河流域的粟作农业带来了丰富的内容。

3. 畜力开始代替体力劳动

农业生产水平提高了，同时也带动了家畜饲养业的发展。龙山文化时期，尤其是猪的饲养更加普遍，数量比仰韶文化时期更多，除了猪、狗、羊、鸡这些小家畜之外，还出现了牛、马、驴大家畜，这些大家畜的出现是家畜饲养业的一个重大进步。它标志着人们对于畜力认识的开始，大家畜的运用可以减轻人们的体力劳动，提高农业劳动生产率，而这又是与龙山文化时期的社会经济形态相适应的。

（四）夏商周到春秋战国时期农耕文化趋向成熟

1. 夏代以定居的农业经济为主生活模式

夏代生产工具有刀、铲、斧、锛、镰等。此类工具通常是采用硬度较高的玉石材料来制作，然后通体磨光，规正、锋刃、造型来使用。小米是当时的主要食粮。当时畜牧业也较为发达，饲养动物有猪、牛羊、狗、驴等。遗址中常有许多猪骨出土，这表明当时粮食有较多的剩余。

2. 商代青铜器具的出现与耕作技术的提高

农业生产在我国有悠久的历史，到了商代，农业依然是主要的生产部门，而且较之前夏代有了较大发展。商王朝很重视农业，在甲骨卜辞中，我们经常可以看到商王向上天、神灵、祖先卜问各方各土年成好坏，有雨无雨，当种不当种等与农业有关的记录。在商代奴隶制度进一步发展，生产资料和大批劳动力集中在商王和贵族奴隶主手中，组织较大规模大的生产协作活动成为可能。

商代农业生产工具还是使用石、骨、蚌制器具，但也出土了不少青铜器具，这是的青铜主要有钁和铲。

同前代相比，商代耕作技术有了不少的提高，这主要体现在：①注重掌握农时：在甲骨文中，祈年活动集中在一、二、三月至十二月，可以推知秋季以后至春初是收获和准备播种的季节。黍、稻的种植是在春季，由此可见当时对各种作物耕种的时间有较为明确的认识。②使用人工灌溉：藁城台遗址，曾发现过商代的水井，这口井的发现说明，商代人采用人工灌溉措施是完全可能的。③注重施肥：甲骨文中有这样一条卜辞：问由庚辰到第四天癸未日在西郊田野上施用粪肥能否得到好收成。④出现了犁耕：是在河北的赵窑遗址中发现了一件石犁。

距甲骨文卜辞记载，商代的粮食品种有：黍、小米、稻、大麦。黍有黏与不黏之分，去皮之后称作大黄米，籽粒大于小米，耐寒，我国北方多有种植。除粮食外，商代先民还种植桑檀麻，栽培果树，畜牧业也进入繁荣时期，主要的家畜种类有马、猪、牛、羊、狗等。家禽种类颇多，其中鸡、鸭、鹅、鸽、鸬鹚等，鱼类资源也丰富，殷墟出土的鱼骨经鉴定有黄颡鱼、青鱼、鲤鱼、草鱼、赤眼鳟、鲻鱼等。

3. 周代农业集约化程度提高

周代是黄河文化奠基的重要时期，周是一个农耕部落，他继承了后稷和夏人的传统。农业技术与文化在世界文明的进程中，起了很大的作用，有着卓越的贡献。

世界上研究栽培作物起源的许多学者认为中国人驯化并源起中国的作物，至少有136种，如小米、稷（黍、糜子）、旱稗、高粱、荞麦、大豆、核桃、樟、黎豆、赤豆、薯蓣、小麦、罂粟、大麻、黄瓜、萝卜、青菜、葱、梨、樱桃、中国苹果、桃、杏、甘蔗、荔枝、人参等。

蔬菜作物有野生和采集的，已经有葑（芜青）、瓠（葫芦）、菲（萝卜）等40多种。

果类作物包括种植和野生采集的，已有桃、李、栗、枣、梅等10余种。

衣料作物有葛、蓝（蓼蓝）、茹茜（茈草）、麻（大麻）等。

其他经济作物有桑、柏、松、杨、漆、柳、檀、竹等。

可见西周的农产品品种已经相当丰富，已基本上具备了近几千年来主要的农作物品种，这是周代农业对中国农业以及世界农业文化史的重大贡献。

农业生产集约化程度已经很高，耕作技术和果实状况在《诗经》中有详细记载，首先是对驯化作物，有高超技艺的专家给予高度的历史地位，酿酒技术之盛，也可见当时粮食相当丰富。农具方面，西周时期已有了耜——一种耕地工具，镈——一种除草工具，铚——一种收割工具。

水利灌溉已有一定规模，出现了陂——一种小型农田水利工程，另也有小范围的取水灌溉，也有筑小型拦水坝的蓄水池灌溉，还有水力天然河流的引水灌溉，其间亦有用人工引水的灌溉渠道。加强田间管理，周代已有记录有中耕、除草等技术。有防止病虫害技术，灭虫的田祖是高明的神灵，用火诱杀那些可憎的害虫。当时也注重选种技术，掌握不同作物、不同品类的播种节令当时已很注意。掌握了哪些作物和品种应该早播，哪些作物应该晚播，哪些是早熟品种，哪些是晚熟品种。最迟在西周后期，我国已有专门种植蔬菜、瓜果的园圃，也有经济林木的园林。

4. 春秋战国时期农产品加工的出现与饲养业的大发展

春秋战国时期，园圃业进一步得到发展，园艺业中生产有芥菜、葱、韭菜等，另有煮梅、剥枣、剥瓜、煮桃等农产品加工。

饲养业虽不占主导地位，但比商代已有较大发展，重要的家畜有马、牛、羊、犬、鹿、兔等；重要的家禽有鸡、鸭、鹅等，鱼类主要是鲤鱼。可以说，现代主要农畜和家禽，西周时都有了人工饲养。

总之，这段时期农耕文化是飞跃发展的时期，无论是种植业、园艺业、饲养业、畜牧业都发生了质的变化。由于农耕的发展，极大地丰富了社会的物质基础，为城市的大发展、文化的大飞跃奠定了基础。

（五）秦汉隋唐以精耕细作的农业生产为主要特征

从秦汉至隋唐，黄河流域农业生产的发展，突出地反映在牛耕的普及、农业生产工具的改进、精耕细作技术的发展以及水利工程的兴修等几个方面。

1. 耕作农具大幅度改进

牛耕在中国出现很早，但将它作为一种主要的农业生产动力并广泛加以使用，却是由汉代开始的。由于牛耕对提高农业生产效率有重要意义，汉朝政府进行移民垦殖及救荒时，都是将农具与牛一同发放给移民或灾民的。随着牛耕的广泛使用，汉代的主要耕作工具铁犁也比过去有了很大的改进，更便于进行各种情况下的耕作，更符合科学原理。赵过发明了一种新型的犁——耧车，它主要用于播种。魏晋南北朝时，耕犁向轻便化的方向发展，改变了汉代耕犁较为笨重，不便掌握的弊病，使用起来非常省力。除了耕犁，农业的耕作用具在汉代还有锸、铲、镢、锄、磨、耙等许多种类，提水灌溉工具在汉代除了继续沿用春秋战国时期的桔槔、辘轳，东汉末年又出现了翻车、渴乌。粮食加工工具在汉代也有了很大进步，出现了木扇车、碾、磨等。

2. 农业技术快速提高

秦汉至隋唐，黄河流域的耕作技术的进步，集中体现在代田法、区种法的推广上，也反映在《氾胜之书》《齐民要术》等著述中。水利是农业的命脉，水利工程的修建既为农业的发展创造了条件，同时也是农业生产日趋发达的反映。这个时期中原地区以农田灌溉为主的水利灌溉工程，主要集中在关中、宁夏平原及黄河流域的其他地区。以防水害为主的水利工程也多有修建，这个时期最为艰难的一项工程就是黄河治理，汉明帝时命治水专家王景与王吴治理水患，他们采用“堰流法”，使得水患得到根治。永平十二年，明帝又命二人治理黄河汴渠，此后800年间，黄河未再改道，水灾也减少了。

在汉代食用的猪、鸡、羊、犬和农业生产、交通运输使用的大牲畜牛、马、驴等，饲养数量不断增多，因此在社会上出现了《相马经》《相牛经》《相猪经》等一类著作。

（六）宋代是我国农村史的转折点和农业史的新阶段

北宋统一之初，全国人口仅300万户，饥民流浪，农村凋敝，空闲土地很多，在宋朝政府的直接赞助下，许多土地被开垦出来，兴建了灌溉工程的耕地，改良土壤，政府都大力奖励，减免税收。用经济手段加以鼓励，长江中下游的皖南、太湖流域、苏南和浙东是农田水利开发的重点。宋代这样大规模长时期地开垦荒地，与山争田，与海争田在历史上十分突出而不多见。

1. 粮食作物构成出现明显变化

在水利发展、土地开垦、土壤改良的基础上，粟被稻麦替代，粮食作物构成因此有了显著的变化，提高复种指数取得跨时代的成就。一些商品性很强的经济作物，如茶、甘蔗、棉花、蚕桑、果树、药材、蔬菜等，它需要很高的农业技术和特殊的农业耕作条件。对灌溉、施肥、锄草、防治病虫害、节令、气候、土壤、种苗等要求较高。到宋代由于商品量的需求，逐渐与粮食生产分离，变成专门化生产，这种生产方式逐步形成，大有打破自给自足的小农经济的势头。

2. 纺织业向城市集中

宋代南方养蚕、缫丝、织帛生产开始出现了分工，这种专门化分工推进了桑蚕养殖与丝绸纺织业的发展。分工的标志是原先分散于农村的纺织逐渐集中于城市，出现了专门化的织丝城市。

3. 作物开始专业化生产

茶叶是宋代经济的一大财源，北宋初年继承了前代对茶叶实行的专买专卖，种茶地区，广布全国。棉花种植传入我国后，衣被原料起了划时代的变化，棉花的生产过程比蚕丝简单，产量也比较高，棉布比丝织品易纺织，质量也较高，棉花种植在宋代得到广泛推广，宋代的甘蔗种植区也不断扩大，专营水果的地区和专业户集中生产，最负盛名长途运销全国各地。

（七）元明清时期进行更加精耕细作的农业生产

元明清时期，我国实现空前的大统一，国内各地区各民族之间的联系更加密切，与国外的经济交流更加频繁，这为社会经济的发展提供了有利条件在元代不仅南方比南宋有了更大发展，北方黄河流域地区的农业生产也比金代有所提高，明清两代，不论是南方或北方，农业发展的速度更是超过了元代。我国的农业生产工具，在宋代已更加成熟，到元代适应各种农田和农作物的农具均已配套，并已基本定型。

由于经济中心的南移，元、明、清时期修建的水利灌溉工程主要集中在南方，北方主要是维修原有的水利设施，特别是对黄河水患的治理和京畿水利的开发。

1. 精耕细作技术得到了全国的普及和深入发展

元朝鲁明善《农桑衣食撮要》中总结了小麦复种绿肥的经验，王祯在《农书》中认为，如果施肥得法，浇灌适时，管理完善，生产的粮食会相当的多，即使到了荒年也不会有多大的损耗，《说经残稿》《密县志》《扶沟县志》《多稼集》等都对农作物的栽培技术进行了详细的介绍。

2. 高产作物的引进，大大加快了黄河流域的农业发展步伐

我国传统的粮食作物如麦、谷、菽等的生产都获得了很大的发展，水稻也有长江以南逐步向北发展，在许多地方引进种植。北京西郊玉泉山一带，也在清代开始进行种稻试验，并培育出享有盛誉的“京西稻”。随着中外经济交流的扩展，玉米和甘薯两种高产作物也被引进我国，并在黄河流域广泛种植，这不仅丰富了我国的粮食作物品种，同时也在一定程度上缓解了由于人口迅速增加而出现的粮荒问题。

玉米、甘薯等高产作物的引进，对黄河流域的农业生产和社会经济生活产生了深远的影响，玉米能在生地、山场扎根，甘薯也能在贫瘠沙砾的土地上生长，它们对北方的旱地都能适应。由于玉米和甘薯的广泛种植，黄河流域各省的一些山地和丘陵地得到开发，耕地面积扩大，粮食产量增多，从而有助于更多人口的粮食需求和粮食问题的解决；而粮食问题的解决，可以使得更多的人以更大的力量发展经济作物。这样不仅仅促进了经济作物生产的发展，也直接或间接地带动了手工业和商业的发展。

随着生产技术的提高、粮食产量的增加，黄河流域的经济作物也迅速得到发展，不仅品种增多，而且种植面积也在不断扩大。落花生从海外传入我国，在新石器时代的钱山漾遗址曾发现过花生，此后4000多年花生在我国反而消失了，直到明代才又从海外引进原产于南美巴西的落花生，此外烟草原产美洲大陆，后来传入欧洲，以后又遍布全世界。16世纪时，烟草传入我国，粮食的增加和经济作物的发展为手工业生产和商品经济的发展创造了条件。

第三节　黄河流域的农耕经济与成就

一、黄河流域的农耕经济

（一）男耕女织与庄园经济

男耕女织，是基于男女性别差异而形成的社会分工，它可以与任何经济形态联系在一起。例如在今天，从事耕作的多是男性，而从事纺织的多是女性。当然，在中国古代农业社会中，男耕女织是自然经济的最典型的表现。另外，也不应当产生另一种误会，以为男耕女织只存在于个体小家庭的自然经济之中，个体小家庭的自然经济必然表现为男耕女织，或者把个体小家庭的男耕女织视为自然经济最充分的表现形态。其实，个体小家庭能否实现男耕女织，这种男耕女织的自给自足能达到何种程度，完全取决于当时的生产力水平。就黄河人的古代社会而言，个体小家庭的男耕女织只是一种带有很大局限性的不充分的自然经济，而较充分的自然经济，则是庄园经济。为了充分地把握这一点，接下来要追溯一下黄河流域自然经济的历史演变。

1. 远古时期及夏商周时期

黄河人进入农业文明时，他们才处于母系氏族社会阶段，个体小家庭还没有产生。这时的自然经济的基本单位是氏族，男耕表现为氏族男子的共同耕作，而女织则表现为全氏族女子的共同纺织。进入阶级社会后，这种集体耕作和纺织的痕迹依然存在。周代有“耦耕”，为2人并耕，很多时候是“饮食相约，兴弹相庸，耦耕俱耘”，即众人集体劳动，且歌且作。由于资料稀缺，商周集体男耕女织的详情我们已无法了解，但可以推断，上述集体劳作痕迹是农村公社和父家长制大家庭存在的表现。

2. 春秋战国时期

到春秋战国时代，农村公社瓦解，以一夫一妻为核心的个体小农家庭大量涌现。为了强化对生产劳动者的直接控制，增强国家的经济与政治实力，各国千方百计发展和巩固小农家庭。商鞅曾经在秦国强迫使大家庭变为了小家庭，“民有二男以上不分异者，倍其赋”。战国各国都以国家授田制度保证小农与土地的结合。这样，战国秦汉遂成为个体小农家庭占优势的时代，并成为社会的基本经济单位。

3. 东汉时期至唐朝前期

自东汉后期以后，地主庄园发展起来，使自给自足的自然经济得到了较为充分、完美的发展。最早反映黄河人地主庄园经济活动的文献是《四民月令》。从《四民月令》可以看到东汉末叶首都洛阳地区地主庄园的经济状况，庄园是聚族而居的，包括同一宗族中的许多家庭。这些家庭有的富裕，有的贫穷，被宗族血缘关系联结起来，有一系列的共同活动，这些生产又保证了蔬菜、肉食及耕畜、建筑材料、漆器等生活、生产用品原材料的供给。

庄园人口所需的衣物穿着，也是自给自足的，生产品有麻布和丝帛。庄园内的家庭手工业形形色色，种类繁多，除缫丝、绩麻、纺织、缝纫之外，还有酿酒、食品加工、生产工具的制造修理、兵器的制造修缮、采集药材等，从上述可见，在东汉末年黄河人劳动生息的地主庄园中，衣、食、住、用以及医药养生，都实现了相当充分的自给自足，自然经济达到了很高的水平。此后黄河流域政权屡屡更迭，经济制度也时有变更创新，但地主庄园经济始终占据着主导地位。因而高度发展的自然经济左右了整个社会生活，造成商业的衰退，金属铸币的减少甚至停止流通，谷物布帛又成为通货，商品交换局限在比较狭小的范围和地域之内。

4. 晚唐及以后

经过漫长的发展历程，到晚唐两宋，黄河人的自然经济又以一种新的姿态出现，并大致维持到了近代社会的前夕。中唐之后，黄河人所使用的农具发生了一次重大变革，其代表性标志有二，一是钢刃熟铁农具的出现，二是曲辕犁取代了直辕犁。这一变革，使个体小农家庭的经营能力显著增强，这样不仅导致了精耕细作的发展和农业生产水平的提高，也使四五口之家的男耕女织、耕织结合有了普遍实现的条件。同时，随着地主庄园的逐渐瓦解，宋代“田制不立”“不抑兼并”政策的实施，以及由此导致的土地所有权频繁转移，租佃关系的发展和成熟化，佃户身份地位的提高和自由迁移权的获得等，社会经济结构发生了巨大变化，作为经营单位的个体小农家庭大量涌现。宋代以后，黄河流域小农经济的汪洋大海之中，地主庄园依然存在。庄园的自给自足程度大大高于小农。

在黄河人的历史上，或是村社经济为主导，或是庄园经济为主导，或是小农个体家庭经济为主导，由此形成不同类型的自然经济形态，并导致商业的繁盛或衰落。但总的来说，近代以前黄河人的基本经济形态是自给自足的自然经济。这种经济形态由黄河流域的农耕文明所决定，反过来又维护、推动着农耕文明的存在与发展。

（二）农本思想与重农抑商

1. 重农传统

以立足黄土、自给自足为基础的黄河流域农耕经济，决定了黄河文化只能是农耕文化，主流的社会思想和国家政策只能建立在农耕的基础上，并维护农耕，发展农耕。这样便形成了黄河人浓重悠久的重农传统。

早在西周时期，黄河人就对农业予以极大的注意，将其看作头等大事。周公在告诫成王时说道：要“知稼穑之艰难”，不要贪图安逸，要强调重农。为了表示对农业的重视，很早以前的帝王们便创立了“籍田之礼”（注：藉田亦作“籍田”，有两种解释，一是中国古代官田的一种，是天子亲耕之地，此处为该意，用“籍田”；二是借各家之力耕种的公田，公田是公室的田，其收获物归该村社所有者天子、诸侯、贵族等采邑主所得，这种公田即“藉田”，藉田借助村社民力耕种，下文除特殊解释外，均为此意）。自周代开始，这种礼仪便持续进行。此外，封建国家还采取了许多“劝课农桑”的政策。这种政策主要有四项内容：奖优罚劣、组织生产、提供保险、轻徭薄赋。

2. 抑商思想

农业对于古代黄河人如此重要，而商业不仅不能对它的发展提供积极帮助，反而在削弱它。因此古代社会中的黄河人产生抑商思想，以及统治者推行抑商政策就成为必然。这种思想和政策，在一定时期内既是社会经济需要的反映，又推动着社会经济的发展。在独立商业诞生不久的战国时期，一些大思想家就提出了抑商思想，一些国家也开始实行抑商政策。自战国始，历代政府普遍实行抑商政策，一直到鸦片战争之前。其间只有形式和宽严的变化，并无实质上的变动。概括来说，大致有如下几个方面：歧视商人，贬低其地位；以国营的商业去排斥私人的商业；通过抑奢、土贡、官工业等辅助手段抑制私商发展；以行政的手段去剥夺商人的经济利益。

重农抑商政策对于黄河人社会经济活动的维持和发展，具有重要意义。它保护了作为黄河文化基础的农业，调整了各经济领域之间的关系，使手工业和商业以恰当的形态维持在恰当的水平上，从而使建立在农耕基础上的黄河流域的自给自足自然经济体制得以正常运转。

（三）地主利益的实现与被制约

1. 地主利益的实现

地主利益的实现，从根本上讲就是地租的实现，而要获得地租，就必须以各种手段迫使农民在他的土地上耕作，由此建立起一种剥削与被剥削的社会关系。由于迫使农民耕作的手段不同，剥削与被剥削的关系也呈现出不同形态。而这不同形态，早在地主形成的战国秦汉时期就已经具备了。

租佃式剥削关系。这种关系中，农民以有形或无形的契约形式租种地主的土地，一般情况下用自己的农具耕作，将收获物的一部分作为地租奉献给地主。这种关系产生于战国时期，董仲舒曾描述说，商鞅变法后秦国贫民“或耕豪民之田，见税什五”。汉代亦有“豪民侵陵，分田劫假，厥名三十税一，实什税五也”的记载。

雇佣式剥削关系。即地主雇佣农民，而农民用地主的工具在地主的土地上耕作，由地主供给饭食，并从地主那里领取报酬的剥削方式。这种剥削关系，形式上与资本主义的农业雇工十分相似，但本质上是封建性的，是一种变态的租佃关系。地主向雇农榨取的，与其说是利润，不如说是变态地租，因为这种经济未与先进的生产力联系，雇农与地主之间有浓厚的封建色彩，使用雇农并不比使用佃农更有利于生产。

奴婢式剥削关系。即农民中一些破产者卖身为奴，为地主所有，使用地主的工具在地主的土地上耕作，收获物全部归地主所有，其生活资料也全部由地主提供。

2. 地主利益的被制约

农民方面的制约是地主利益的实现其中一项制约。首先，对于用雇佣式剥削关系的地主来说，能不能以合理的工价找到被雇佣的农民，是他们剥削能否实现的前提。当农民大量破产，失去土地，或遇天灾人祸时，这种剥削能以对地主有利的方式实现。但许多时候会发生劳动力缺乏，致使地主之间竞争加剧，雇农工价大幅度上升。另外，雇农的怠工及其他反抗手段，也使地主利益受到很大的限制，严重者如上所引，甚至“全无赢息”，或者“亏本折利”“家资荡尽”。

地主作为土地私有权的人格化，其利益的实现，就是土地私有权的实现，亦即地租的实现。只要社会允许土地私有权存在，地租的实现就是必然的，因此，地主利益的实现也是必需的。但是，社会所允许的掠取的地租在总量上有一个限额，当着地主的贪欲超出了这一限额时，势必受到社会的制约。在黄河人的古代社会中，对地主的这一制约是通过农民和国家这两大构件实现的。地主利益的实现，确保了地主作为一个社会经济构件的存在；而社会制约的实现，又确保了包涵地主于其中的社会经济结构整体的存在，避免了因地主过度膨胀而导致的自我毁灭。

（四）农民利益的实现与制约

1. 农民利益的实现

从根本上讲，农民利益的实现是社会生产的实现。而社会生产得以实现的首要条件，就是活生生的现实的劳动力的存在，为此，就必须确保农民必要劳动的实现。也就是说，必须使农民生存下去，并繁衍后代，培养出新一代的符合社会需要的劳动力。社会要存在，就必须使社会生产得以顺利实现，为此，就必须使农民的基本利益得以实现。这一必然性，是黄河古代社会中处于弱者地位的农民实现自己利益的基本依据。

为了实现自己的利益，农民除了无偿付出部分劳动作为与土地结合的代价而外，还必须用各种手段进行斗争，以使付出的劳动不致过多而危及自己的生存。对于靠人身依附关系或人身占有关系实现剥削的地主来说，农民的逃亡始终是一种有力的威胁，迫使地主不得不把剥削控制在农民能够接受的限度以内。农民通过所获得的永佃权，也限制了地主的过度剥削，保护了自己利益的实现。对于国家来说，运用各种手段逃避赋税徭役，是农民斗争的主要形式，其中最有力的依然是逃亡。它使国家无法征收赋税，由此又迫使国家调整税收政策，改善农民的生产条件和生活状况，给地主适当增加一些负担，以减轻农民负担。

农民利益的实现，受到地主和国家两方面的制约，使农民只能在维持生存的水平上实现自己的利益，而将其余劳动无偿奉献，以支撑建立在农民剩余劳动基础上的整个社会的存在。

2. 农民利益的被制约

农民利益的制约主要是地主从两个方面实现的制约。首先，地主作为土地私有权的人格化，必然控制着大量的土地，无地农民为了生存，只有到地主土地上去生产，实现与土地的结合，为此，就必须依照地主的要求付出一定数量的地租，从而把自己利益的实现局限在一定限度之内。其次，地主自产生以来，或多或少、或深或浅地控制着无地农民的人身，两者之间往往存在着人身控制或人身依附。从事农耕的奴婢，其人身为地主所占有。

国家对于农民的制约，首先表现为对社会秩序的维护，国家的基本职能亦即其存在的基本依据，就是维护社会秩序。而当时社会秩序的基本内容，就是地主对农民的剥削关系。因此，国家政令必然迫使农民交出剩余劳动，将农民利益的实现局限在一定限度内。

黄河人社会要存在，就必须保证社会生产的存在。为此，就必须使农民实现其必要劳动，所以，农民利益的实现是必然的。但是，黄河人的社会又是建立在榨取和掠夺农民剩余劳动基础之上的，农民不付出剩余劳动，这个社会就不能生存。因此，地主和国家从两个方面制约农民利益，也是必然的。在实现与制约的双重作用下，农民利益在适当限度之内实现了，从而也就维持了整个社会的存在。

二、黄河流域的社会政治核心结构——农耕家族

血缘组合、土地和农业，乃是黄河人生存的根本所在。黄河流域的政治文化，并不像古希腊那样一开始就以贸易和海上交通为基础，而是在黄河大地上以血缘和农业为基础发展起来的。

黄河人的政治行为作为一种精神文化，必须通过一定的组织形式才能实施。家族是最基本的政治组织，是社会组织的核心结构。它在社会关系和行为与公共秩序维持的限度内，对行为进行协调和调节。所以家族政治行为，是黄河人社会政治行为的特别表现。在广而杂的社会关系中，黄河人的政治行为常常是彼此沟通的媒介。在社会结构中，它是经济的集中表现，产生于一定的社会经济基础，反过来又为社会经济基础服务。由此反映出的国家与社会的关系，实质上是家、国关系，二者之间的焦点和中介是农耕家族。国家在地域上，表现为许多从事着同一农耕过程，具有共同文化氛围的封闭家族的总和，更意味着治国犹如治家，国家秩序无非是家族秩序的放大。因此，黄河人古代社会的政治虽代有变化，但家天下的状态却一以贯之。

由于农耕家庭及家族主义始终处于黄河人社会政治核心结构的位置上，所以在黄河人政治文化中，不是社会发展造就了家庭和家族，而是家庭和家族的发展造就了社会。黄河人政治文化的发展是以宗法家族为背景的，是以宗法家族为基本的单元和载体的。至于社区、邻里、村落、民族等社会群体，都是由宗法家族群体而衍生出来的。因此，政治行为的价值取向是以宗法家族群体为基础的。换句话说，家庭和家庭利益是最根本的价值，这种行为价值观念所培养的是对祖先尊重的延续。

黄河文化中的政治行为，决不能有辱宗骂祖的行为，因此发展了大大小小宗族林立的世系家谱。他们以一种普遍的方式崇拜祖先，从皇帝到百姓，全都崇拜祖先，三拜九叩，他们虔诚的心超过了西方的宗教信徒。没有祖先，它就像没有根的树，因此必须延续家谱。后裔的祝福和不幸都系于祖先荫德。获得一官半职，自然就能光宗耀祖，即便人即将死，落叶也必须回到自己的根部，回到他们的家乡，并将这些遗骸埋葬在祖先的坟墓中。这就是黄河人传统政治行为的家庭或家族本位观念。从一个侧面，反映了农耕家族在社会政治中所处的地位与作用。

三、黄河流域的农业管理与赋税政策

农业管理与赋税政策是农耕文明重要的组成部分，这些管理与政策虽然是属于人为的，但它又常常决定农业的发展和进步。自国家形成之后，统治者视农业如自己的生命线，对农业管理与赋税政策都是非常重视的。商代卜辞记载，商王武丁每年春耕前或秋收前都要举行“求年”的祭祀，以祈求农业的丰收，经常卜问是否“受年”。武丁还经常派大臣去看视农田、猎地和边区的情况，卜辞中称作“省田”或“省鄙”。“鄙”指王都以外的田野。

（一）西周至春秋的劳役地租形式

税收制度也是统治者最关注的问题。从西周到春秋初，实行了地租形式。当时的田制是井田制和爰田制。《孟子·滕文公上》云：“夏后氏五十而贡，殷人七十而助，周人百亩而彻，其实皆什一也。彻者，彻也；助者，藉也。”“方里而井，井九百亩，其中为公田。八家皆私百亩，同养公田，公事毕，然后敢治私事。”意思为，方一里为一井，每井九百亩，在中间的一百亩为公田，其他八家，每家一百亩。公田为八家共同耕种，待公田上的农事做完后，才开始做私田上的农活。爰田制也是采取“一夫百亩”的形式，每个农夫再无偿地为国家统治者耕种十分之一的土地，称作“藉田”。《诗经·周颂·载芟》郑氏笺云：“藉，之言借也，借民力治之，故谓之藉田。”《风俗通义·祀典》云：“古者使民如借，故曰藉田。”《礼记·月令》云：“藏帝藉之收于神仓。”称藉田为“帝藉”，称仓廪为“神仓”。“藉田”，就是借民力耕种的田地，这是统治者赖以生存的经济基础。

（二）春秋以后的实物地租形式

春秋以后，由于生产工具的改进，大量的农田得到显辟，但这时出现的农田不是国家分配的，而是农夫个人开垦的私田。这样使得国家很难完全的掌控土地情况。另外，自西周后期至春秋以来，连年的战争把人民掩到战场上，从而使大片土地荒芜，周王室的“公田”无法得到预期的收成，于是春秋时期的土地与赋税的改制开始了。春秋时期，齐国的“相地而衰征”、晋国的“作爰田”、鲁国的“初税亩”、郑国的“作丘赋”、秦国的“初租禾”、楚国的“量入修赋”等皆是按土地的多少和好坏而收取赋税的制度。这是税制的改革，是从劳动租金向有形租金转变的一种形式。

西周时期，为了维护周天子的统治，西周王朝采取分封制度，即“授民授疆土”，把土地和人民分封给贵族做采邑。采邑主拥有采邑上的一切政治、经济、军事大权，容易形成尾大不掉之弊，对天子、国君形成威胁，如春秋时期的三家分晋、田氏代齐就是由于采邑主的势力膨胀以后，对国君取而代之的结果。

春秋后期，在各个诸侯国中普遍实行了郡县制度。县邑制的建立是地方行政制度的革新，其政治机构、军事组织、赋税制度、土地占有形式等都发生了巨大的变化。县公、县尹不是世袭之官，虽然偶有父子相继的情况，但绝非世代相袭。县公、县尹是诸侯国君可以随时调遣的地方官吏，从而成为突破世袭贵族政治的缺口。县制的建立改变了诸侯国的军事组织。县制建立之前，其军队主要是公卒和私卒，即由卿大夫采邑上的族人组成，带有浓厚的宗族色彩。诸侯国向县邑直接征兵，以县邑地区为单位建立起直属国君的正规军，从而开辟了新的兵源。县邑制的建立，使广大野人与国人一样被征用从军，不仅扩大了兵源，而且打破了国与野的界线，促进了社会的进步。

战国初期年间，三晋和田齐正式列为诸侯。这些新建的诸侯国国君接受晋国和姜齐覆灭的教训，并进行了政治改革。为了防止军功、事功权贵势力的膨胀，各国都进行改革变法，如魏国的李锂变法、楚国的吴起变法、秦国的商鞅变法等，废除世袭制，采取任用贤能的政策。

战国时期以后，边界逐渐变得越来越重要，郡大多设在边境上。在边地战争紧张时，又联县为郡，故郡的组织开始高于县，并统属县邑，于是产生了郡、县二级制的组织。郡县制度可以有效地防止地方上的"尾大不掉"之弊端，加强诸侯国君的专制权力。

春秋战国时期的地方行政、机构的形式和赋税政策，基本上奠定了我国几千年封建社会乡村地方行政机构和管理体制的雏形。

四、黄河流域农耕文化的辉煌

华夏民族的祖先用自己辛勤的劳动，使黄河流域农耕文化辉煌灿烂，放射出绚丽的光彩。

在艰苦的劳动中，华夏民族祖先手中的生产工具也不断地改善，完成了木、石器—青铜器—铁器的巨大变革。春秋战国时期，铁器已经出现。铁制农具已逐渐取代了非金属农具，如木材、石材、骨头、蚌等，甚至青铜农具，成为主要的农业生产工具，并广泛用于农业生产中。

在铁器出现的同时，人们把饲养的家畜也运用在农业生产中，换言之，牛耕出现了。铁器时代也是英雄的时代。铁器、牛耕的普遍应用，使农业生产出现了前所未有的大发展。首先，已经开垦了很多荒地。《左传·昭公十六年》记载：春秋初年，郑人"庸次比耦，以艾杀此地，斩之蓬蒿藜藋而共处之"。杜预注曰："庸，用也；用次更相从耦耕。"也就是说，郑人用农具进行耦耕，开垦出这片农田。《左传·襄公三十年》载："子产使都鄙有章，上下有服，田有封洫，庐井有伍。"子产从政三年，郑人诵之曰："我有子弟，子产诲之。我有田畴，子产殖之。子产而死，谁其嗣之？"通过子产对郑国的土地的整治，土地已经大量开垦，并且有了可以贮藏的粮食。

春秋时期，晋有"南鄙之田，狐狸所居，豺狼所嗥"，以赐"诸戎"。于是"诸戎除翦其荆棘，驱其狐狸豺狼，以为先君不侵不叛之臣，至于今不贰"。林尧叟注曰："言其地荒秽，皆狐狸所居处其地辟野，皆豺狼所嗥啸。我诸戎除剗翦削其荆棘而耕种之，驱逐其狐狸豺狼而居处之，以臣事晋之先君，不内侵亦不外叛，至于今日，不敢携贰。"这些荒地也变成了良田。又《左传·襄公四年》记载魏绛和戎之事，"戎狄荐居，贵货易土，土可贾焉，一也。边鄙不耸，民狎其野，穑人成功，二也。”林尧叟注曰：“晋之边鄙，与戎为和，更不恐惧。民皆卿习于其田野，耕日农，敛日稿，收敛之人成其岁功。”晋国用买土地的方式把戎狄的土地买过来，让晋国之民进行开垦，以成农稿之功。春秋战国时期，由于农具的进步，各诸侯国都开始了垦荒的高潮。韩非子在谈到战国时期韩国的垦荒时说：“今上急耕田垦草，以厚民产也”。又说：“不能辟草生粟而劝贷施赏赐，不能为富民者也。”垦荒的结果是，黄河流域凡是当时具备条件的全部开垦。当时诸侯国之间一般有一个缓冲地带，如宋郑两国间原来有“隙地”，这里原来是无居民的荒芜之地。春秋后期，这片荒地已被垦辟，后来史书上再也见不到这块“隙地”了。是时，在黄河流域凡是具备可耕种条件的土地几乎全部开垦。

西周时期，在休耕地的基础上逐渐地发展到自觉的农肥耕作。农夫把杂草或用铲子铲除，或用火烧死，或使其被炎夏的热雨水烧死，这样死去的杂草就可以腐朽成为沃地的农肥，即灾杀草木而积肥。《尔雅·释地》孙炎注云：“菑，始灾杀其草木也”。《左传·隐公六年》载：“农夫之务去草焉，芟夷蕴崇之，绝其本根，勿使能殖。”《礼记·月令》于夏月下云：“是月也，土润溽暑，大雨时行，烧薙行水，利以杀草，如以热汤，可以粪田畴，可以美土疆。”这是一种利用夏日游暑时湿度热度以加速堆肥腐化的措施。《周礼·地官司徒·草人》曰：“掌土化之法，以物地，相其宜而为之种。凡粪种，骍刚用牛，赤缇用羊，坟壤用麋，渴泽用鹿，咸潟用貆，勃壤用狐，埴垆用豕，疆用蕡，轻用犬。”这是利用各种不同畜类粪便来改变不同土壤的土质的经验。

周代，较为整齐划一的沟渔制度，也在黄土高原地区逐步出现。《周礼·地官司徒·遂人》：“凡治野，夫间有遂，遂上有径；十夫有沟，沟上有畛；百夫有洫，洫上有涂；千夫有浍，浍上有道；万夫有川，川上有路。”《周礼·考工记·匠人》与其所载的沟油制度是一致的。在衍沃肥美的平原地区实行井田制，称为“井衍沃”。耕字偏旁从井，《说文》云：“耕从耒、井，古者井田，故从井。”原来是商周两代主要的生产工具，用于刺土深耕。耕从耒、井，说明并田是古代平原低地沃土普遍存在的制度，也说明古代井田存在的事实。

春秋战国时期，水利工程的灌溉已广泛地为人们所利用。各诸侯国都开始挖掘并建设大型水利工程。如魏国“西门豹引漳水溉邺，以富魏之河内”。秦国开凿郑国渠、筑都江堰等。同时，各国均开始了对黄河的治理，大量地修筑堤防。铁制工具在开挖河渠施工方面的便利条件，成就了大型水利工程，而水利工程又为黄河流域的农业生产，尤其是为粮食作物的抗灾稳产乃至高产提供了有力的支持。

铁农具和畜力犁耕的应用为土地深耕创造了条件，对农田的整治和田间管理都是农业技术提高、产量提高的重要手段。《庄子·则阳》记载：“深其耕而熟耰之，其禾繁以滋”。《吕氏春秋·任地》亦记载：深耕以后，“大草不生，又无螟蜮。今兹美禾，来兹美麦。”土地的深耕，使农田得到大大的改善，可以不生杂草，不生害虫，又可以使庄稼禾苗繁滋旺盛生长。荀子说“今是土之生五谷也，人善治之，则亩数盆，一岁而再获之”，一盆等于二石，此外，这里的亩制应是大亩，石也是大石。“一岁而再获之”，是说一年可以收成两次。《孟子·万章下》云：“耕者之所获，一夫百亩，百亩之粪。上，农夫食九人；上次，食八人；中，食七人；中次，食六人；下，食五人。庶人在官者，其禄以是为差。”宋代孙爽《音义》云：“盖耕者所得，一夫一妇佃田百亩。而百亩之田，加之以粪，是为上，农夫其所得之谷，足以食养其九口；上次，则食八人；中，食七人；中次，则食六人；下，食五人。其廉人在官者，食禄之等差亦如农夫，有上、中、下之次，有此五等矣，若今之斗食佐史属吏是也。”《吕氏春秋·上农》则称：“上田，夫食九人。下田，夫食五人。可以益，不可以损。一人治之，十人食之，六畜皆在其中矣。”春秋战国时期，由于农业技术的提高，粮食产量大大增加，是时，赵国、韩国、楚国、燕国都是可以“粟支十年”的诸侯国。一人生产的粮食可供5人至10人用，这样就可以解放出大量的劳动力去从事其他行业的劳动。

春秋战国时期，随着农业的发展，社会人口迅猛增加。与其同时，黄河流域出现了许多大城市。如魏国的大梁（今河南省开封市）是人文荟萃之地，“人民之众，车马之多，日夜行不休已，无以异于三军之众”。齐国的都城临涵（今山东省淄博市），“临涌甚富而实，其民无不吹竽鼓瑟、弹琴击筑，斗鸡走狗，六傅蹋鞠者。临溜之途，车毂击，人肩摩，连衽成帷，举袂成幕，挥汗成雨”。据说临滴有7万户人家，能征21万兵卒。有学者估计，秦统一中国时，华夏人口达到了2千万左右，黄河流域农业的辉煌成就，带来了社会的繁荣和进步。我国自先秦、两汉、魏晋、隋、唐、宋、元、明、清，各个朝代的都城基本都建在黄河流域，这与黄河流域农业经济的发展与辉煌有密切的关系。

五、黄河流域的农书与农业技术理论

我国自古以来就是农业大国。自夏、商、西周至春秋战国，直至明清，历代王朝皆设有农官。农官在管理农民、治理土地方面有其成熟的思想和经验。自石器时代起，中华民族就开始了对天文、天象的观测，创造了科学的历法。先秦时期的《尚书·禹贡》《吕氏春秋·上农》和《礼记·月令》等文章包含了丰富的农业知识，对后世产生了深远的影响。

（一）《尚书·禹贡》

分天下为九州：冀州、兖州、青州、徐州、扬州、荆州、豫州、梁州、雍州，按照九州的区域划分对土壤进行分类，并分别介绍了九州适宜生长的植物。

（二）《礼记·月令》

在阴阳五行的要素思想指导下，讨论了如何在一年十二个月里正确安排农业情况的文章，这是后世月令书的杰作。这篇文章包含了有关耕作时间，物候等方面的丰富思想。它按照时间顺序将自然现象和人类社会活动与农业生产联系起来，并以此为基础发布政府命令，从而展示了农业社会的管理体系理论。《礼记・月令》十分重视农业时间，强调根据农业时间发布政府命令。农业生产在很大程度上受到自然条件的限制，因此注意耕种时间是确保农业丰收的前提。

（三）《吕氏春秋》

《吕氏春秋》中的《任地》《辩土》《审时》所介绍的是古代农业生产经验和技术，当是古代农官思想的总结。《任地》记载了整理土地的技术，如耕地的深度必须达到润泽之土等，还记载了耕地所用相的宽度、施肥的情况、怎样种稼等。《辩土》记载了辨别土壤及耕种、间苗等技术。《审时》篇提出，种稼者必审以时，然后为之，这样才能得到丰收，而且所得果实亦美好；又分别介绍了麻、菽、麦等种植技术。《审时》云："得时之穗兴，失时之稼约。茎相若，称之，得时者重，粟之多。量粟相若而舂之，得时者多米。量米相若而食之，得时者忍饥。是故得时之稼，其臭香，其味甘，其气章，百日食之，耳目聪明，心意睿智，四卫变强，凶气不入，身无苛殃。"《管子》中的《地员》《山国轨》亦是介绍农业生产经验的篇章。《地员》把土壤分成五种成分，并分别介绍了什么样的土壤宜种什么庄稼，对树木作了分析介绍。《小匡》对农时进行了详细的介绍，曰："审其四时，权节具，备其械器用，比耒耜谷芨。及寒击槁除田，以待时乃耕，深耕、均种、疾耰，先雨芸耨，以待时雨。时雨既至，挟其枪刈耨镈，以旦暮从事于田野，税衣就功，别苗莠，列疏遬。"《山国轨》云："春十日，不害耕事；夏十日，不害芸事；秋十日，不害敛实；冬二十日，不害除田。此之谓时作。"

（四）《管子》

《管子》中的农业知识用《地员》篇来表示，各种农业生产经验也记录在《四时》《五行》《度地》中。在《管子》中贯穿着农业思想，对耕作时间，土壤，农作物种植，农田水利，禽畜饲养等方面的重视，形成了一个较为完善的《管子》农业知识体系。先秦农业书籍中有独特的功能。

《吕氏春秋》《管子》中许多篇都提到农业与治国为政的关系，反映出封建统治者对农业生产经验和技术进行总结，形成理论，又反过来指导农业生产。他们把农业看成治国之根本。

此后，我国又出现了一些农书，如宋代陈旉撰写的《农书》、秦观撰写的《蚕书》，元代司农司撰《农桑辑要》、鲁明善撰《农桑衣食撮要》、王祯撰《农书》，明代周王朱橚撰《救荒本草》、徐光启撰《农政全书》、熊三拔撰《泰西水法》、鲍山撰《野菜博录》，清朝皇帝下令编写的《钦定授时通考》等。这些农书皆是在先秦农书的基础上写成的。先秦农业著作是对前几代农业生产经验的继承和总结，为后代农学思想的发展和成熟奠定了基础，形成了中国早期的农业基本理论和农学体系，并且提供了重要的参考依据。黄河流域中下游地区的农耕文明在华夏文明发展史上占有重要的地位。

六、黄河流域的农神崇拜

中国古代是一个农业社会，农业的收成是人们赖以生存的基础。希望消除灾害、祈求丰收、祈福、报答祖先之恩，是农业社会人们的共同心理。在黄河流域这样一个农业为主的社会环境中，自然产生了农神崇拜。农神崇拜是社会学的大问题，也是农耕文化的重要内容。

（一）中国最早的农神——神农和后稷

中国最早出现的农神是神农氏和后稷。《周易·系辞上》云："包牺氏没，神农氏作，斫木为耜，揉木为耒，耒耨之利，以教天下，盖取诸《益》。炎帝为耒耜耕耨，以教民粒食，故号神农。"所谓神农，就是炎帝，故炎帝又被称为炎帝神农氏。《白虎通·号》云："古之人民皆食禽兽肉。至于神农，人民众多，禽兽不足，于是神农因天之时，分地之利，制耒耜，教民农作，神而化之，使民宜之，故谓之神农也。"宋代郑樵《通志·三皇纪第一》记载：远古时期，"民有疾病，未知药石，乃味草木之滋，察寒温之性，而知君臣佐使之义，皆口尝而身试之，一日之间而遇七十毒。或云，神农尝百药之时，一日百死百生，其所得三百六十物，以应周天之数。后世承传为书，谓之《神农本草》"。

神农不仅发明了农业，而且还品尝了草药，对植物进行亲身辨别，并确定了哪些植物可食用，哪些有毒。有关神农氏的记载，表现了我国古代人民与大自然斗争的艰辛、在文明的道路上所付出的努力和表现出来的百折不挠的精神。

后稷是人的始祖，具有祖神的本质。也是我国古代崇敬的另一伟大农神。"后稷教民稼穑，树艺五谷，五谷熟而人民育。"传说中的农神教民种植和稼穑即"使民知稼穑之道"，为早期种植业的发展做出了巨大的贡献，因此被世代相传并载入了民族经典。

（二）中国古代的农神祭祀活动

中国古代对农神要举行隆重的祭祀，每年春天，天子要行亲耕之礼。先秦至唐朝前期，祭先农（即神农）是立坛于藉田之中的。"立坛于用，所祠之其制度如社之坛。""坛或祭先农，或祭社祭，或以太牢，或以羊，此历代之礼所尚异也"，坛祭时，天子举行亲耕之礼。《国语·周语上》云："司空除坛于藉……王乃淳濯飨醴。……王耕一拨，班三之，庶民终于千亩。"就是说周天子要在藉田上设坛，亲自以酒醴敬献农神；然后亲自耕田一坡。一坺，一相之坡也。王耕一坺，公卿、九大夫要耕三坡，而"庶民终于千亩"，"庶民"才是藉田的真正耕作者。但这也在一定意义上表现出贵族统治者对农耕的重视。

先秦时期，农神祭祀还包括蜡祭。蜡祭是报谢万物诸神及庆祝丰收的节日，祭祀的对象是：先啬——神农氏；司啬——后稷；农官田畯神，即所谓的"农"；田间设施诸神，所谓"邮表啜"，

“邮”是亭舍；农业益虫神，如猫、虎之类；水利设施神，所谓“坊与水庸”。《郊特牲》云“天子大蜡八”，不仅是指蜡祭八神，而且是“合祭万物而索飨之”，所指万物之神。

自唐朝武则天开始，筑先农坛以祭祀农神。“武后改籍田坛为先农坛。”（注：此处“籍田坛”见第67页“籍田之礼”注。）先农坛还曾经被改为“帝社”。从先秦时期的祭祀藉田、“立坛于田”，到筑先农坛、帝社，直至清王朝时期在帝都北京建筑的祈年殿，表现出历代帝王对农业的重视，对农神的崇拜。

（三）中国古代的蚕神——嫘祖

中国是闻名世界的丝绸之国，勤劳智慧的中华民族用蚕丝织成美丽的绫罗丝绸，中国是蚕桑业的起源地。中华人民把蚕桑的发明者视为蚕神。蚕神在中国古代也被称为先蚕。中国古代农业往往又被说成农桑，也就是说农业包括蚕桑，黄河流域也盛行蚕神崇拜。黄帝元妃西陵氏嫘祖，被尊为先蚕，也就是蚕神，历代因之。中国史书承认西陵氏嫘祖是古代正统的蚕神，除此之外，菀窳妇人、寓氏公主、蜀蚕丛帝、蚕女马头娘等，则是民间祭祀的蚕神。古代帝王对先蚕，即蚕神的祭祀是非常隆重的，要堆筑先蚕坛，奉安先蚕神位，皇后要身穿祭服率百官夫人躬亲蚕桑、祭祀先蚕。晋代以后开始出现了先蚕坛。先蚕西陵氏受后齐、后周、隋、唐、宋、元、明、清等中国历代朝廷的祭祀。

中国古代对农神、蚕神的祭祀与崇拜，表现出农业社会的重要特征。敬拜农神是农业文明的重要组成部分。

第四节　黄河流域各省农耕文化的发展与特征

一、青海

（一）青海黄河文化发展——河湟文化

青海河湟文化是黄河源头和流经黄土高原的黄河源头人类文明进程的重要标志。“河湟”一词最早出现在《后汉书·西羌传》中，其中有“乃度河湟，筑令居塞”的记载。黄河流域中河湟是最早的人类活动地区之一。“河湟”指甘肃和青海两省交界处的黄河及其支流湟水。

由于黄河流域人口稠密，人们一直在为沿黄河流域的生存和发展而努力。直到汉唐甚至元明清时期，黄河流域的祖先都将黄河流域视为中华民族的发祥地。从众多的历史记录来看，河湟文化是黄河源区社会文明的重要标志。溯至三万年前的旧石器时代，青海的祖先在这片辽阔的土地上繁衍生息。在秦朝期间，秦始皇忙于统一这六个国家而又没有时间去西部，在很长一段时间内，河湟族人民得到了进一步的繁衍和发展。他们自身繁荣和中华民族融合的过程中发展而从不中断历史，包括在历史后期，这说明当时的社会基础深厚使得河湟文化源远流长。

河谷之间的肥沃土地和便利的灌溉水系统为祖先的生存和发展提供了良好的自然条件。根据考古发掘的家窑文化、卡约文化和齐家文化等，以此可见新石器时代的河湟地区出现了较发达的原始文明。马家窑文化算是新石器时代晚期的文化。它的特点是其独特且数量众多的彩色陶器，其制作精湛，在所有古代文化中均位居第一。青海省大通县上孙家寨出土的彩绘陶盆，带有舞蹈图案，反映了世界领先的河湟地区的古老文化和音乐舞蹈。乐都柳湾遗址的文物位于河湟谷的腹地，分布最密集，出土的彩陶有17000多种，是中国乃至世界罕见的彩陶集中地。除彩陶外，河湟各地出土的文物还包括石刀、石镰、骨铲等收割工具，石磨盘、石杵、石磨棒等粮食加工工具。在后期的马家窑文化中，当采用马厂类型时，为死者埋葬谷物非常普遍。

（二）青海黄河文化主要特征

1. 地域性特征

河湟有丰富的水源，气候相对温暖，适合农业和畜牧业。大部分地区的平均海拔在1.5 ~ 2.5千米之间，黄河及其支流湟水河流贯穿于其中。在过去的朝代，中央政府向屯田的成功移民取决于此，汉族可以成为这里的主要民族，汉族文化可以对该地区产生重大影响也植根于此。但是，毕竟受高原地形和气候条件的影响，生产和生活材料较差，不容易谋生。地域特征可以说是河湟文化最鲜明的特征之一，之后随着时间的流逝，慢慢形成了河湟人独特的文化品格。一方面，这里的人民具有坚决，大胆的游牧民族品格，充满生机。另一方面，它们具有服从，保守且易于满足的农业国家的特征。他们这种双重性格的形成是与河湟地区的地理环境有着密切的关系。

2. 多元性特征

河湟地区各族人民创造了河湟文化。藏族、土族、汉族、蒙古族、宝安族、回族、撒拉族、东乡族和其他民族一起生活，都有各自的民俗文化，所以当种族组成的多样性将不可避免地带来文化的多样性。这些族群在从语言到信仰，从婚礼和丧葬到服装，饮食，住房和交通等各个方面的民俗文化中都具有浓郁的民族特色，形成了自己不同的风格和丰富的文化内涵。丰富多彩的民族文化构成了河湟文化的浓厚地方特色。目前，河湟地区民族分布的基本特征是多民族聚居和小聚居，呈现三维分布。汉族、藏族和回族是分布最广的族群，形成了较大的网络轮廓，而其他族群（如蒙古族、撒拉族、土族、宝安族、东乡族等）则散布在其中。这里呈现出一种多样而互补的格局，以汉族为代表的儒家文化；回族和撒拉族为代表的伊斯兰文化；藏族为代表的藏传佛教文化。

3. 互通性特征

互通性体现在外来文化的折中和融合中，相互结合的特征也反映在河湟地区各种民族文化的交流。随着儒学所代表的汉族文化在河湟地区的深入传播和发展，河湟地区民族融合的主要特征即是少数民族的汉化趋势。除少数民族与汉族之间的经济文化交流外，河湟地区少数民族的文化方面也彼此影响。河湟地区不仅是我国历史上许多民族聚集和分布的地区，还是多种文化传播的交汇和集中地。

（三）青海农耕文化特色

1. 游牧文化与农耕文化并存的格局

湟水河谷和黄河两岸降水较多，土地肥沃，非常适合农业的生产。藏族的民族从事传统的畜牧业生产在黄河高海拔地区将游牧文化特征体现得淋漓尽致。

2. 农耕文化与商贸文化并存共荣

青海黄河沿岸的一些古渡和城镇是丝绸之路沿青海路的重要交通要道和中转站。例如，黄河沿岸的河阴、群科等古渡以及湟水流域的重要商贸镇，如丹噶尔和多巴等。一些当地居民从事商业和贸易活动，由此形成的商业文化是河湟文化的关键体现。

（四）青海黄河农耕文化的表现形式和内容

1. 分糕祭春

《青海百科全书》记载，开犁祭是旧时青海很重要的一项祈年仪式，一般在每年耕种的第一天举行。也有的地方的习俗略有不同，他们会将耕牛的犄角涂成红色，在犁杠上贴上“开犁大吉”或“耕三余九”等字样的红纸条。活动举行当天，大家会及早牵着牛，带着犁到地头，然后献馒头、酒肉，再焚香化表，点燃松盆。

开犁时，大家会赶着牛，拉着犁在田地中央逆时针转一圈，再在圈内犁一个十字，合成一个圆形的田字。等仪式结束后，大家就会分享贡品，也会给耕牛喂馒头。

2. 开春种皇田

种皇田也被称为开春或拍春。这是当地年度社火表演中的最后一次活动。有些地区在每年第一个月的第十五天（正月十五）表演，有些地区在每年第一个月的第十六天（正月十六）表演，有些在二月的第二天（二月二）表演。

大庄村是互助土族自治县塘川镇的一个村落，每年村里只要耍社火，就会种皇田。据村里的老人讲，种皇田是为了祭祀农神，祈求丰收。

种皇田时，一般要选择一处宽敞的场院。与平常表演社火，“身子”（河湟社火中人们对扮演角色的称谓）拿着灯笼、扇子等道具不同，“种皇田”时，大家都会拿着很多农具。

表演开始前，村民们会请先生焚香化表并朗读事先写好的祭祀农神的文章。表演开始后，社火“身子”会驱赶着套好犁铧的耕牛，在田地里用犁划开地皮，后面有身子拿着粮食撒种子，也会有人拿着耙、锹等农具。“种皇田”的表演内容几乎与农耕场景一模一样。

3. 撒糌粑祈丰收

在玉树藏族自治州称多县尕朵乡卓木齐村，流传着一个延续数千年的春耕祭祀仪式——糌粑节。

卓木齐村，地处通天河畔，那里气候温暖，曾是通天河畔农耕文化发祥地，那里土地肥沃，特别适合种植农作物，特别是青稞。自元代以来，卓木齐村一直是主要的商业城镇。

卓木齐村通常会在藏历年的二月二十二举行糌粑节。那天天刚蒙蒙亮，卓木齐村的村民就会到山上去请高达两米，用羊毛做成的白色神鸟到位于村子中心的格秀拉康中供奉。之后，人们会将用于劳作的器具、农具等摆放在一起，诵经祈福，祈求当年能够丰收。接着，卓木齐村的年轻人会扛着神鸟，由村中选出的13位手持彩箭的男子和13位衣着华丽，手捧糌粑酥油团的女子一起迎接神鸟到村子里。经过一系列的祭祀仪式后，在一片欢呼声中五颜六色的风马和着雪白的糌粑被众人撒向天空。祈祷完风调雨顺后，村民们又会将神鸟送到山上供奉。“据说，在祭祀白鸟以及送白鸟上山时，不能有片刻停顿，当地的百姓认为，半路休息或停顿会带来不祥的征兆。”玉树藏族自治州文联主席彭措达哇说。将白鸟送上山后，大家就会手拿糌粑，向身边的人抛撒。

二、四川

（一）四川黄河文化发展——巴蜀文化

巴蜀文化是指四川省和重庆市的地域文化。巴文化中心在重庆，后来在重庆发展至各地、陕西南部、湖北西部、四川东部和贵州北部举行。蜀由三个古代部落融合而成，即是后来是西周封国。巴蜀两国的交融是在战国以后。从商代到西周，黄河流域的蜀人与各族之间进行着文化交流。商代晚期出土的陶器，如深腹豆形器、小平底钵、高柄豆等。西周至春秋时期出土的玉器与中原一致，虽具地方特色，但铜矛、铜镞、铜戈却为黄河流域常见器形。

关于巴蜀文化的渊源，有人认为是西氏羌文化亦有持源于宝鸡或汉中殷文化。王毅在《成都大学学报》今年第一期撰文认为，巴蜀文化绝非仅指一、二民族创造的文化，而是一个多民族的融合体。从现有文献和考古资料来看，主要有四个方面：

（1）四川盆地和鄂西部分地区的土著文化　大溪文化存在于四川东部与湖北相接地，这些发展活动为该地区人类文化的发展奠定了结实的基础。

（2）江汉平原入迁民族　夏商时期，江汉是苗族的集会地，尧、舜和禹与三苗的战争都比较大。此类战争使江汉之古代民族发生大的迁徙，其中必定有一部分人加入了共同繁荣巴蜀文化的行列。

（3）西北氐羌民族　有文献说“蜀王为黄帝之后”，黄帝为氐羌系统民族，估计为夏商之时即有该系统民族进入四川。

（4）在夏商时期，中国各族之间的激烈斗争也可能导致夏商民族从其统治中心长江中下游向四大方向迁移定居。

在上述四个来源中，第一和第二部分是主干，两者都属于南方民族。因此，巴蜀文化的发展应立足于南方民族。

（二）四川黄河文化主要特征

1. 巴蜀文化的开放性

自古以来，巴蜀文化的开放性，善于容纳和集结多种文化。夏禹文化兴起于西蜀，传入中原乃至东部吴越。三星堆出土的铜牌饰和二里头夏文化出土的相同，说明夏禹文化就是从西部兴起逐渐往东传播的过程。东西方的区域文化交集得很早，因为三星堆和金沙遗址的玉琮和牙璋与东方的良渚文化相似，三星堆青铜文明特征主要表现在当地的礼器和神器上，酒器和食器都与中原殷墟相符，如尊和罍等，这说明在创造体现精神艺术品的基础上，吸纳学习了中原文化，并与之间产生了广泛交流。

从历史进程看，巴蜀文化与北方的中原文化、西方的秦陇文化、南方的楚文化相融合，并进一步影响了滇黔文化。正如四川的地势一样，陡峭的山脉将盆地封闭，因此很容易形成相对独立和独特的文化区。巴蜀文化很容易成为南北文化特征的多层次的融合，与该盆地的关系密不可分。另外，它的开放性还体现在与外国文化的早期交流中，它是著名的“南方丝绸之路”传输的集散地。三星堆遗址的贝壳和金杖表明与中亚、西亚和海洋文明的联系。新都画像砖上的翼形兽、雅安高颐阙前有翼的石狮形象显然受欧洲的洛可可艺术的影响，也与巴蜀唐宋时期的瓷器艺术有一定的联系。

2. 巴蜀文化的整体性

巴蜀文化是实现“最广泛的文化认同”的历史过程。一方面，从文化认同的角度来看，自秦汉以来其特征和内涵已融入中原文化，并已成为汉文化的一部分。另一方面，从区域特征的连续性角度来看，在新时期的条件下，运用蜀人自己的思维方式，来实践其区域文化个性的更新与发展。巴蜀文化开始就向着大一统的中原文化演变，独立发展时期没有与汉族文化的融合时期长，这表明巴蜀人对母体文化体系具有最广泛的文化认同和整体观念。

3. 巴蜀文化的开创性与完美性的结合

四川人民历史上一个突出的思想特征是先乱后治的精神。“天下未乱蜀先乱，天下已治蜀后治”，这是一句古老的谚语，它首先出现在明末清初的欧阳志功的《蜀警录》中。最早的起源可以追溯《北周书》上蜀人“贪乱乐祸”的说法。这种说法具有一定的贬义，好像四川人是难治和刁蛮的。但是从文化的角度来看，它表明巴蜀人的先乱后治的精神是一种建设性的竞争思想。郭沫若认为，“能够先乱是说革命性丰富，必须后治是说建设性彻底”，这两个方面的结合是“先天下之忧而忧，后天下之乐而乐”的精神。他还认为，“四川人民丰富的革命和彻底的建设性受到李冰的启发”。李冰的建筑，文翁的教育以及诸葛武侯的政绩表明了四川人民的开拓性和先进性。并且具有强烈的冒险意识。它的社会基础与巴蜀人的冒险，进取特性结合紧密，这种精神在当今的改革开放中仍然具有重要的价值。

（三）四川农耕文化特色

1. 川西农耕文化

从古老的蜀国传承至今的川西农耕文化，是中国文化中极为光辉的一部分。几千年的历史积淀使四川农耕文化独树一帜。川西农耕文化包括集约化耕作（耕作工具）、物候、时令文化、农技、乡土农家菜、传统农耕文化精神、川西民居、理念、川西林盘、蚕桑文化、茶文化、治水文化、竹文化等。今天，巴蜀地区遗存下来的大量的非物质文化遗产，如都江堰放水节、川北薅草锣鼓、泸州老窖酒传统酿制工艺、成都蜀锦织造工艺、青神竹编工艺、沐川草龙编扎技艺等，无一不深深地烙印着巴蜀农耕文化的痕迹。

2. 巴蜀农业文化

有学者认为，唐宋时期是四川柑橘的黄金时代。它不仅受到皇家的赞美，而且因栽培广泛，产量高和果质优的特点享誉全国。农业灌溉技术是巴蜀人农学意识的典型代表。民国四川的小麦运输和销售主要集中在以成都和重庆地区，这与巴蜀独特的地理格局有着密切关系。

（四）四川黄河农耕文化的表现形式和内容

1. 农时先祀杜主

传说蜀国望帝杜宇“教民务农，一号杜主”，所以在巴蜀地区长期有“农时先祀杜主”的风俗，不少农村建有“杜主庙”。根据《华阳国志·蜀志》的记载，杜宇失国后，隐居西山，其魂魄化为杜鹃鸟，常因思念故国而啼叫出血来，以致洒满了山野的杜鹃花。这个“杜鹃啼血”的故事一直在蜀人中流传，李商隐有“望帝春心托杜鹃”的名句歌吟这个故事，而蜀人拜杜鹃的习俗至少在西汉以前就已经存在。唐代杜甫在四川也记载了对于杜鹃“我见常再拜，重是古帝魂”的习俗。至今仍完整保存在郫县近郊的望丛祠，是蜀人祭礼望帝杜宇和丛帝鳖灵的场所。

2. 送幺（腰）台

在四川大部分地区，每年栽秧时节，当日上三竿的时候，主人家的幺姑（乖）儿（最小的一个姑娘）用一根竹扁担把早已备办好“幺（腰）台”送到田边。所谓“幺台”，是指栽秧时每日三顿正餐之间加的两顿酒肉点心。泸州这边称作“打幺占”。

这幺姑还要唱感谢歌。如果大家对送来的“幺台”不满意，就会留下田角不栽，或把秧子栽得很浅，第二天一大早就浮上了水面，用这个方法惩罚那些被四川人称作“狗眉狗眼”的小气鬼。

3. 守秋

这是一种传统的习俗。每到秋收季节，为防止野猪、老熊糟蹋庄稼，山区农民总要组织起来，轮流到田间“守秋（赶山）”。人们熟野猪夜间到田间糟蹋庄稼的习性，常在大片庄稼的边缘，或与山林相接的地方，搭起防御野猪的“野猪棚”，以期预防野猪、老熊。

“野猪棚”在四根立本上横绑一排木棒，上铺谷草，顶部搭起“人”字形上盖谷草的棚顶，既可御风雨又可睡卧。棚高数米，便于瞭望四周野物的行踪。

入夜，守秋的人们便带上猎狗、猎枪、牛角号、铜锣来到棚内，众人摆龙门阵、唱山歌、饮酒，时至深夜便轮流值班放哨。一旦发现野物“入侵”，众人便一起行动，吹起牛角号，敲起铜锣，鸣放火药枪，野兽便逃遁而去。

4. 关火闸

流行于川西平原一带。旧时民间求雨，要关闭城市的南门。相传太阳是火神，火神发怒，便骄阳肆虐，天旱成灾。五行中，南方属火。为免遭干旱，得关闭城南门，抑制火神。火闸堵死，便可获甘露。

三、甘肃

（一）甘肃黄河文化发展——河湟文化区

一般来说，岩画是指在山洞，峭壁和独立岩石上雕刻的彩色绘画、线刻、浮雕等。据调查，岩画在世界很多地区都有发现。中国境内的岩画分布很广泛，在黑龙江、内蒙古、甘肃、宁夏、青海、新疆、西藏、广西、云南、贵州、四川、江苏、河南、福建等近20个省区都发现有古代岩画。从分布范围看，中原地区较少，边远省区较多。黄河被誉为华夏文明的“母亲河”，甘肃黄河沿线近年来发现200幅左右的岩画，已经成为黄河文化的历史印记。甘肃黄河岩画的丰富内容，是先民原生态文化的写真。黄河岩画的发现与命名，极大地丰富了黄河文化的内涵。

1. 甘肃岩画

最早发现的甘肃黄河岩画——靖远吴家川岩画、玛曲柯庆岩画

靖远县的吴家川岩画和玛曲县的柯庆岩画，最早是20世纪70～80年代在甘肃黄河流域发现的。

1976年春，兰州大学生物系部分师生在靖远县吴家川一带开展野外考察，发现了刻画在岩石上的岩画，这是甘肃黄河流域发现的最早的一处岩画。吴家川岩画位于靖远县刘川乡，东距黄河13千米。岩画分为东壁和西壁两部分。东壁面积2.20米×4.80米，左侧以鹿及石羊两种动物形象为主，其中鹿的形象更为突出。鹿有两只，一只昂首挺立，身躯高大，向前仰望。另一只的形体就比较小，头部向前伸。羊的种类很多，其中具有大角的羊应是石羊。西壁面积2.95米×2.75米，绘刻的大部分是乘马图，计有8幅。另外，还有一些小图像，绘鹿、狗、羊等。吴家川岩画的成图手法分刻、凿两种，手法简单粗糙，但朴素而有生气。1983年，在甘南州玛曲县发现柯庆岩画。岩画位于玛曲县齐哈玛乡柯庆与柯岔二村间，黄河支流结柯河西北岸的垂直页岩上。岩画面积约3.5米×2.8米，刻有猎人、牧民、牛、羊、鹿个体图三幅。人物头戴尖形帽，帽顶有三个尖状物，与靖远县吴家川岩画中的骑者所戴的帽子相似。画面有鹿、羊、马、牛和人物，其中雄鹿昂首远视，体态高大

雄健，手法古拙，具有较高的审美价值。人物位于画面最上部，裸体，双臂上举，双腿分开，男性生殖器凸现。

目前可定时代最早的甘肃黄河岩画——白银野麻滩岩画

野麻滩岩画位于红山峡峡谷黄河西岸，北距白银市平川区野麻村直线距离约1千米，南距红山峡入口处白银市平川区下村直线距离6千米。岩画被刻在河西岸一块约宽5米、高8米的岩石上，整个画面由人物像（全身像9幅、头面像6幅）、动物像（8幅）和器物像（斧1幅）三类组成。按画面内容及布局大致可分为上下两部分，下部又可分为左右两侧。野麻滩岩画画境古拙，形象生动，人物粗犷、质朴，动物画逼真明了，尤其石斧的图画，是旧石器时代的典型特征。

2. “两黄”文化

“两黄”文化即黄河黄色的容颜与黄土地貌。黄河是华夏文明的摇篮，中华民族的母亲河。千万年来，黄河自青海进入甘肃，形成了黄河第一弯——玛曲；穿山绕谷，围堰聚水，形成了刘家峡和八盘峡等高峡谷。由黄河水滋养的黄土地孕育了大地湾，马家窑和黄河农业文明的彩陶文化。两种黄色相得益彰，形成了甘肃独特的地域文化“两黄”文化。

黄河两次流经甘肃：第一段被称为玛曲段，汇入白河、黑河、沙柯曲等支流；第二段被称为兰州段，汇入洮河、湟水两个水系及大夏河、庄浪河、祖厉河等支流。陇中黄土高原，位于甘肃中部和东部，东起甘肃省界，西至乌鞘岭，面积达一千多万平方千米，占有全省70%的耕地。黄河穿流而过，主要有黄河干流和渭河、泾河等支流。“两黄”覆盖区蕴藏着丰富的历史文化资源，聚集着博大精深的优秀文化传统，并以其特有的人文贡献和开拓性的业绩，不断充实和丰富着中华民族的文明宝库。

（二）甘肃黄河文化主要特征

1. 开放交流的黄河文化

由于中原和少数民族文化的相互影响和融合，这里的文化呈现出南北融合，古代与现代并存的显著特征。这是古代丝绸之路和唐蕃古道的要冲，西北花卉之乡、石窟之乡、中国彩陶之乡拥有的黄河穿过兰州等城市的唯一城市，形成了兰州水车、现代都市、羊皮筏子、水库和电站以及绿洲田野文化。

2. 绚丽多彩的农牧文化

黄河流经的主要是游牧业、人们居住在帐篷，在这里孕育了独特的游牧文化。在黄河的滋养下，甘肃中部的黄土地养育了代代的华夏儿女。黄土使甘肃的自然资源、人杰地灵、六畜兴旺、五谷丰登，同时发展了独特的农业文化。

3. 灿烂的华夏文明起源地

甘肃是我国早期文明的重要发祥地之一。甘肃东部的平凉、定西、天水和庆阳孕育了马家窑文化、仰韶文化、辛甸文化、女娲文化、寺洼文化、人文始祖伏羲和西王母、皇帝众多祖先文化遗产。陇东也是周氏族首先繁荣的地方。在夏后期，周人的祖先带领人们在这里耕种，并向当地的戎、狄和其他种族学习。经过几代的努力，他们逐渐变得越来越强大，后向东入关中地区，铸就了甘肃作为中华文明最重要起源的辉煌历史。

4. 天人合一的生态观

在黄河文化的发展中，天、地、人道完美地结合在一起，由此产生了时间，地点和人的思想（即天时地利人和）。古代祖先的“择水而居”的生活习惯，是黄河成为古代文化发源地的根本原因。中华民族得到了这种自然的礼物，它反映了山川河流，并与日月共存了很长时间。黄河在黄土高原上汹涌澎，勤劳而勇敢的祖先在这片广阔的土地上工作和生活，创造了灿烂的古代文化。这里到处都体现了因地制宜、天人合一的自然和谐相处的理念。

（三）甘肃农耕文化特色

1. 甘肃是中国旱作农业的重要源头

甘肃是中国旱作农业的重要起源地，是东亚、西亚农业文明的交流和扩散区。

甘肃新石器时代早期出土的炭化黍（烧焦黄米）标本与希腊最早发现的类似标本相似，将中国北方旱作的起源向前推了1000年，也通过研究表明在北方种植的最早的粮食品种是黍（黄米）。这是7000年前的事情。马家窑文化遗址发现了5000年前的我国位置最西的稻作遗迹，并出土了4500年前后种植的粟、黍、小麦、燕麦、水稻、大豆、青稞、荞麦等农作物。这种作物组合囊括了东亚与西亚两个农业起源中心的重要类型，表明甘肃是中国最早的农作物多样化的典型区域。大地湾早期遗址不仅有我国最早饲养家鸡的遗存，还有猪、狗、牛、羊和马骨的出土。

2. 多种文化融合的农耕文化

黄土高原、青藏高原和蒙古高原都在甘肃的领土范围内。甘肃有十多个少数民族，回族与汉族混合生活，农牧交错，共同繁荣的格局。所有这些都为甘肃乃至西北地区农业文明的可持续发展和基本格局提供了支持。

甘肃农耕文化源是华夏文明最基础、最根本、最重要的组成部分，正是由于甘肃的农耕文明才造就了璀璨的华夏文明和丝绸文明。《资治通鉴》中记载“天下称富庶者无如陇右”，丝绸之路最精彩的部分就在甘肃。换一种说法来介绍甘肃可以说：丝绸之路商旅如织，河陇地区沃野千里；中西交流始经于斯，农耕文化起源于斯；政坛文坛风云一时，胜景胜迹不胜枚举。

（四）甘肃黄河农耕文化的表现形式和内容

1. 太平鼓——农耕文化的律动

中国人民自古以来就钟情于鼓文化，鼓与农耕文化有着密不可分的关系。兰州太平鼓作为一种传统的鼓舞方式，反映了陇原大地农业文明的节奏。物质生产是民俗的本源之一，它是人类最基本的生产，舍此则不能顾及其他。但是，要征服自然，发展物质生产，求得生活上的温饱又谈何容易。俗语说："民以食为天"，"食"作为一种物质民俗，当其不能够满足人们的基本需要时，民众自然会利用另一种形式来表达自身的愿望，这恰恰在物质民俗与精神民俗之间架起了一道桥梁。兰州位于大西北，兰州地区的皋兰、永登等地都是典型的农业耕作地区。西北地区气候较为恶劣，一年四季干旱缺水、风沙大，夏季酷热难耐，干燥少雨，这种气候环境加上相对较为贫瘠的黄土地并不十分有利于农作物的生长。人们渴望丰收，祈求风调雨顺，兰州太平鼓正是在这种心态的驱使下，得以不断地传承和发展的。兰州太平鼓一般开始于农历春节，到正月十五达到最高峰并结束，其组织形式及活动的时间都是与农业生产的季节性相适应的，其舞蹈形式的激越及有节奏的律动，正反映出农民对来年收成的期冀。以农耕形式为主要生存方式的民众，对其生存所最为关注的问题，莫过于庄稼的长势和收成的好坏以及与之密切联系的气候状况。这样，兰州太平鼓作为一种心理寄托的乘载物，逐渐承担起了理想催化剂的作用。

2. 打场

甘肃省平凉地区与庆阳地区一起都是陇东的核心地区，是中国古代农耕文明的重要发源地之一。早在周先祖时期，这一代就是"北豳"的核心所覆盖的区域。早在《诗经·豳风·七月》中，就有"九月筑场圃，十月纳禾稼。黍稷重穋，禾麻菽麦""九月肃霜，十月涤场"等农耕习俗。而这些农耕习俗，至今仍保留在农村民间。所谓"九月筑场圃，十月纳禾稼"，也正与静宁县一代农村时令密切吻合。这里的九月，是周历，相当于公历的七月，也正是平凉地区夏粮收获的季节。在收获农作物的过程中，需要前前后后进行一系列的准备性工作和相应的后续工作。这个时期，农户家家首先开始准备整饬"麦场"，也就是盛放和打理庄稼的场圃。在农作物（以小麦为主）即将收获的前夕，家家户户需要对自家的麦场进行整饬、修缮，使之结实耐用、平整光滑，这也就是所谓"筑场圃"。然后，当农作物收成时，农民将农作物从田间运回麦田，堆放起来，然后整齐地堆放。这也被称为"纳禾稼"。过段时间，农民们挑选一到三四天晴朗明媚的好天气，将庄稼平摊在麦场，先进行暴晒。然后将干燥的庄稼在麦场进行"打场"，即将庄稼用连枷进行打理，将庄稼的粒子打脱下来。正所谓"一夜连枷响到明"，这也是静宁县农村的一道亮丽风景。

3. 兰州水车

兰州水车，作为中华文明的古老的发明和文化，水车在一定程度上代表了黄河农耕的文明时代，是哪个时代的象征，更是古老的中华民族的智慧结晶。兰州的水车制造技术最近进入了第一批国家非物质文化遗产保护目录，使古老的兰州水车栩栩如生。它的历史悠久，外观奇特。它起源于明代，是兰州古代黄河沿岸最古老的灌溉工具。兰州水车也被称为"天车""灌车""翻车"以及"老虎车"。

兰州水车是利用黄河自然影响的水利设施。水车轮辐的直径为16.5米。辐条的末端装有刮板，在刮板之间是等距倾斜悬挂的矩形水桶。水车矗立在黄河两岸，并在旺季期间使用天然水促进旋转；在干旱季节，围堰用于引水和集水，并且通过堰之间的小通道，河水自身的流量增加了水量。当水流自然地推动轮叶时，它推动水车旋转，水桶向河里注满水，将水提起约20米，然后转向顶空后倒入木槽中，它不断流入花园以利于灌溉。这种水利设施由水车旋转，自动为农田灌溉增水，是一种古老的“自来水工程”。

四、宁夏

（一）宁夏黄河文化发展——河湟文化区

黄河从兰州的下方沿着黄土高原的西北边缘，流经的宁夏平原位于黄河中上游两侧是汹涌的山峰，进入宁夏，越过黑山峡谷和青铜峡。黄河在鄂尔多斯台地的阻隔下，从青铜峡流出后向北，形成了宁夏平原和河套平原的南北地理构架，孕育了宁夏的农业文明文化。无论是“塞上江南”，还是“天下黄河富宁夏”，都对宁夏黄河的文明产生了高度的赞誉和赞誉。

1. 宁夏黄河文化的历史悠久

考古研究发现，距今约三四万年前至公元前3980年，宁夏就有了史前人类活动和生活的踪迹。旧石器文化遗址，包括距今约2万至3万年前黄河东岸的水洞沟旧石器时代遗址，是中国境内极为重要的旧石器文化遗址，同样也是中国目前来最早被发掘的旧石器时代遗址之一。中石器文化遗址有青铜峡蒋顶乡鸽子山遗址，是宁夏境内仅有的一处中石器代表性文化，也是我国少有的几处属于转型期的石器时代重要遗址之一，新石器文化遗址，除了海原菜园村文化遗址以外，沿着黄河流域还有暖泉新石器文化遗址以及中卫市——碗泉遗址等。所有这些表明，宁夏的黄河流域也是中华文明发祥地之一。在秦代，秦渠于黄河东岸诞生了，汉代成为著名的灌溉区，北魏黄河水利得以恢复，隋唐灌溉地区蓬勃发展，宁夏平原已经是一个美丽而富饶的绿洲。在西夏、汉唐时期得到了发展和利用，自那时以来，农业生产有力地支持了西夏政治的延续。元、明、清时期，黄河水利大规模的开发和利用，一片繁荣昌盛的景象。

2. 宁夏黄河文化内容丰富，形式多样

宁夏黄河文化内容丰富可以从两方面来说，一是各种文化遗迹遗存较多。据不完全统计，目前，被确定为全国重点文物保护单位有37处，被确定为自治区重点文物保护单位有137处。包括史前人类文化遗址水洞和古代游牧民族生活的岩画，地面建筑如长城遗迹、寺庙和海宝塔、承天寺塔、拜寺口双塔等为代表的各种佛塔；灌溉古渠如汉延、唐徕；古代最具代表的墓葬是以兵沟汉墓、西夏王陵。还有大量涉及宁夏和直接记述宁夏的文献典籍。例如，宁夏保存至今的中华人民共和国成立前的地方志书共计有33种。三是非物质文化遗产。包括语言、口头文学、美术、音乐、戏剧、书法、舞蹈、曲艺和杂技，医药和历法、传统技艺，节庆、传统礼仪等民俗，游艺和传统体育

等。宁夏黄河流域独特的地理位置和自然条件，自古便是各族人民比较理想的家园，他们通过勤劳的双手创造物质文化的同时，也传承和创造了内涵丰富、包罗万象、特色鲜明的非物质文化。据普查统计，宁夏地域之上确认有各种非物质文化遗产资源2968项。其中，有18个国家级非遗代表性项目，11位入选国家级非遗传承人，176人入选自治区级非遗传承人，68个自治区级非遗代表性项目。

（二）宁夏黄河文化主要特征

1. 具有全域性

宁夏回族自治区总面积6.64万平方千米，全区近90%的水资源来自黄河，黄河在宁夏境内流程397千米。所有河流、湖泊的水都最终汇入黄河。发源于六盘山的黄河支流清水河纵贯南部山地和中部丘陵区，北部宁夏平原是黄河两岸的带状冲积平原，引黄灌溉地理条件得天独厚，自古享有“塞上江南”的美誉，也是当代的十大“新天府”。

2. 孕育时间早，延续时间长

水洞沟遗址的发现表明4万年前，黄河岸边已有古人类生息繁衍；鸽子山遗址率先发现我国细石器时代房屋建筑遗迹，揭示出1万年前贺兰山下已有先民长期居住，并对植物类食物加工驯化，从而萌生了原始农业，使这里成为黄河文明最早的发祥地之一。

3. 具有多元性

宁夏黄河流域是不同文化，特别是农耕文化与游牧文化交流碰撞之地。作为我们的远古祖先活动的一处场所，包括贺兰山在内的黄河两岸的广大地区，曾是北方游牧民族的牧场。到战国时期，秦国首次设立行政建制，黄河农业文明开始形成。也是众多少数民族繁衍生息之地，一些少数民族以此地为过渡地带，进而入居中原。宋代，以宁夏为中心的党项族所建立的西夏国建立近200年，留下了大量的文化遗产。在这样一个各民族交错杂处、相互交流、相互碰撞的复杂过程中，各民族的文化既得以传承与弘扬，又得到创新与改造，从而促进了民族融合同化与文化的融通，增强了彼此关系和相互认同，产生了以黄河农业文明为基础的多元文化和亚文化，如移民文化、边塞文化、长城文化和红色文化等。

4. 农业经济与长城互为依托

秦代大将蒙恬率领的戍边将士开启了宁夏屯垦戍边历史，此后历朝历代皆循此法。宁夏的灌溉农业区基本处于长城的西、北、东三面环绕之中，为农耕经济的繁荣兴盛，也为戍边将士提供了可靠的粮食和物质保证。宁夏遗存可见长城墙体1038千米，辅助设施1225个，历经战国、秦汉、隋、宋、明等历史时期，素有“中国长城博物馆”的美誉。

5. 具有包容性

黄河文化兼容并蓄，表现了一种博采众长、多元文化融会贯通的特性。宁夏曾是北朝隋唐时丝绸之路东段北道的交通要冲，南部的原州（今固原市）和北部的灵州（今吴忠市）是丝绸之路文明交流互鉴的重要节点。固原北周李贤墓、固原南郊唐墓、吴忠隋唐墓、盐池窨子梁唐墓出土的鎏金银壶、玻璃碗和石刻胡旋舞墓门等文物，彰显出黄河文化巨大的包容性，即求同存异和兼收并蓄。同时，人口的迁徙流动，不断地为黄河文化注入鲜活的要素，使宁夏黄河文化的内涵富有开放性和包容性。

（三）宁夏农耕文化特色

对宁夏黄河流域来说，农耕文化是主流和基础。先民的智慧创造了丰厚的农耕文化，从早期的农作物栽培、生产工具的不断改进到生产技术的时代传承无不体现。其中最有说服力的是宁夏平原的引黄灌溉。历代开凿的秦渠、汉渠、汉延渠、唐徕渠等14条古渠千秋流淌，惠泽至今，造就了一片丰饶充盈的土地，在唐代即有“贺兰山下果园成，塞北江南旧有名”之美誉，素有“千里黄河唯富一套”之说。2017年10月，宁夏引黄古灌区正式列入世界灌溉工程遗产名录，成为黄河干流上首个世界灌溉工程遗产。

（四）宁夏黄河农耕文化的表现形式和内容

1. 农业生产实践经验和农业发展理念

传统农耕最显著的特点是发掘土地生产潜力，提高土壤有效生产率。在千百年的农业劳动实践中，宁夏各族群众积累了在不同自然气候条件和不同土壤环境下如何进行有效耕作的农业生产经验。各地农民群众在不同水资源条件下，对不同土壤种植不同农耕作物有着十分清楚的认识。为了提高土地生产力，宁夏各族群众还用歌谣和民谚的形式总结了二十四节气对农业生产的指导。在卫宁平原灌区流行的“两年旱作，一年稻作，三年为一轮作周期”的“稻旱三段轮作制”对“改土培肥”具有良好效果。宁夏中南部山区干旱缺水，种植业以旱作农业为主。“抗旱耕作、蓄水保墒”是旱农作业的基础。长期以来，当地农民创造了“耕翻纳雨蓄水”“耙耱镇压保墒”等抗旱耕作经验。

2. 以乡规民约为约束的乡村礼仪

在黄河流域宁夏段流传着诸如祭河神、民间祭山、游九曲等具有浓郁地方特色的民俗活动，反映了当地乡土社会的观念与信仰，表达了人们趋避灾祸、乞求平安的情感诉求，折射出人们法天敬人的思想。传承千年的乡村礼仪与村民的价值观念有着极大的契合度，以德服人和以和为贵的处世之风，对于维持乡村有序发展具有重要作用。随着乡村振兴在宁夏全区的实施，乡村礼仪制度被重新提起，如何融入传统乡规民约和乡村礼仪，推动社会主义核心价值观落细落小落实，使村民在思想上更好地与现代社会生活相融合，将是当前政府和社会共同关注和研究的焦点问题。

3. 以精耕细作为核心的传统耕作体系

人们对中国传统农业精华的高度概括，即珍惜土地，用养结合，集约经营。这主要指的是由种植制度、耕作技术和田间管理技术等构成的综合技术体系。在种植制度方面，经过长期的实践探索，水资源较为匮乏的宁夏中南部山区自汉代开始，经魏、晋、南北朝，逐渐形成了以耕、耙、耱、压、锄为主的整套旱地农业生产耕作制度，包括撂荒耕作、轮荒耕作制等；水资源相对丰富的银川平原则形成了稻旱轮作、间作套种和多熟种植为主的种植制度；一些地区在土地连种制基础上实行了轮作倒茬、轮作复种等多样的灵活耕作方式。同时，人们还创造了许多合理有效的生产耕作技术，包括作物品种穗选、作物虫害防治、植物嫁接、畜禽杂交等技术。此外，宁夏引黄灌区还形成了以稻田养殖为代表的土地综合种养技术，就是将传统的种植业和水产养殖业有机结合起来，利用水稻种植和水产养殖互为生态链的原理，使种植系统利用水产养殖中的营养，水产养殖利用稻田种植系统的水源，在保证水稻产量的前提下，实现“一地两用，一地双收”的农业生态模式。在田间管理技术方面，人们一贯坚持用养结合的方式利用耕地资源，遵循因地制宜的原则，发展出了平翻耕法、保墒耕法、深松少耕法、砂田耕法、轮作耕法、水平沟耕作法和垄沟耕作法等田间管理制度。

4. 生态种养

传统农业种植中，人们已经总结了很多抵御各种生物灾害和自然灾害的办法和措施。在防治生物灾害方面，也发明了生物防治和物理防治等技术。以虫鸟治虫是生物防治技术的典型代表。例如，在中宁枸杞种植系统中，当地农民利用人工饲养瓢虫和寄生蜂的方法来防治蚜虫对枸杞的侵害。在宁夏引黄灌区实施的稻田综合种养技术，就充分利用了生物防治技术。在这一复合生态系统中，水稻为水产养殖物提供庇荫和有机食物，鱼、蟹、虾、泥鳅和鸭（雁）等水产养殖则发挥为水稻耕田除草、松土增肥、提供氧气、吞食害虫等功能，在一定程度上减少对农药、化肥等外部化学物质的依赖，形成了一个绿色健康的营养循环体系。在物理防治技术方面，人们发明了人工扑打、饵诱、除虫器械等技术措施。譬如，在花果苗木栽培过程中，人们用煮过烟叶的水来喷淋苗木，用来防止蚜虫的产生和繁殖；在果树地里栽种蓖麻，引诱害虫集中到蓖麻上，然后将蓖麻拔除集中烧毁，以防止虫害。

五、内蒙古

（一）内蒙古黄河文化发展——河湟文化区

黄河内蒙古段干流呈“几”字形大弯曲，全长843.5千米，从宁夏的石嘴山入境至鄂尔多斯市准格尔旗马栅乡出境。包头市地处“几”字形的北端。黄河自西向东从巴彦淖尔市乌拉特前旗池家圪堵进入九原区哈业胡同镇打不素村，经市区由土右旗将军尧镇八里湾村流向呼和浩特托克托县，境内河道总长220千米。

内蒙古文化中的“黄河文化”主要是“黄河上游文化”，万里黄河从青海源头到内蒙古呼和浩特托县河口为“上游”。黄河在内蒙古超千里，主要位于“上游地区”。内蒙古的黄河上游文化包括乌海文化、阿拉善盟文化、巴彦淖尔文化、鄂尔多斯文化、包头文化与呼和浩特文化，核心文化是有3万多年历史的“河套文化”。从1992年至1997年期间陆续出土的早期人类化石看，河套人属于晚期智人，其许多特征与北京猿人接近，河套人应在丁村人之后，在峙峪人和山顶洞人之前。先秦以来，河套地区就是国家戍边卫国的军事重地。

匈奴崛起、汉代的兴衰与宋、元、辽、金王朝的战争都与肥沃的河套冲积平原和美丽的巴彦淖尔有关。犹豫这里生存优势祖先来自四面八方，蒙古族和其他少数民族在这个多民族，多元文化融合地和谐生活，形成了一种特殊的河套文化，包含大量珍贵的历史文化遗迹，多种文化有机地融合在一起。

河套文化是黄河文化自身产生、发展、复杂演化和传承的漫长过程。河套文化是北部草原主流文化的重要组成部分之一。在黄河文化中，河套文化既是源头又是流域。即河套文化是草原文化本质的传承，它又不同于内蒙古东部的红山文化和科尔沁文化等其他蒙古文化。它有自己独特的发展趋势，并在其继承中吸收了深厚的移民文化的滋养。黄河文化源于旧石器时代晚期和古代少数族裔的繁荣，是秦、汉、明、清四朝的军事殖民地，并延续到新文明的现代和当代文化体系，这是一个完整的区域文化体系。

（二）内蒙古黄河文化主要特征

1. 具有明显的时代印记

黄河文化历经多个时间阶段，作为特定历史时期产生的文化现象，其文化积淀与传承不是封闭的、由上一代文化简单机械地传递的过程，而是不断创造、超越的过程，无不打着时代的烙印。内蒙古黄河文化也是一定时期历史的见证和文明成果的活化石，具有明显的时代特征。它以不同的时代印记展示了特定历史时期的文化创新与文明成果，表现了内蒙古黄河文化发展不同阶段的标识和特定的文化类型所透射出的时代风貌与精神，呈现出自己清晰的发展轨迹和时代特性。

2. 与草原文明的形成发展具有同步性

内蒙古黄河文化的生命力来源于内蒙古历史文明，和草原文化相互融合。它的发展传承与草原文化一脉相承，深受所处时代的社会结构、环境改变以及本身存在形态的塑造。由于草原文化较之于农耕文化具有较大的流动性，内蒙古黄河文化的发展也因此获得了源源不断的生机与活力，具有更明显的主动性和创造性。各民族在广袤草原上不断繁衍发展中，因共同或相似的生产生活方式创造了以游牧文化为显著特征的黄河文化，内蒙古也因此成为传承草原文化的核心地区，即典型的草原文化区域。内蒙古黄河文化就是在草原地理环境中孕育、发展的。它以草原为生存土壤，以口传心授的形式传承了悠久的草原文明，展现着以游牧文化为主要特征的自然风貌，与内地以农耕为基础的非物质文化遗产截然有异。

3. 多元的创造主体

内蒙古黄河文化是一个地区特定民族在长期的生产、生活实践中创造并世代传承的，代表着各民族的文化身份，都有着不可替代的文化传统。鬼方、匈奴、突厥诸族、乌桓、契丹、鲜卑、蒙古族、汉族、鄂温克族、达斡尔族、满族、鄂伦春族等诸多民族都曾在此栖息生活，民族众多是内蒙古人文历史的突出特征。这种文化特征不仅造就了多民族融和共处的格局，也决定了文化创造主体的多元化，从而使内蒙古黄河文化具有一定的特殊性。即它是北方草原民族共同创造的，不是单独一个族群独立创造和传承的，有别于中原地区的黄河文化，展示着别样的民族特性。

（三）内蒙古农耕文化特色

1. 引黄灌溉

黄河“几”字弯及周边流域都被称为河套，在此一带，虽然降水量稀少，但土壤肥沃，地势平坦。秦汉时代起，这里的先民就开凿沟渠，引黄河水灌溉，农业十分发达，民谚“黄河百害，唯富一套”一说即是此因。巴彦淖尔平原所在地正是这一套中的“后套”，形成了鲜明独特的河套农耕文化。

2. 移民杂居融合、农牧并兴

当激烈的战争让位于和平，当不可调和的兵戈让位于友好平等的“和亲”时，这里就成了农耕文明繁荣发展的温床，催生融合的乐园，推动着原有生息的恢复繁荣。当草原生态好转的时候，原来为战而来的军队和移民与当地人民就成了开发的主要力量。环境改善了，物产丰富了，信使、商贾、交流来了，草原游牧文明与黄河农耕文明享受融合在一起的快乐。从东周时，赵武灵王把赵国版图扩到阴山山脉，设立云中郡，这意味着河套种植业已经初步形成。秦始皇统一六国，再次把匈奴赶过阴山，迁入河套3万户，并设云中、九原两郡（在今包头市西），可见当时农业经济发展的范围还是很广的。汉代在此设朔方郡并多次移民大修水利，兴建一些渠道等灌溉工程，现还有遗址保存。魏、晋南北朝时，游牧民族迁来，复为牧区。唐代又转为农区。西夏和北宋对峙，契丹人向西扩展，在此设立丰州（在今呼和浩特市东郊）农牧并兴。自元代以后，明、清废州，恢复畜牧。清朝后期，陕、晋各地部分居民迁入河套，大量开垦农田，在黄河两岸，经营种植业。当前，内蒙古引牧入农，引农入牧，农牧结合，已成为河套地区经济建设的一条产业化道路。推动河套文明进步的强大动力是产业互动的创造，推动着河套从农业文明走向工业文明。依托1000多万亩膏腴沃壤，河套儿女酿造出驰名全国的河套老窖、河套密瓜、河套苹果梨、葵花、枸杞、小麦等特产。

（四）内蒙古黄河农耕文化的表现形式和内容

1. 注重二十四节气

在靠天吃饭的原始社会农业生产，对自然界的依赖更强，温度、日照、干湿度、季风、四季更替等自然因素，都会对农业产生重要的影响。内蒙古多地干旱，古人们在农业生产实践中，依据农作物种植与季节变化的关系，科学地总结出一套农业生产规律，并以谚语的形式表达出来，成为指导农业生产的金科定律，也是古人在几千年漫长的历史岁月中从事农业生产的智慧结晶。内蒙古地区二十四节气文化内容十分丰富，它不仅仅用于农牧业生产，而且还涉及民俗诸多领域，它不仅是中华八千年农业生产经验的总结，也是黄河农耕文化精华所在，可谓中华农业文明的集大成者。

2. 多样的民族民俗文化

民族民间书画蛮汉调、河套二人台、剪纸、爬山调、舞蹈、音乐、民俗风情等，都是构成黄河多样性农耕文化的重要内容。

六、陕西

（一）陕西黄河文化发展——三秦文化区

被称为“天然历史博物馆”的陕西的文化资源质量高，库存量大，种类繁多，文物极为丰富。100万件（组）各种文物分布在陕西160个博物馆内。文物的密度，数量和水平都位于该国的前列，还有古代帝王陵墓就有70多个。浏览这里您可以看到古城遗址、宫殿遗址、古庙宇、古建筑、古墓等。例如，被称为“世界第八大奇迹”的秦始皇兵马俑；女皇武则天与丈夫唐高宗李治的共同葬礼墓；著名的佛教寺庙法门寺；中国最大、保存最完好的古城垣西安城墙；西安碑林博物馆；中国最大的石图书馆；等等。全省博物馆陈列着西周时期的青铜器、汉代的石刻、唐代的金银器、宋代的瓷器和古碑刻等闪耀着令人眼花缭乱的历史光环。除这些有形文化遗产之外，陕西的地域文化中还有许多与众不同的非物质文化遗产。如陕北民歌、秦腔、华县皮影、安塞腰鼓等51项被列入国家非物质文化遗产保护名录，充分体现了陕西悠久而丰富的非物质文化遗产。

（二）陕西黄河文化主要特征

1. 历史悠久，文化灿烂

最早且最完整的猿人头盖骨化石在陕西被发现了。约一百万年前，蓝田猿人生活在这片土地上，并开始制造和使用一些原始工具来狩猎和收集果实。陕西乃是中华民族古代文明的重要发源地之一。具有20万年历史的“大荔人”头骨化石在中国和东亚人类早期进化研究中起着非常重要的作用，他们讲述了从蓝田人的历史空白，这对科学家们研究汾渭谷的早期人类活动提供了重要线索。在三四万年前，关中地区的原始人逐渐进入公社化期。半坡遗址是6000年前母系氏族公社繁荣时期社会生活的真实写照。

在陕西留下重要的遗迹和影响的是华胥文化、炎黄文化。国内外华人把黄帝和炎帝视为中华民族的祖先，这是中国的五千年文明。炎帝的故乡在陕西宝鸡市，中华民族的第一位人类祖先轩辕黄帝陵墓位于陕西黄陵县。之后，西安成为中国古代王朝的代表，因此成为中华民族的象征和精神家园。

2. 民族文化的主流地位

陕西是我国朝代数最多，历史悠久的省份，它的文化博大精深，是民族文化的主流，它为中华文明的建立和发展做出了杰出的贡献，具有非地域性特征。

公元前11世纪，西周时期周武王灭商并在陕西建立了第一个国家政治中心，从那时起，秦、西汉、新莽、东汉、西晋、前赵、前秦、后秦、大夏、西魏、北周、隋、唐等13个王朝先后在陕西建立了都城，超过1100年。此外，刘玄、赤眉、黄巢和李自成还进行了四次农民起义，在这里建立了长达11年的政权。陕西独特的都城文化和帝陵文化因此形成，中华文明与外来文明继续碰撞、融合与发展。

道教、佛教、儒家思想等都能在这里生根开花，陕西为中华民族创造了辉煌的历史文明，留下了丰富、宝贵的文化。

3. 周秦汉唐文明引领全国

西周以来，陕西进入了历史发展的新时期。陕西关中一个古老部落周族人民以周原为政治中心，便有了笔录。将卜辞和占卜有关的记录刻在骨头碎片和青铜器上，目前发现甲骨文字超过2200个。最早从事草种和小麦种植的人是陕西关中周人的祖先，直到西周末年，关中地区的农业生产有了新的发展，并扩展播种到其他地区。周文化给我们留下了很多制度和文化，周人的宗法制度、分封制度、制礼和音乐对中国文化的形成和发展都具有非常重要的影响。

秦文化包括两个部分：秦国和秦王朝。秦文化博大精悍，开拓进取，它制定的秦阿房宫、秦始皇陵、秦都咸阳、秦长城等一系列系统仍在影响着我们。

汉朝是中国第一个封建鼎盛时期，其文化反映了独特的“大汉气象”。汉代文化表现出统一性、多样性、包容性、和谐性和创造力的特征，使中国传统文化具有“广泛兼容”的特征。它不仅可以坚持当地文化的传统，而且可以不断吸收其他民族的优秀文化，充实自己，以儒家为核心，形成统一的封建文化。

唐代同样是中国封建社会发展的鼎盛时期，唐朝的文化在当时处于世界非常先进的超前水平，也是中国历史上历代王朝中罕见的开放式王朝，可以说是典型的多元文化共存的王朝。统治者可以实施开放，包容和兼容并蓄的外交政策。唐代首府长安，是当时世界上人口最多、最繁荣、最文明的城市，受到了世界人民的向往。大唐文化影响了全球的文化领域，它不仅影响了亚洲文明的发展以及国家经济和文化的繁荣，而且促进了西方和世界文明的进步。累积了中国封建社会一千多年的成就后，经历了一系列的政治、经济、思想和文化变革，实现了政治文明，文化昌盛，经济繁荣，交通发达和强大的国家实力，使它呈现出多样化的景象。唐代文化是中华民族物质文明和精神文明发展的重要阶段，它不仅造就了中国封建文化的顶峰，而且达到了当时世界文化的顶峰。

4. 前期的开放进取与后期的闭塞保守反差巨大

2000多年前，长安与许多国家进行了政治和经济往来，陕西是中国最早对外开放的地区之一。

“丝绸之路”汉代始于古代长安，以长安为中心与南亚、西亚和欧洲的国家进行政治、经济和文化交流。唐代的丝绸之路更为通畅和活跃。

在周、秦、汉、唐时期，由于其强大的国力和坚实的基础，他们都实行了对外开放，文化开拓和进取的政策。他们善于吸收和利用外国文化，因此他们自己的文化在交流和融合中不断发展，显示多种文化的共存。

然而，在宋代及以后，陕西失去了其作为国家政治中心的地位。陆上的丝绸之路被海上丝绸之路所取代，工商业不如东南沿海地区发达。

在周、秦、汉、唐时期，由于其强大的国力和坚实的基础，他们都实行了对外开放、文化开拓和进取的政策。他们善于吸收和利用外来文化，因此使自己的文化在交流和融合中不断发展，形成了多种文化的共存。

然而，在宋代及以后，陕西失去了其作为国家政治中心的地位。陆地的丝绸之路被海上丝绸之路取代，导致东南沿海地区的工商业更加发达。而且陕西长期作为中国政治中心，对生态环境和资源造成了很大的破坏，也影响了以后陕西的发展，导致陕西文化的开放进取性减弱，从而出现闭塞保守的文化现象。

5. 多民族的汇融性文化

自商周以来，白狄、鬼方、匈奴、卢水胡、林胡、稽胡、鲜卑、氐、獫狁、突厥、女真、蒙古、党项、羌、满等少数民族先后以胜利者的姿态踏上了陕北的历史舞台，表演了历史戏剧，成为汉族和其他少数民族融合与交流的“绳结区域”，逐渐形成以秦汉文化为主体，兼有北方游牧文化的独特文化。秦汉以前，陕北一直是畜牧业地区，自西汉以后成为半农半牧区，农牧业大量发展。直到隋唐以前，陕北南部边界的黄龙山仍然是农业与半农半牧区之间的自然界线。宋代以后，这种情况逐渐改变。从陕北的地名可以看到古代民族的地理分布以及各个民族之间的盛大文化交流与融合，陕西已成为历史上多民族文化融合的地区。

（三）陕西农耕文化特色

人文始祖黄帝5000前就在陕西开创了中华文明，炎帝发明了耕作技术、找到了“五谷”，被尊称为“神农”；黄帝玄孙后稷在陕西创造了灿烂的农耕文化“树艺五谷，教民稼穑”，被誉为中国农业的始祖。

黄土高原北部的土壤疏松而稠密，向北行驶时气候变得干燥。这种条件使经济发展可以同时发展农业和畜牧业。南部以农业为主，北部以畜牧业为主。关中盆地由渭河冲积形成了八百里秦川。平原土壤肥沃，灌溉方便，气候温暖潮湿，这是发展农业的极好场所。

（四）陕西黄河农耕文化的表现形式和内容

1. 民俗文化

富而独特的陕西的民俗文化丰，主要表现在方言悠久的历史，精巧的剪纸技术，精湛的泥塑技巧，欢快奔放的腰鼓，刚柔转换的民歌，博大精深的皮影戏以及社火独特的魅力。陕西丰厚的历史底蕴孕育着丰富多彩的奇特民俗文化，如陕西方言、皮影戏、腰鼓、泥塑、民歌、刺绣、社火、面花、剪纸等，都奠定了是中华民族文化的发扬地之一。

2. 饮食文化

陕西省位于中国的腹地，连接黄河和长江。它是中华民族的发祥地之一，也是中国饮食文化的重要发祥地。这不仅是黄土高原的广阔地带，而且还有鱼米之乡的美，其产品丰富，人杰地灵，悠久的烹饪历史和出色的就餐风格。陕西的许多菜肴都保留了十多个王朝的遗产，例如周、秦、汉和唐等。还有美不胜收的小吃，都非常好吃。借助历史悠久的古都，陕西的小吃可以收集全国各地小吃的精髓，结合各民族稀有美食的风味，汇集国内外知名的饮品和食品，并探索其技巧，继承了过去的宫殿小吃。因此，它以种类繁多、颜色奇特、民族特色浓郁、当地风味不同和古韵魅力而闻名。以牛肉和羊肉泡馍，腌制的腊肉已经凉皮等为代表的陕西风味小吃在中国及海内外广为人知。

七、山西

（一）山西黄河文化发展——三晋文化

黄河流域是中华民族祖先早期最主要的活动地域，在中华民族和中华文明形成过程中发挥着关键的凝聚作用。旧石器时期的陕西蓝田猿人、山西襄汾丁村早期智人沿黄河逐水而居，新石器时代黄河上游的马家窑文化、中游的仰韶文化、下游的大汶口文化交相辉映，成为中国早期文化形态的主要诞生地。黄河流域进入文明社会后的夏、商、周“三代”开启了古代黄金时代，从春秋战国到秦汉王朝，黄河流域经历了秦文化、三晋文化、齐鲁文化等多元并立和多元一体的文化融合发展，形成了黄河文化的完整体系。黄河像一条纽带，在漫长历史岁月中，串联起华夏大地上不同民族和文化。黄河文化作为主体文化不断吸收北方少数民族文化，使游牧文化与先进农业文明得以融合，并向江淮流域和珠江流域持续输出，最终形成了以黄河文化为核心、多元文化融为一体的文化体系——中华文明。

黄河中游以山西为核心，三面被内蒙古、陕西和河南围绕，是黄河整个“几”形的核心部分。这支带钩的神奇笔将黄土高原分开，在其东部形成了一个相对独立的山西高原，已经成为中国最重要的地理边界之一。“几”的一竖：从北部的山西老牛湾到南部的山西芮城的风陵渡，北部是陕西峡谷，南部是黄土峡谷。一“几”的一钩：从西部的芮城风陵渡，经过三门峡，东至河南省孟津的垣曲和小浪底东南角的蒲章。

（二）山西黄河文化主要特征

黄河是中华民族的母亲河，甚至是山西人民的母亲河，都在养育着这片土地。黄河陶染了三晋文化，具有开放、务实、创新的特点。①开放性：晋文公是春秋时期的五霸之一，被迫流浪了很长时间，游历了许多国家和地区，并广泛接触了华夏和夷狄文化。在他登基之后，它们相互融合并形成了三晋文化的基础。②务实：就思想和方法而言，它意味着从事实中寻求真理。就政治观念而言，这意味着关心人民的生活和苦难，这意味着民族思想，以人为本。务实精神可以说是三晋文化的精髓。③创新：只有不断创新，才能不断取得进步。

黄河的山西段长965千米，流经4个城市和19个县，流域面积占全省的62.2%。黄河从山西偏关县的老牛湾入晋。据记载，老牛湾是黄河文明的发祥地之一，属于新石器时代的仰韶文化。娘娘滩位于山西省河曲县以北的黄河河道，它是黄河中唯一有人居住的岛屿，绵延数千里，享有“黄河第一岛”的美誉。碛口古镇位于山西临县南端，是古代重要的军事枢纽。从明清至民国，黄河水运使它成为中国北方的主要商业重地，是晋商发祥地之一，享有“九曲黄河第一镇”之美誉。世界上最大的黄色瀑布山西壶口瀑布位于临汾市吉县城西部，黄河从这里的300米宽缩小到50米，河流直下，骇浪滚滚。被称为“不观壶口大瀑布，难识黄河真面目”的美誉。风陵渡位于山西省运城市芮城县西南端，黄河向东拐角处。自古以来，它一直是黄河上最大的渡口之一。

（三）山西农耕文化特色

“华夏文明看山西”。山西有着悠久的农耕文明发展，嫘祖养蚕、后稷教农的起源，粟文化甚至成为北方旱作物的起源中心。在华夏文明的历史长河中，早在七千年前，谷子已经在山西得到种植，并且随着朝代的更替，到了西周，山西的农业作物种类十分丰富。山西还蕴藏着丰富的历史，民俗和神话。从古代到春秋时期，今天的华北平原一直在黄河中下游自由流动，自北向南摇摆，频繁的引水改道、泛滥，积聚了黄土高原的肥沃土壤，形成了大面积的黄土平原，为旱作提供了广阔而肥沃的土地，为黄河文明的诞生和黄河文化的传承奠定了坚实的物质基础。

山西处于中原农业文化与北方游牧文化的交汇处。山西的中部和北部就在这一文化边界上，通常被称为农业和畜牧业的边缘地区。农牧业边缘地区的社会文化体系不仅包含农牧业文化的主要内涵，而且深刻反映了农牧业关系发展的历史特征，具体表现为在三个方面。

1. 农耕文化构架了边缘地带文化体系的主干

农耕文明的进步不仅是土地使用方法的替代和地域性的进步，而且是更广泛的相关农业技术体系，农业制度体系，乃至整个农业文化体系的移植。这导致了整个农业社会体系的立体式综合发展。

2. 充满了草原游牧文化的生机

从农牧业关系总体发展的角度看，游牧社会一直处于被动退缩状态。但是从另一个角度看，这种退缩并不意味着文化停滞或衰落。实际上，游牧文化也在缓慢的历史进程中不断积累和完善，并逐渐达到了辉煌的水平。

3. 提供了民族融合、文化交融的绝佳舞台

在农牧业的长期对抗与交流中，民族交流与融合联系在一起，边缘地带是提供了最重要的历史舞台。因此，与之相适应的边缘地区的社会和文化内涵也应包括多种民族文化的融合和汇聚。

山西的农耕文化源远流长，地理环境丰富，地理优势得天独厚，具有包容性的开放精神，包罗万象的河流在各个朝代都有重要地位。山西农耕文化的光辉取决于山西农业本身的特点，与中国的农耕文化保持一致。

（四）山西黄河农耕文化的表现形式和内容

黄河文化是一个内涵丰富，博大精深的概念。它是黄河流域地理空间和人文空间中人们生活方式、社会制度、风俗习惯、宗教信仰和审美感受的全面融合。涉及社会生活各个方面的多层次，多维文化共同体，是中华文明的重要组成部分。就山西而言，是黄河文化孕育了山西文化，使山西成为中华文明的发祥地之一。受纬度和地带性的影响，黄河自北向南沿山西与陕西边界流过后，由于南北之间地理环境差异较大，影响了该地区的各种文化特征，成为陕西西部地区独特的农耕文化，商业文化，革命精神和军事政治文化，衍生出独特的民间文化形式。其中，农业文化是人类在农耕生产实践中创造的物质财富和精神财富的总和。

1. 择水而居

农耕文化的出现与人类“择水而居”的生活习惯息息相关。山西位于黄河中下游，气候温和，四个季节不同，黄土土壤松散，促进耕种，它是古代最适合人类居住的地区之一。

2. 黄河农耕文化遗址

在黄河水的滋润下，人类早在180万年前就已在这片土地上繁衍生息。黄河沿岸及其文化影响地区仍然有大量遗址，并以黄河农耕文化为印记，如万荣县后土祠等。当时农耕文化的最好见证就是丁村和陶寺遗址。

3. 民居建筑

在晋西北的黄河两岸，黄土高原上有典型的窑洞，洞穴住宅建在悬崖上，并随着形状的变化而变化，别致的层窑叠院。在晋西南，具有最具代表性的晋商文化庭院。

4. 农耕文化礼仪和习俗

尽管保留的季节性节日、耕作礼节、神话和谚语等耕作文化礼节和习俗的内容略有不同，但它们显示的是一脉相承的特征。沿岸几乎每个村庄都保留着看社火、观灯会、赶庙会的风俗习惯。

八、河南

（一）河南黄河文化发展——中原文化

中华民族的母亲河——黄河，孕育了五千年的中原灿烂文化。黄河历史的变迁，造就了华北平原广阔、平坦、肥沃的土地，为中华民族农业发展、经济繁荣提供了便利条件。华夏文明之光在河南黄河流域放射出最为耀眼的辉煌，产生了著名的仰韶文化，孕育了灿烂的商周文化。

1. 自夏商起

河南沿黄地区经济发达，在华夏文明史中，河南作为全国政治、经济、文化中心长达2000多年，先后有20多个朝代建都或迁都于此，在整个中国发展史上占据着十分重要的地位，素有“得中原者得天下”的美誉。

2. 自西汉到中华人民共和国成立前

该阶段的两千多年间，黄河共决口1500多次，其中河南占三分之二，大改道26次，有20次在河南，曾给两岸人民带来了深重的灾难。从大禹治水的远古时代开始，各个朝代对黄河洪水的治理都进行了持续的探索。“黄河宁，天下平”已成为当地人民的梦想。

黄河流域河南段，是历史渊源最悠久、文化积淀最深厚、精神涵养最丰富的地区。作为华夏文明发源地的河南，富集着黄河文明的历史遗存、文化景观，蕴含着黄河文明的内容精髓、思想精华，在革故鼎新中推动着黄河文明的进步与发展。几千年来，中原文化一直引领和促进了黄河文明。殷墟的发现使中国的文字历史向前发展了1000多年；偃师二里头遗址被誉为“最早的中国”。现今100个大姓中，有70多个姓发源于或有一支发源于河南，“老家河南”已叫响全球。黄河文化中的河南元素熠熠生辉，就像历史考古学界共识的那样，正是由于中原文化这个花心的不断绽放，才让黄河文明这个重瓣之花越开越美。

（二）河南黄河文化主要特征

河南是中华文化圣地，这里是由若干个圣文化所组成的。如洛阳为中华文化圣城，黄河河南段为中华文化圣河，嵩山为中华文化圣山。河南的黄河文化主要呈现以下特点。

1. 地貌景观的特殊性

河南段的地貌景观，包括了峡谷河道、过渡性河道、宽浅型河道以及悬河，其类型的齐全在其他省区的黄河中是极为少见的。黄河河南部分还有人民胜利渠渠首、黄河第一个大型综合水利工程三门峡水利枢纽工程和黄河小浪底水利枢纽工程。黄河南段还有以桃花峪黄河大桥为代表的黄河中下游分界线，以及荥阳孤柏渡南水北调穿黄工程。

2. 支津文化的代表性

支津文化包括伊洛河与黄河所构成的河洛文化，沁河与河内文化，济水与河济文化，以及淮河和黄淮文，这些支津文化极大地丰富了黄河文化的内容，使黄河文化更加鲜明，内容更多特色。

3. 历代治河的关键性

从公元前602—1938年共2540年间，黄河泛滥次数1500余次，其中大的黄河改道26次，最为严重的是5次，黄河决口的重要地点，分别是郑州附近、濮阳内黄附近和开封兰考附近，所以这里是历代黄河泛滥最为严重的地方。历代治黄也集中在这个地区，如西汉的“瓠子决河”、东汉王景治河的“荥口石门”、唐代滑州治河、宋代埽工的发明、元代的贾鲁治河、明代刘大夏的“太行堤”、潘季驯的“束水攻沙”理论的实践等。

4. 中心地位的特殊性

洛阳是中国古代首都的轴线中心，从长安到洛阳再到开封。河南在中国八座古都中占据四个席位。伏羲建都葬在淮阳，颛顼帝喾葬在内黄，黄帝的建都在新郑，中华人文祖先聚集在中原。炎黄与各个族群的融合，夏商周华夏族与戎狄的融合，中古少数民族的内迁与魏孝文帝的汉化改革，反映中原是民族融合的大熔炉。

（三）河南农耕文化特色

迄今为止，人类社会经历了从捕鱼、狩猎和采集到农业文明再到工业文明的演变。三个历程中，农业文明起了承上启下、继往开来的作用，是“人化自然”进程的起点。中原农耕文化作为华夏农业之根、中华文化之根，具有源远流长、一脉相承、海纳百川、兼收并蓄和博大精深、泽被深远的特点。

1. 源远流长，一脉相承

在八九千年前的河南裴李岗文化中发现和出土了许多农业生产工具和谷物加工工具。在大约6000年前的河南省仰韶文化中，出现了大规模的定居村庄和畜牧业，农业已经进入了耜耕（或锄耕）阶段。西周以前，中原的农业种植已经以黍与粟（即黄米和小米）为主。从春秋到汉代，中原的农作物被称为“五谷”和“九谷”。因此，中原人民也被称为“粮食之民”。当时，他们还饲养了“六种动物”（马、牛、绵羊、猪、狗、鸡），桑和蚕，蔬菜和油料，打柴和捕鱼，并从事农副产品的加工。特别是农桑并重的生产结构，成了中国传统小农经济的基本特征。在4000多年前的龙山文化时期，中原的农业已经从锄耕阶段过渡到耕作阶段。在公元前21世纪，中原农业和农耕技术的发展也进入了一个新时代，慢慢进入了文明社会。在从夏季到春季和秋季的过渡时期，中原农业已进入沟渠灌溉和排水的农业时代。

2. 海纳百川，兼收并蓄

中原的农耕文化长期以来一直占据核心地位和主导地位，在发展过程中不断吸收其他地区的有益文化。大豆是从东北引进的，水稻是从南方传入的，中原地区的面食方法也来自西部的少数民族地区。从中亚西亚地区传入的作物或蔬菜品种有小麦、胡麻、胡桃、胡瓜、胡椒等。到明清时，国外的红薯、烟草、棉花、玉米、花生等也在中原地区种植，极大地丰富了农作物种类，提高了粮食产量。

3. 博大精深，泽被深远

在小农经济生产方式和家族宗法政治制度的基础上，中华民族形成了“天人合一、以人为本、贵和尚中、刚健有为”的文化精神，形成了“修己安人、重义轻利、内圣外王”的文化价值系统和“尊道贵德”的伦理哲学。

（四）河南黄河农耕文化的表现形式和内容

1. 河南民间剪纸艺术历史悠久

在辉县固围村战国遗址中出土的银箔镂空刻花便是最早的剪纸艺术雏形，宋代剪纸已在民间相当流行，还出现了以此为生的剪纸艺人。河南民间剪纸表现的主要题材是以农耕文化为主的民俗活动。

2. 淮阳泥泥狗（河南淮阳太昊陵泥塑）

该区域的泥泥狗造型简单而怪诞，具有黑色背景和彩色图案，鲜艳的色彩以及可以吹的口哨声。它们作为祖先崇拜和生殖崇拜的象征，对于“民俗学”和“人类学”具有重大的历史研究价值。

3. 牲口节（七月十五）

“牲口节”也称“鬼节”（阴历七月十五日）同时也是我国传统的中元节。这一天有许多纪念耕牛的活动。在豫北林县等地，七月十五这天，家家都要蒸羊羔形的白面馍，中午蒸熟后供奉在案桌上，然后燃放鞭炮，庆贺槽头兴旺。凡有大牲口的农家，这天都要停止使役一天，把供奉后的羊羔馍送给大牲口吃，也有给牲口喂豆等精饲料的，以显示牲口节与平时不同。到了晚上，他们还会煮一锅米汤供牲口饮。有一首民歌说：“打一千，骂一万，七月十五喝顿小米饭。”

九、山东

（一）山东黄河文化发展——齐鲁文化

在黄河中下游平坦广袤的土地上，历史上多次改道的黄河，其流经区域整体呈现以海南孟津为顶点，北至天津，南达江苏的扇面。在此风扇上，有一个非常完整的区域，称为齐鲁乐园。

在黄河文明发展的历史上，周秦汉时期黄河文明的“重心”称得上是具有特殊地位的齐鲁文化。汉朝两千多年后，齐鲁文化以“圣地”的民族文化氛围成为民族文化认同和维护的象征。以河洛为中心的晋南、豫西、陕西渭水下游一带和黄河下游的南岸，以山东泰山的南北为中心是黄河文明的两个主要区域。齐鲁地区在当时黄河文明发展中的地位因为它是炎黄氏族文化传承与融合的核心地区之一。

1. 周秦两汉时期

黄河文明发展迅速，同时齐鲁文化也形成并慢慢成熟。齐鲁文化形成儒学并得到发展，诸子百家的兴起，秦汉统一帝国的建立以及汉代经济的繁荣做出了独特的贡献。最早在先秦时期，其实齐鲁文化只是一种地域文化到了后来秦汉时期，在政治统一的背景下，齐鲁文化才真正成为中国传统文化中的主导文化。

2. 魏晋南北朝时期

黄河流域的动荡和隔离，齐鲁地区的学者向南迁移，北方的大量少数民族迁入。在此基础上，基于齐鲁文化，少数民族文化和黄河文化交流与融合以及外来文化继承了大汉文化的传统，开辟了繁荣的唐朝，在中国文化发展史上发挥了重要作用。

3. 隋唐五代时期

齐鲁地区的士族文化繁荣起来，形成了一种世代相传的文化格局，每个人都树立了自己的风格，并以儒家思想传入家庭。因此，这一时期的齐鲁文化仍然以儒家文化为中心，并通过儒家文化与黄河流域的其他区域文化做了非常广泛的交流和融合。此外，随着佛、宗、道教的盛行，在山东的各个文化领域产生了巨大的影响。

4. 宋元时期

在动荡的宋元时期，齐鲁文化不断创新发展。以泰山学派为代表的新儒学如雨后春笋般涌现。儒家、佛家、道家三大学派蓬勃发展并相互融合。以济南二安为代表的婉约学派和豪放派已成为宋代最重要的流派，在元曲和元杂剧的创作中，山东作家也留下了许多杰作。同时，山东在农业、医药、天文和日历计算、陶瓷、炼铁、纺织和机械制造等方面均取得了令人称赞的成就。

5. 明清时期

明清时期是齐鲁文化的巩固时期。由于政治的统一下，齐鲁文化逐渐淡化了地域色彩，但其基本精神和主要内容在哲学、艺术、经典、文学、历史、技术、宗教、教育、民俗等方面都是正确的。因此这对黄河流域的其他文化也具有深远的影响。

6. 鸦片战争至中华人民共和国成立

鸦片战争到中华人民共和国成立时期是黄河文明和齐鲁文化的过渡时期。两者在过渡过程中遇到的挫折和挑战非常相似。经过2000多年的封建思想文化发展，山东地区受到外国殖民文化的入侵和现代新文化的洗礼，使古代齐鲁文化在这一时期发生了根本变化。

（二）山东黄河文化主要特征

作为山东省最重要的客水水源的黄河，经由河南省兰考县流入山东境内，途径9市（菏泽、济宁、聊城、泰安、济南、滨州、德州、淄博、东营）、25县（市、区），最终从垦利县汇入渤海，河道总长628千米，流域1.83万平方千米。地形地貌上，山东黄河沿岸主要是黄河泛滥冲击而成的平原，并构成了华北平原的一部分。以黄河为分界线平原向南为淮河流域、向北为海河流域，地形东南方向微倾斜，坡降平缓。土壤条件方面，山东黄河两岸土地大致可以分为两类，第一类包括济宁、泰安、聊城、德州、济南、淄博市等7市，该类周边主要分布着潮土，为黄河沉沙和淤积物，地下水为淡水，矿化度较底，基本无土壤盐渍化问题，仅部分段落有盐渍化问题。第二类主要是潮盐土或盐化潮土，主要分布于典型滨海盐渍土分布区内的滨州和东营二市，地下水具有较高矿化度的特点，盐化侵蚀较为严重。气候特征方面，位于暖温带大陆性季风气候带上的山东，具有季风气候显著、四季分明、气温年内差大、特色鲜明等特征。黄河河道年均引水约70亿立方米。奔流不息的黄河经由山东入海，在这片广阔的大地创造了丰富多元的齐鲁文化。

黄河文化源远流长，先秦时有着繁盛的齐国文化，秦汉至清末又是各种文化交融发展，近现代时逐渐成熟，在黄河三角洲形成新的博海文化。总起来看，齐鲁黄河文化，有着务实性、抗争性、多元性特点，具有兼容和谐的群体主义精神，不畏艰险、英勇顽强的抗争精神，忠勇无畏的爱国精神，宽厚忠孝的仁爱精神和勤奋节俭、灵活务实的创业精神。而今为了提升黄河的文化内涵，山东省推动了地方文化与其融合共进，衍生了运河–黄河文化、黄河三角洲文化、泉城–黄河水文化等特色文化。例如，水生态文明建设到黄河滨州段时，政府就结合滨州的特色文化，创造并推广了道旭黄河古渡口文化点、白龙湾小白龙文化点；同滨州市检察院合作，建立了廉政文化教育基地。

（三）山东农耕文化特色

以泰山为分界，黄河由此东流入海，形成了鲁西北冲积平原。良好的山河环境，形成了优越的自然环境和地理条件，促进了区域文化和文明的发展，并使其成为最为发达的区域之一。文明时代来临后，凭借着黄河带来的肥沃泥土、水利资源等得天独厚的自然条件，齐鲁大地成为古代中国最发达的农业经济发展区域之一。然而另一面，山东人的生活也频繁地受到黄河下游改道的影响。

黄河流经的山东沿黄9地市都是平原地形，以耕地、林地、城镇居民用地、工矿用地、水域和其他用地为主要用地性质，也是山东省农业的主产区和全国粮经作物的重点产区。水资源总量及人均占有量均严重不足，属于严重缺水地区。山东沿黄地区不仅矿藏资源丰富，还有丰富的石油、地热、煤炭等资源，其中石油更是成为胜利油田和中原油田的主产区。

（四）山东黄河农耕文化的表现形式和内容

山东黄河沿岸的民间手艺异常优秀丰富，如剪纸、年画、泥塑、刺绣、印染、编结等。沿黄一带是重要的棉产区，所以盛行棉纺、织布，在这些自制衣物中，最能体现当地人与大河息息相关的情怀的就是“紫花布”。这种布做出来衣服穿在身上，因为与泥土同色，而不怕风沙污染，深受当地居民的喜爱。另外，滨城、利津、博兴、广饶等地简洁明快、粗犷豪放、喜庆吉利的民间剪纸名扬海内外；博兴做工精巧、造型新颖的草编、柳编工艺品已远销海内外；惠民河南张的造型质朴、寓意吉祥的泥娃娃（扳不倒）也有相当广泛的影响。黄河流域民间工艺大多历史悠久，传承着浓厚的古风意蕴。

第五节　山西省与黄河文化的联系与渊源

山西之南，即黄河的东北岸，曾是黄帝、尧帝、舜帝、禹帝时期的政治活动中心。如果黄河是中华民族的摇篮，那么这里就是最早期的摇篮了。黄河为何能够成为中华民族发祥的摇篮？这是因为，祖先将政治、经济、文化的中心建立在了古代生态环境特别好的黄河流域，这里气候适宜、水源不断、林草丰茂、资源丰盛。我们可以从远古、近古以及现代的许多资料来说明这一点。

一、山西省新旧石器时期的大量遗存是黄河文化的曙光

中华文明的曙光有着山西新旧石器遗存的部分力量，距今也已经180万年。山西旧石器文化遗存近400处，这些遗迹的发掘和发现，对研究人类的起源具有重要价值。旧石器早期遗址全国发现了200处，山西有157处，山西芮城西侯度人类活动遗址中，有大量人类祖先用火的记载，黄河岸边发现了被烧过的动物化石和鹿角化石和多处炭末堆积的痕迹，标志着人类最早的用火地。襄汾丁村遗址的发现标志着人类体质上进入了新的阶段，阳高许家窑遗址距今约十万年是中国旧石器时期石球最多的遗址。山西旧石器晚期遗址更广，内容更加丰富，距今27500～30000年的朔州峙峪文化，有大量的石制品和各类动物的牙齿和用火痕迹，同时还发现了石镞。石镞的发现表明了从峙峪人开始已经在使用弓箭了，这也是中国弓箭最早的使用发现。

在山西的上千处的遗址中大量的发现了石制的生产工具、陶制的生活用具和居住址、陶窑，表明了其黄河流域新石器文化中心的地位。研究成果表明，大约在距今4500年前后，山西南部已经成为当时诸多邦国的中心，相当于古史的尧舜时代。

二、山西省的夏文化是黄河文明起源的中心区

华夏文明起源的中心就在山西。“尧都平阳，舜都蒲坂，禹都安邑”等古史记载，也说明了最早中华民族的英雄儿女们就是在汾河的下游创造了历史，进行了建都。山西南部在上古虞舜时代时，史书中就以“中国”一词相称。中国文明从本土发生开始至今，在山西地区的传承和发展从未间断，从尧舜禹到夏商周。促进对早期夏文化认识与研究的襄汾陶寺遗址，在世界范围内，展示了中华大地早在夏早期已经或正在形成具有国家形态的礼乐制度和阶级差别，也展现了当时山西地区的璀璨华夏文明。

三、三晋时期是黄河文化发展的重要环节

周成王在西周初年时对诸侯进行分封，叔虞受封唐地。唐叔虞之后，他的儿子燮父继位，改国

号为晋，“晋国”的历史从此开始。从叔虞封唐到秦国统一天下的800余年，晋人的活动范围不断扩展，在封唐到秦国一统天下的这800多年间，从最初河、汾之东的“方百里”发展到拥有全部的山西、大半的河南和河北及部分的内蒙古、陕西的广阔范围。出土于太原发现的晋国赵卿墓之中的大镬鼎，直径和高度均超过1米，是我国发现的春秋鼎中最大的。镬鼎的发现展现了在诸侯国中生产力最强大、经济实力最雄厚的晋国实力。同时人工冶铁也是最早出现在山西，而且最早使用铁器的诸侯国家就是晋国。

战国初年，代表新兴政治势力的韩、赵、魏三国，在三晋大地上演了李悝变法、西门豹治邺、张仪纵横天下、赵武灵王胡服骑射以及围魏救赵、长平之战等一幕幕精彩纷呈、声势浩大的历史正剧，直接影响了中国历史的发展进程。

四、秦汉以来山西省见证了黄河流域的文化融合

汉武帝时，汉军开始与匈奴人展开大规模的军事对抗，以后则逐渐实行以和亲、通商为主的安抚政策，鼓励匈奴人到山西北部定居，民族矛盾渐趋缓和。两晋时期，民族融合的规模再次升级。历史上的山西曾有多个民族建立过政权，如两晋时的汉和赵国是匈奴人的政权，北魏的拓跋氏政权为鲜卑人所建，五代时期的后唐、后晋、后汉则是沙陀等少数民族以山西地区为根基的政权。此后的千余年间，山西在民族大融合方面始终发挥着巨大作用。

宋、金、元以来，民族融合使山西地区成为中国戏曲的故乡，也是古代中国优秀商人的渊薮。出土于稷山、侯马、新绛等地的宋金砖墓中的戏剧舞台及模型，也在一定程度上证明了山西戏曲起源的地位。今日，山西仍保存了中国最多的古戏台，足有2888座。其中全国仅存的8座元代戏台和具有代表性的广胜寺元代戏剧壁画，都反映出戏曲在山西地区的流行与繁盛。

在明清时期的五个多世纪里，山西商人从盐业起步，发展到棉、布、粮、油、茶、药材、皮毛、金融等各个行业，并把商贸活动由故里扩展到全国各地，甚至远及今天的蒙古国、俄罗斯、朝鲜、日本等国。晋商的魄力之大、足迹之远、财富之巨，让世人认同了“无西不成商”的历史事实。

山西地区的历史演进，联系贯通了黄河文化的发展史，国保单位530处，居全国第一。因此，山西的黄河文化发源地和中心区的地位无可动摇。

第六节　运城市在黄河流域的重要地位

运城位于山西西南部。北接吕梁山、临汾，东临中条山，毗邻晋城，黄河在西、南两面蜿蜒而过，隔河西望陕西渭南，南渡河南三门峡。华夏民族重要发祥地之一的运城地区包含了运城盆地和黄河中游总共13968平方千米的区域。

一、运城市是黄河流域最早的人类活动区域之一

区域的古人类活动能最远追溯到更新世早期。谷类炭化物中的黍稷及壳皮发现于万荣县荆村新石器时代文化遗址之中，证明了四五千年前的河东先民已经掌握了高粱的种植技术，也开开启了中国栽培高粱的历史；出土于夏县西阴仰韶文化遗址的蚕茧化石，为河东先民在原始社会时就已经掌握养蚕技术提供了证据；而人类最早使用火的时期证明也是西侯度出土的烧骨所证实。传说中的黄帝之母女娲氏也是生活在现今的荣县的宝井乡，其在古代典籍中称为“汾阴脽上”。

黄帝与蚩尤“战于鸣条”，“杀蚩尤于中冀，蚩尤股体身首异处，而其血化为囱，则瀡之盐池也”“瀡之盐池”亦称“解池”，即今运城盐池。相传后稷在稷山教民稼穑，“邑以稷山名，以后稷始播百谷于兹也”，稷山县因此得名。解梁、解州亦由此而得名，帝尧禅位于舜，《孟子》记载：“舜生于诸冯，迁于负夏，耕于历山，渔于雷泽，卒于鸣条”。诸冯、负夏、历山、雷泽等地都位于现在垣曲县范围内；鸣条就是指今天喜县、夏县、运城市境内的鸣条岗；运城市舜帝陵恰位于紧靠峨嵋岭的大小嶷山之阳。《史记·帝本纪》(集解)注云：“舜都蒲坂”。蒲坂是现在今永济市的旧称。史载舜好音乐，尝弹五弦之琴，歌《南风》之诗。既在运城盐池周围有名曰《南风》的民谣传唱，又在池神庙有舜弹琴之处的“琴台”遗迹。大禹治水，凿龙门。开三门、导黄河之水东流入海，天下之民始得安定，后“践天于位于安邑”；龙门、三门分别在今之河津市、平陆县境内；禹都安邑即今夏县境内的禹王城遗址。安邑之名则由“民安居乐业于邑”而来。大禹之子启建立了中国奴隶制社会第一个王朝一夏，仍定都于此，夏县之名便由此而得。

二、运城市是黄河文化发展的核心区

在璀璨广阔的中华文化海洋中，运城市发挥着其“宝岛”的重要的作用。当华夏文明进入有文字记载的殷商时期，第十一代王高宗武丁举傅说为相。使商王朝得以中兴，为史家所称道。这位贤相便是今平陆县人，他不仅在治国方略上显示出卓越的才能，而且发明的“版筑术”在中国建筑发展史上占有开先河的地位。到了春秋战国时期，诸侯称霸，战乱不已，人民饱受兵燹之苦。时汾阴人张仪入秦为相，提出“远交近攻”的军事外交策略，游说诸侯，为兼并六国，建立统一的秦王朝立下汗马之功，成为叱咤风云的历史人物。

著有世界文化宝库经典传世之作、影响后世千百年名作《荀子》的荀况(今新绛县人)，也是同时代的著名思想家、教育家。西晋时期，官至“司空”的著名地图学家裴秀(今闻喜县人)，总结前人制图经验，提出了“制图六体”，最早将比例尺、方位、距离、地貌标高等技术用于地图的绘制，在世界地图史上占有重要位置，成为世界古代地图文上东西相辉映的两颗明星之一，另一颗则由古希腊天文学、地图学家托勒密所制。他所绘制的《禹贡地域图》《地形方丈图》为中国历史

地图的珍贵文献。

隋、唐与两宋，是中国封建社会得到充分发展的时期。优秀的英贤在此时的河东大地上不断涌现。生于隋绛州龙门（今属万荣县）的王通，19岁便怀着“济生之心”西游长安，向隋文帝进《太平十二策》，提出“尊王道，推霸略，稽古验今，以安天下”的治国方略而饮誉海内。后在故乡设教授徒，唐初的贤臣名将魏徵、李靖、薛收、房玄龄、杜如晦等皆出其门下：其中有名动一时的文学大家王通弟王绩、孙王勃等。还有有着“初唐四杰”之首尊称的王勃，其“海内存知己，天涯若比邻”“落霞与孤鹜齐飞，秋水共长天一色”的佳句更是千古隽永，脍炙人口，为后人叹为观止。唐代的历史因了诗歌的璀璨格外辉煌，而根生于河东大地的诗人、文豪更是灿若繁星。王维、卢纶、聂夷中、司空图、耿讳（均为今永济市人）等，他们一首首令人拍案叫绝的作品使唐代的诗坛异彩纷呈。唐王朝的式微并不意味着文学艺术的衰落，“安史之乱”后的中唐时期，被后来列为唐宋八大家之一的文学巨匠柳宗元振臂而出，在与韩愈积极倡导古文运动的同时，写出了许多千古不朽的佳作，他所著的《柳河东集》，在中国文学史上永远荡漾着自强不息的革新精神。宋代，陕州夏县（今夏县）人、著名政治家、史学家司马光主持编撰了《资治通鉴》。这部不朽的编年体巨著，不仅为尔后历代统治者视为治世宝鉴，而且被后世学者视为政治历史学研究的经典。元人杂剧在中国文学史上具有与唐诗宋词相当地位，其中元曲首席作家关汉卿便是河东解州人，即现今运城市人。他一生创作了66部杂剧。包含了在国戏剧史上占据独特地位的《窦娥冤》《望江亭》《单刀会》等久演不衰的剧目。

河东市的教育事业在这时已相当发达，其中三晋望族裴氏、王氏、薛氏、柳氏就是以教育治家、兴家和名臣累世而达到的门庭显赫。史称“将相接武，公侯一门”的闻喜县裴氏也有着巨大的影响力。尊师重教，蔚然成风，书院林立，学者云集。明代著名理学家、教育家薛瑄，为官刚正不阿，廉洁，爱民，致仕后回乡设教授徒，创立“文清书院”，形成“河东学派”’“秦楚吴越未学者救百人”，文章道德，蜚声海内。仅有清一代，进士及第者达367人。

几千年来，许多名留青史的政治家、思想家、文学艺术家、教育家、历史学家以及众多威震华夏的勇武战将都不断地在这片土地上涌现。战国时河东稷（今稷山县）人廉颇，骁勇善战，公而忘私，顾全大局，“将相和”的故事成为千古美谈。唐代大将军、绛州龙门（今河津市）人薛仁贵，高宗时期率军战胜九姓突厥于天山，威名远播边陲；其于平阳郡公、左卫大将军薛讷镇守边疆，战功显赫，特别是东汉名将关羽（今运城市人），忠肝义胆可昭日月，英武盖世威震华夏，与儒家始祖孔于被后世尊为文武二圣，祭祀庙宇遍布神州、远及海外，其精神品格为全球炎黄子孙世代崇敬。

三、运城市是二十四节气的发源地

2006年5月20日，国务院批准了中国农业博物馆关于“农历二十四节气”列入第一批国家级非物质文化遗产名录的申请。此外，联合国世界“非遗”名录也有“中国农历二十四节气”的一席之地。反映天气、气候变化、指导农事活动的二十四节气的制定，在衣食住行等方面影响着千家万户，也是我国重要的宝贵遗产，蕴含了祖先千百年的实践与智慧。

羲和创造了二十四节气，《尚书·尧典》：“乃命羲和，钦若昊天，历象日月星辰，敬授人时。”据《辞海》《史记》等记载，结合遗存遗迹、考古发现，羲仲、羲叔、和仲、和叔都是上古尧帝时期掌管天文历法的官吏。当年虞唐尧王派羲仲、羲叔、和仲、和叔四人，分别住在东南西北四方，观察星象变化、鸟兽羽毛更换及昼夜长短等物候现象，由此确定了仲春、仲夏、仲秋、仲冬等时令，由此指导民众根据物候变化安排农事。农历二十四节气中的春分、夏至、秋分、冬至最早由羲和观天制历确定。这是对中国古代历法和农耕文明的创造，是我国古代农耕文明的最大发现和贡献之一。

羲和当年便在运城稷山一带生活。唐代《元和郡县志》载，“羲和墓，在县东北70里（注：1里=500米）”。另据《稷山县志》记载：唐尧时创制历法的羲仲、羲叔、和仲、和叔四位大臣，死后即葬在东庄村北一带。那里有四大陵墓，墓前有羲和庙。

由此可以判断羲和当年生活在稷山，目前稷山大部分位于万荣县，二十四节气起源于运城万荣是有据可依的。

夕阳映照下的万荣农田

（供图：王春喜）

第四章

黄河文化与后土文化的密切联系

第一节　黄河文化围绕“土地”展开

万荣境内有中国母亲河——黄河，以及山西母亲河——汾河，此处地理位置唯一，独特，湿地环境丰富辽阔，土地沟壑奇异多姿。黄河进入万荣地区渐渐恢复了不羁的性格，河水开始随着泥沙的沉积而逐年变迁，河道的多变，滩地也变得左右不定，也许今年是左岸的人在种，来年便奇迹般地移到了黄河的右岸，也印证着这里的人们“三十年河东，三十年河西”的感叹。由于黄河特有的水质，含沙量高；河床因四季水量的不同而不断发生变化；河沙淤积，当淤积发生到一定程度时发生改道，这些特殊性在大河经历的百万余年中，逐渐淤积形成了黄河滩地。

一、黄河文化的土地情结和“根祖”理念

（一）黄河文化立足于黄土

我们的母亲河——黄河就发源于黄土地之上。她给予了黄河丰盈的血液，为我们民族打上了“黄色”烙印，以黄土地丰腴的胸脯哺育着我们这个黄皮肤的民族。

一万年以前，我们的祖先还只知道从母亲河的母亲的胸膛上直接攫取食物，捕获山林的野兽，捞取溪流的鱼蚌，采集树林草丛的野果秋实。距今大约8000年以前，人们才知道了怎样将自己的汗水滴入肥美的黄土地，培育起绿色的禾苗，以自己的劳动创造出养活自己食物。

距今8000年左右，黄河两岸出现了最早的农业。我国原始农业文化逐渐从

磁山、裴李岗等地传播、扩散于大河上下，形成了我国最早的也是最主要的一个农业区。

自此，黄河人对土地的依赖和崇拜成为必然，既感恩于土地的馈赠，又感激于土地的补养。

（二）黄河文化与后土文化的渊源——最早的平治水土

黄河水，河东盐，养育了远古中国，肇始了华夏文明。黄河夹秦晋两省南流，出龙门而始宽。至后土祠畔水流舒缓如镜，如母亲般温柔平和，历史上曾多次出现海晏河清荣光幂河之盛景。山西母亲河汾河，在此汇入黄河。两河交汇处，形成一个天然的方泽坛（汾阴脽），东瞻峨嵋，西望秦雍，北邻禹凿龙门之圣地，南接潼关蒲州之重镇。汾阴脽自轩辕氏扫地祀地祇，二帝（尧舜）八元有司，三王方泽岁举，汉唐宋帝王致祭，其逐渐成为华夏民族探究人与水土关系的天然坛场。

（三）黄河文化中后土文化的演变——“社”

“后土为社”的说法记载于《左传》之中，其中“社”字表达了人们敬仰土地的情感。而目前学术界已发现社字的几种古文写法。“社”字的左边均为“示”，而右边则有三种，分别从上至下为“水”“田”；“水”“土”；“木”“土”。其“水田”“水土”“木土”都代表了自然生命滋生与生长于大地的意义。

二、黄河文化的重要载体——黄河湿地

“土”的文化是黄河文化的来源基础。世界最初的农业，河滩农业应该是发祥地之一。洪水过后滩地成一片平川，肥沃、不缺水、没有杂草、播下种子就有收获。来年洪水再来，又是同样的肥美平川呈现在眼前。这样的条件，只有河流两岸方才具备，而黄河这样善于携沙带土的大河更是把滩地创造得完美无缺。得天独厚的条件，成就了中华民族最早的农人，使他们较早地脱离了忍饥挨饿的生活，得以把农业生产的技术向河滩以外的地方扩展与传播，并且也有了创造农业生产之外的物质与精神文明的可能，从而使一条河成了中华民族的母亲河。万荣黄河区段，由于春、夏季流量很大，形成很宽的河道，而秋、冬季流量小，在河道两边形成了大面积滩地、湿地，四季更换，潮起潮落，湿地与滩地在农作物与水面中交替变换着，形成了独特的湿地景观。

黄河岸边

（供图：李克荣）

第二节 后土文化在黄河文化中的地位

一、“社稷”文化起源于后土文化

用于指代上古时代国家的社稷，就是古代帝王和诸侯所祭祀的土神与谷神。夏以前尊后土为祀。商汤灭夏后以弃（周之始祖）代柱而祀。故《白虎通·社稷》称：“王者所以有社稷何？为天下求福报功。人非土不立，非谷不食。土地广博，不可遍敬也；五谷众多，不可一一祭也。故封土立社，示有土尊；稷，五谷之长，故立稷而祭之也。”

社，别称后土，也指土地神。中国祭后土历史悠久，从西周时期就开始了。到西汉，在武帝之前只祭天不祭地。武帝元鼎元年（公元前116年），定汾阴脽上（今山西万荣县）祭后土，并建后土祠，这是有史记载的中国最早的后土庙，迄今2100多年仍香火不断。万荣不仅是古代帝王最早祭后土的地方，而且民间奉祀后土的风气极盛，差不多村村都有土地庙，户户每逢过年都要供奉土地神（俗称土地爷）。这种习惯，至今仍在广大农村中延续着。

稷，是谷神，又称五谷神。先是炎帝及其子“农”为谷神，夏商之后，周人的始祖后稷（名“弃”）教民稼穑于稷王山，后稷便成了中国民间祭祀的谷神的继任者。

不管是后土还是谷神，山西万荣都有许多美好的传说和文化遗迹，至今民间的许多习俗都与后土和谷神有关。后土和谷神与山西万荣有着千丝万缕的联系，他们的根脉就在万荣。

首先，中国祭祀后土虽然早在西周即开始，但真正作为“国祭”和民间普遍素祀后土，则始于西汉。在汾阴祭后土是当时汉武帝最先的选择。选择汾阴（今山西万荣）一是这里是汾水和黄河的交汇处，曾出土西周铜鼎，是吉祥之兆；二是这里有符合祭后土的“泽中方丘”的地理条件；三是后土文化在河东地区具有浓郁的文化氛围。山西河东地区也就成为中国祭祀后土的初始地。

其次，作为中国最早教民种五谷的炎帝兴起于山西万荣地区，而中国最早的“田正”（农官）正是炎帝的儿子“农”，同时他也是中国最早稷神（谷神）。山西不仅是中国祭祀后土的发源地也是祭稷神的起源地。

第三，由于后稷教民稼穑于稷山，所以稷神的继任者，周人先祖周弃，其生母姜原也可能是稷王山一带人，这更与山万荣有剪不断的渊源关系。

综上，从中国文化多元论的角度进行理论分析，可得社稷文化的主要发祥地包含山西万荣。

二、兴起于黄河流域的大地崇拜——后土文化

黄河是中华民族的母亲河。黄河流域，尤其是黄河流域中下游的古三晋地区，历来被视为中华民族的发祥地之一。这一地位当然与它所处的地理环境和自然地貌有着密不可分的关系。在原始社会先民们在从事各种生产时，由于生产水平极为低下，完全依赖于自然条件的优劣，于是出现了自然崇拜。而土生万物而不取，孕育万物而不弃，承载万物而不怨。大地崇拜是全世界各个民族共有的传统文化。《圣经》传说，上帝用泥土造出人类的始祖亚当。在希腊，大地崇拜早在迈锡尼时代就已存在，大地之神盖亚，是众神之母。著名的德尔斐神庙最初曾是她的祭殿。印度有一句古谚语，赤脚踩在大地上，所有的病痛都会消失。对于远古祖先土地崇拜的历史证明有现存的万荣后土祠及其前身轩辕黄帝建的“扫地坛”。

三、后土文化是黄河文化中最早的“根源”文化

如果从轩辕黄帝“扫地为坛”算起，至今已有5000多年的历史了，如果从汉武帝修“后土祠”第一次祭礼算起，至今也有2000多年历史：在如此漫长的岁月里，曾有9位帝王亲临后土祠，而且无论是皇家还是民间都怀着无限虔诚和崇敬的心情对后土圣母顶礼膜拜，这与任何地区的祭祀活动相比都可堪称世界之最。从这个意义上讲，后土祠无疑是中国最古老的祠庙之一。

春秋化序，风风雨雨，兴衰更替起起落落。万荣县后土祠是中华民族最初的故里，是炎黄子孙最古的“源”，最早的“泉”，最深的“根”，最大的“本”，它承载着灿烂的黄河文明博大的根祖文化，是维系海内外华人伟大的精神支柱，也是历史文化长盛不衰的不竭之源。

四、后土文化代表的土地文化是黄河文化的核心

土地是黄河文明的内核。而后土文化的形成就是这种具有区域特性的农耕文明的体现。土地是农耕文明的根本，也是当时中国政治权利的根本。土地是无法移动的财富，所以传统中国农民对于土地的依赖形成了中国传统文化中安土重迁的观念。对于土地的重视和依赖，使中国地区成为政治的中心，同时也是土地成为政治核心的根本，祭祀皇天后土也成了政权合法性的来源。换言之，中国的文化正统性，不是由地域决定的，而是由文化决定的，也就是农耕文明的核心文化内涵决定的，获得了土地所赋予的合法性才有政权上的合法性。所以，有学者曾认为，“中国文化早期的夷夏之分也只与地域相关，即使边疆民族占据中原，如其生产方式转为农耕，依旧会获得政治上的正当性”。

就思想文化而言，黄河流域的农耕文明与土地紧密相连，所以后土信仰所具有的文化内涵成为人类社会和自然世界的核心价值。人们的自然观以土地为出发点，中国各哲学流派认知也都发源于天道自然，而且天人合一是他们共同的价值选择。按照学者修海林的推测，“中国的文学与艺术都是农耕文明实践的产物”。就社会政治而言，后土神灵的产生实际上是农耕文明高度依赖土地的结果，是其在思想观念上对土地的自然属性和文化属性的双重肯定。例如，中国传统礼制中的社稷祭祀和后土祭祀实际上就是不同时期对于土地依赖性的具体表现。这也是前面所论述的，当要对抗游牧文明的时候，祭祀后土是彰显自身强大的表现。北宋前期重修后土祠，间接性反映出政府治国重心的转移。后土祠虽然只是这些个体的微弱表现，但社会变迁的历程也显示在其中了。政局稳定后，宋初期对后土祠基础设施进行重建以及对祭祀礼制的规范约束，是政府进一步对于采取稳妥的治国方略的确认，可以有效地恢复国内生产，聚集人心。

在中原地区的黄河文明中的民俗节气也与后土文化有着较为密切的关系。节日与仪式的发源节点是基于某个地域空间中的时间节点，通过人的共时性需求，这个时间节点关系着不同空间的所有个体，用共同的行为模式表述对于不容易达成的对象的期盼与渴求。例如，后土信仰的祭祀以及庙会，这些都是土地依赖的体现。

第三节　后土文化与土地保护的关系

一、后土文化与土地文化相伴相生

土地，万物之源，国脉所系，民生所依。

土地，人类的衣食父母，世人讴歌的永恒。

中国自古以来便是泱泱农业大国，尊土、尚土、亲土、爱土是中华民族的一直以来的传统与美德。自从游牧走出，人类便与土地结下了深深的缘分。从先秦的“男乐其畴，女修其业”到周文王

演八卦，尊土为“五行”之首，从唐朝的“地为天生，人为地显”到宋朝的“但存方寸地，留与子孙耕”，从元朝的“土地，诸物之根菀也”到明朝“黄金有价地无价”，这些千古至理名言，无不彰显人类对土地的崇敬。

作为四大文明古国之一的中国，很早就产生了农业文明。在农业国中，农耕地受到最多最重的关注，人们对土地的重视，远远超过了游牧部落，中国人最早将土地视为珍宝，《孟子》：诸侯之宝三：土地、人民、政事。

封建时代，国家的象征一般为社（土地）和稷（谷物）。这时衡量一个国家的强弱盛衰、高低地位，一般依据结城的大小和土地的多寡。

历代纵观人类发展史，无非是一部土地持续利用史。在历史发展中，成王败寇，拥有土地就拥有权力。春秋战国，八方争雄，无不是为土地。历史中几乎所有战争都同土地有关。

后土文化从传播主体、传播范围以及内涵的演变，无一不体现着人们对于土地保护意识的时代变迁，后土文化随着土地文化发展，反过来土地文化也受到后土文化在民间地位的变化而起落，因此现如今再次提出后土文化，有助于引起人们土地文化的重视和思考。

二、保护后土文化，保护人类文明发展的源泉

人与大自然最为和睦的时代就是原始时代。考古学家和地质学家们，在黄土高原的腹地旬邑县，近年来陆续发现并出土了世界上最大的象化石等各类古化石345件，揭示了黄土高坡的远古之谜，1亿年以前黄河流域是浩瀚的汪洋大海；300万年以前，黄河流域是茂密的森林及气候湿润的大草原。

在人类讨论黄河是中华文明的摇篮，还是黄河和长江均为中华文明的摇篮的时候，无非是哪个地方最早有了人类，形成了最初的农业，与其说大江大河是中华文明的摇篮，不如说富饶的水土是人类文明的摇篮。正是由于水土丰饶才繁荣了农业的文明，才滋养了光辉灿烂的文化，养育了世世代代的炎黄子孙。

人类的文化，说到底是土地的文化。

发源于黄河岸边的后土文化受到土地、黄河水以及人类共同孕育而生，体现了黄河文化中最核心的部分，是农耕文化和土地文化在民间的具象体现，后土文化更容易被民间接受和传播，因此保护后土文化就是保护人类文化发展的源泉。

三、弘扬后土文化，唤起内心深处的土地情节

从土地崇拜的起源，到土地庙坛及相关祭祀礼仪的创立，古人在悠远漫长的历史中展现了对土

地敬爱。土能生万物，地可发千祥。大地如母，养育了万千生物和我们人类。每个人的血脉中，都流淌着依恋乡土的文化基因。我们的先祖曾经在大地上播撒希望的种子，夯筑坚固的土墙，制作古朴的陶器，最终又沉睡在大地的怀抱里，福佑后世子孙。农耕文明诞生以来，人们在与大自然的博弈的农业活动中，总结了一套较为完善的规律，从土地与人类活动中产生的自然科学文化，如适合中原天文时间的日晷和地理、二十四节气，人们认识到土地生长万物，是生命之源。所以，中华文化和历史的根源就来自于土地文化。对于文明的传承、先进文化的建设，土地文化的保护具有重要的含义；对土地文化的保护，是挖掘人类文化起源的重要措施；保护土地文化，有利于守护民族的根和魂。

随着工业化、城市化的进程，大部分人远离了自然形态的土地，开始漠视土地，并忽视土地的养育功能，这是一种历史文化的扭曲现象，不管人类社会如何发展，粮食问题依然是人类社会面临的一个共同问题，生态系统的基础仍在于土地，人类越远离土地，越需要珍惜土地、合理利用土地，约有必要重塑“土地文化”树立起“地根意识”。

后土文化从起源中便蕴含着对土地的尊敬与崇拜，后土文化通过特殊的庆祝仪式以及民间活动等形式在民间推广和流传有利于唤起人们土地母亲的尊崇，对于大自然的感恩，也有助于树立广大民众心中的民族认同感，实现社会和谐与稳定。

后土文化与农耕文化从形到神都有着密不可分的关系

（供图：张怀心）

第五章 后土文化的研究背景

第一节　后土文化的历史意义

一、维持社会秩序和政权的稳定

在中国古代的社会中，祭祀的规范和礼仪承担着规范道德的功能作用。《礼记·祭统》上说“夫祭者，非物自外至者也，自中出生于心也。心怵而奉之以礼，是故唯贤者能尽祭之义。”也就是说，祭礼是人内心的表达，而非外部事物的表现。内心生成思念的情感，外现出来就是祭礼。祭祀活动不仅能约束人们依照道德标准开展行为活动，也在矛盾显现时矫正不符合道德规范的作为。礼的内容涉及方方面面，大到国家的典籍规章制度文化，小到个体人的行为准绳、道德标准。用简单的方式解释祭祀礼仪，就是不同时间不同地点，不同的人群利用不相同的祭品对不同的对象祭祀的活动，如有冲犯，必将受到严厉惩罚。人们在祭祀和祈祷过程中，下意识地遵循着伦理的规范。祖宗崇拜的祭祀流程中蕴含了伦理道德，因此人们的祭拜和祈福的整个过程，就是在不知不觉中对伦理秩序的实践。帝王对后土的祭祀，集合了忠君、尚孝等思想，是社会规则的遵循，也是对树立安定平和社会秩序的示范。

帝王以祭祀的方式，凸显了天之道德，并引导了民众；民众以祭祀的方式，增强了对祖先的崇敬和对礼仪秩序的遵守，两方面的作用共同促进了治国安民的目的。通过祭祀而建立的一整套伦理道德，潜移默化地渗透到人们的思想中，形成了民众对于秩序、礼仪、文化的渴求，成为心中最善良最朴素的期盼。

二、培养忠与孝的家国情怀

中国封建社会几千年的演变过程中，国家的意识形态中就蕴含了对祖先的崇拜和对君王和神明的崇拜。人们对后土的崇拜从自然属性发展到人格神。帝王对于后土的多次祭祀，弘扬并倡导了忠祖孝亲观念，彰显了敬天法地、孝亲敬长、忠君爱国、尊师贵道的传统伦理道德；其行为及至天下万民，推动了祭祖的道德惯性的形成，因此在全社会出现了敬天法祖，忠国而孝亲的风俗。

孝在伦理道德的观念里排在第一位。中国民间，一般将祭祀视作“孝道”的最高标准。祭师即祭圣人，来源对圣贤的遵从和崇敬。“君师”展现了社会的规则与秩序。祭亲即祭祖，发源于原始祖先崇拜。祖先的生前和死后都能对家族成员或是宗族事件产生影响。在生前，祖先连接着家族群体成员之间及家族群体之外与外家族之间的和谐关系；在死后，凭借丧葬和祭祀仪式，这种蕴含临终关怀的活动，表达生者对逝者的敬意和爱护，让这份亲情寄托延续，走出伤感，得以再次振作信心、让生活继续。人们常说：头顶三尺有神灵，就是说在祠庙进行叩拜时，神明在注视着你。这里人们叩拜的神明就是指的祖宗神灵。在万荣地方还称呼祖宗牌位为“神父楼”，即：将祖宗神化为神灵。也就是说，祖先即便是仙逝而去也在时刻关注着子孙后代的一言一行，久而久之便成为人们心目中无形的道德神，时刻监督着人们。

历代帝王凭借宗庙的祭祀活动，进行忠孝思想的深化和倡导，并以此完成政治教化，在弘扬祖宗之德的同时规范道德秩序。祖宗成了人们进行道德学习的模板和典范。此外，祭祖还实现了民众宗法理制意识的培养，是一种承载了道德教化、淳厚社会风气作用的活动。歌颂祖先、道德教化后代逐渐在长期的祭祖和家训传承活动中得到完成，同时凝聚了家族内部的力量，增强了宗族之间的向心力，加强了全民族的亲和力。

三、满足人们诉求利益的精神愿望

因为后土祭祀所带有的任何信仰都具备的功利性，封建帝王对此十分重视，特别是作为一种官方的意识，必要因为官方的推崇而肩负更多的责任。帝王祭祀后土来为百姓祈福，民间出于祈福、平安的心理需求，也开始了祭祀后土的行为，在“不孝有三，无后为大”的封建思想下，创造人类化育万物的后土娘娘也就顺理成章的担当起送子的重任，实现了人们对于传承家族宗亲、繁衍后代的美好愿望。

表达诉求最常见的方式就是庙会，后土文化中的传统庙会式活动参与人数众多，影响范围广泛。庙会中的活动内容有戏曲表演、社火表演、求子、民间杂耍、特色小吃、小商品、游乐项目等，这些都凝聚着民众崇敬和期盼。人们在庙会活动期间通过娱乐活动的方式来使神和人都感受到欢乐，进行祭祀后土、祈雨、祈求新的一年有好收成、祈求消灾纳福等活动。这既是对神灵的祭祀，也是对自身利益的诉求，向后土娘娘求子求平安求财富，这样的活动满足了民众想念祖先，祈求佑护的心理需求。

第二节　后土文化的现实意义

一、增强“亲地”意识，践行绿色发展理念

人类社会可持续发展的根本问题是人与自然是否能和谐相处。作为地球上存在的自然界中的一个物种，人类赖以生存和发展的根本在实际上就是自然界，和谐社会发展的基本在自然方面就是自然界的平衡。而随着科技文明的浸礼，人类已经挣脱了原始的蒙昧，在主客对立的西方现代哲学基础上生成的“以人为本”的人类中心主义，让我们顺理成章地认为，我们成为自然的主宰，人与自然关系的矛盾因为科学技术和工业文明的不断发展而逐渐增强，现今生态问题已经成为挟制人类的生存和发展的问题。人与自然的和谐关系的破坏，在现在看来是没有做好开发自然和保护自然之间的平衡。当今，由于人类的贪婪，对大自然过度的开发掠夺而不知珍惜，造成了气候恶化，污染严重，直接影响了人类的生存。如果这样继续下去，人类总有一天要承受自己所种的恶果，2019年末暴发的全球性新型冠状病毒肺炎疫情就是自然给人类的一次警告。如今，我们已经意识到人与自然应当和平共处，理解自然，敬畏自然，遵循自然的运行发展规律，建立自由和谐的人与自然的关系。我们要坚持可持续发展的生态伦理观，发展依循自然规则。土地是人类的生命之源、衣食之源，是人类的母亲，是土地滋养了全人类。所以人类应该对土地抱有感恩、崇敬的感情。所以我们应该珍惜土地，尊重自然，与自然和谐相处，顺应自然的规律来更好的开发利用大自然所赐予我们的一切。

包含后土文化在内的宗教崇拜是呼唤人们重新关注人与社会、人与自然关系的载体，是值得拿来重新规范道德与行为的思想利器，是避免生态更加严重的一剂良方，是后土文化留给我们的最值得珍惜的精神财富。

后土文化可以唤起和引导人们“亲地”意识，认识到土地在人们生存和发展中的重要价值和地位，以更加科学的手段和方法保护土地，合理利用土地，从思想上践行绿色发展理念，因此后土文化是对国人进行精神升华和思想洗礼的重要手段，是实现农业的绿色可持续发展的重要文化基础，是建设人与自然和谐相处的小康社会必要手段。

二、引导积极向上的正能量

后土祭祀中的戏曲表演活动已经形成一种传统。戏剧《龙凤配》《黄鹤楼》以及《三娘教子》《芦花》《杀狗》等是每年的固定节目，内容都是对孝顺、善良、忠君、善恶皆有报等的宣传，也是社会主流意识形态的传达。作为一种民间艺术的戏曲在百姓之间广为流行，是一种接受度颇高的道德教育方式，在民众道德观念增强方面具有重要影响。戏曲中用跌宕起伏的故事情节，配上人物鲜明的个性特征，宣扬惩恶扬善、鞭挞见利忘义、讽刺贪赃枉法等思想非常符合民众对于所认同的价值观，更容易被民众所接受，因此也更能以潜移默化的方式影响着民众的日常行为。

新时代，后土文化也有了新的内容和意义。当今的后土戏剧演出较过去更加丰富，组织形式也更加灵活，除了原有的固定剧目外，还增加了许多与时代结合的新剧、日常民众自娱自乐的家戏以及各级文化机构不定期的送戏下乡民间文艺的演出。新增戏曲的内容以弘扬公民基本道德规范为主，展现的是在现实生活中的孝敬父母、诚实守信、文明礼仪等群众雅俗共赏、寓教于乐的内容。这些反应新时代新风尚的新编剧目均借助后土的舞台让更多的民众欣赏感悟，从而引导鞭挞社会的不正之风，积极向上的社会风气，传递正能量。

三、提升同根同祖的认同感

后土文化具有深厚的民间基础，中华民族最深的根和最古的源都深藏在了后土祠之中，是联络全球华人的历史纽带，是华夏文化基因的重要谱系依据。年复一年的万荣后土祭祀活动都会得到全社会的瞩目，引发全球华人对于民众对共同祖先的崇拜和缅怀之情，吸引了港澳台同胞和海外华人来此寻根祭祖，尤其是台湾同胞祭祀后土，不仅如此，几乎每个月都有来自台湾的民众到后土祠来祭祀祈福。后土文化的信仰早已穿越时空，为两岸民众所认同，共同的文化信仰让两岸民众的感情进一步升华，这也是实现民族认同最终走向国家统一的重要基础。

后土文化能够历经劫难而香火不灭，是因为它具有中国人敬天理地民族信仰牢固根基，体现了先祖的缅怀，对寻根文化的认同、对同根同祖家国文化的认同，“文化”是民族在成长的岁月中延续下来的宝贵的精神财富，是民族共同价值的体现，是维持民族统一坚不可摧的力量，是外力无法干扰和渗透的高层次精神领域，“文化认同”是民族在长期的共同生活过程中所形成的对本民族文化的肯定，其核心就是对一个民族价值观的认同，只要“文化认同”依然存在，精神纽带也就无法被割舍，民族共同体生命的延续就有了精神基础。后土文化所承载的同根同祖的文化认同，是民族认同、国家认同最重要的基础，后土文化带来的精神寄托使“祖国统一”有了具象的发泄出口，是祖国统一民心所向的具体表现，是华夏民族分而不散，战胜内部的分裂和外部的侵袭而走到今天的力量源泉，不断发扬推广后土文化，在民众中间由表及里形成强大的民族向心力、凝聚力、回归力，紧紧联系着海内外所有同胞的心，对促进国家的统一和谐有着不可磨灭的意义。

虽长久以来，我们一直避而不谈宗教的信仰作用，但后土文化信仰所蕴含的巨大力量是无法轻视的现象。它具有推动国家统一、推广绿色发展的理念、规范人们的行为、调节人们的精神生活等多种社会功能，对社会能否和谐运行具有重大的意义。

正确的发挥后土文化在促进社会和谐方面的积极作用，引导后土文化的发展，处理好与社会各方面的关系，利用好它有力的一面，摒弃古代封建社会利用后土文化对于人民精神控制，是后土文化新的历史机遇下的发展方向。后土信仰是重新约束人们道德和行为强大力量，是后土文化留给我们最宝贵的精神财富，是值得不断挖掘和赋予重要意义的民族信仰。

四、挖掘土地文化，弘扬中华民族自强不息的精神追求

万荣后土祠是古代天子祭祀的唯一遗存，也是保留了古老的帝王祭祀大地的珍贵文化遗产。古代帝王这种祭拜土地的仪式和后土祠内含有的丰富的社会学、民俗学、人类学、文化（儒释道）、建筑、美术、音乐等信息内容，是全球华人宝贵的财富，是黄河文明与华夏文明的核心，是中华民族悠久历史文化的象征。

中华民族最早的“根”和最古老的“源”一般指土地文化，它衍生于后土祠。早在三千年前，华夏始祖轩辕黄帝来到今运城万荣黄汾交汇处，扫地为坛，祭祀大地之神。轩辕氏祀地祇扫地为坛于脽上。来汾阴古脽，是为了祭祀地祇，即大地之神。扫地坛的出现，反映了洪荒时代人与土的关系，是远古先民是土地的认知、利用、感恩和崇拜，是远古先民关于土地的经验总结和智慧结晶。汾阴脽四面环水，扫地坛临水而建，是先民对水与土的思考和人与水的思考。此后3000年，扫地坛及其后的后土祠，屡毁屡建，但每次选址，都在汾黄交汇处最近的土崖丘陵，无疑是这一文化基因的传承与延续。

万荣后土祠是北京地坛的前身，而汾阴脽扫地坛则是后土祠的前身。文化血脉从扫地坛到后土祠，再到北京地坛，延续了2000年，展现了一个民族对土地深厚的感情。凝聚了自强不息的民族精神与经久不衰的优秀传统文化，奠定了社会主义先进文化的发展，也支撑了中华民族共有精神家园的建设。

人与自然（包括土地）冲突所造成的社会危机、人与人的冲突所造成的道德危机、人与自我心灵的冲突造成的精神危机、各个不同文明之间的冲突所造成的价值危机，是现代社会人们面临着也时时刻刻困扰的五大危机。即便是在极大丰富的社会物质财和日益提高的生活水平条件下，人们的迷惑和迷茫，焦灼和烦闷，压力和忧虑，孤单和自卑，感到精神空虚、心浮气躁，无所适从仍不能消除。因此我们应从对中国土地文化的核心内涵和衍生内涵进行系统的梳理、科学的总结，展现中华民族自强不息的精神和历久弥新的精神文化，壮大中华民族发展的强大精神力量。

五、唤醒沉睡资源，激发“富民”活力

作为后土文化的发源地——万荣具有历史悠久的古文化。华夏始祖轩辕黄帝在此扫地为坛祭祀后土，纵横家张仪从这里出发舌战群儒，秦设立汾阴县，属河东郡。一代雄杰汉武大帝在此祭典，留下千古绝唱《秋风辞》。才倾八方的初唐四杰之首王勃在这里登楼而歌。唐开元十年改称宝鼎县。宋大中祥符四年（1011年）宝鼎县改荣河县。祯祐三年（1215年）荣河县升荣州，万泉县属之。1954年并万泉、荣河二县，设万荣县。1970年属运城地区。县域内分布有后土祠、东岳庙飞云楼、李家大院、张仪古道等众多具有深厚历史积淀和彰显中国古代劳动人民智慧的文物古迹，文化类型结构丰富，具有深厚的旅游开发潜力。

张仪古道

（供图：李克荣）

万荣县非物质文化种类众多，包括以万荣笑话为代表的笑文化；承载着善文化的李家大院；包含万荣花鼓、万荣抬阁、万荣面塑、软槌锣鼓、董永传说、介子推传说等多元丰富的民间文化传说；以饸饹、凉粉、万红宝桃、三白瓜等为典型代表的特色饮食文化；后土信仰发展衍生的后土文化；万荣琉璃烧制技艺、勒马回中药制作技艺、民俗剪纸等民间技艺及手工艺瑰宝；储量丰富的西滩温泉；还有革命遗址等红色文化。

从历史沿革、文化脉络及非物质文化背景可以看出，万荣县拥有的厚重历史文化积淀，物质文化、非物质文化交相辉映，古文化遗址、古镇、民俗文化、手工艺、美食文化、后土文化和众多的古今名人占据着重要地位，为万荣

县旅游产品开发提供了重要的素材。

万荣作物黄河的核心区、后土文化的源头、“社稷”的发源地，从国家层面和当地发展的层面应更加深刻的理解其内涵，提升期价值，尤其在现如今人民对精神文明需求不断增大的今天，万荣黄河后土文化的研究更需引起重视，研究黄河及后土文化是对沉睡资源的挖掘，只有唤醒沉睡的资源，才能有效地将其转化为社会效益、经济价值，为社会的发展带来巨大的助力，决不能将祖先留给我们宝贵、深厚的精神财富继续淹没在历史的长河中。

第三节 后土文化的时代价值

后土文化历经五千年风雨，一路走来，得黄汾养育，受帝王推崇，聚先贤智慧，汇民俗传统，逐渐发展成一个承载五千年文明智慧、蕴含社会主义核心价值观的文化体系。

一、后土文化是一股凝聚中华儿女的精神力量

后土被后世尊为土地之神，从上古到现在，从帝王到平民，从国内到海外，对于后土的祭祀都有着较为深厚的文化基地。这种对土地的崇拜，对先人的祭祀，本身就是一种对于生命之源的一种崇拜，本身就是对自古以来作为人之根本的“忠孝”思想的躬身践行。正是有了敬老孝亲、忠国爱民的思想一代代传承，两岸同胞因共同的文化信仰，感情得到了升华，全球华人因后土文化而联系到了一起，这是维护国家团结，增强民族凝聚里的宝贵的文化力量。

后土是大地之母，是中华之根。远至上古，近到当前，上至帝王，下到平民，历朝历代，海内海外，对后土的祭祀，延绵不断，到后土祠寻根问祖的，更是络绎不绝。这种对根的追寻、对祖的敬仰，本身就是对自古以来作为人之根本的“忠孝”思想的躬身践行。也正是有了忠国爱民、敬老孝亲这一优秀文化的代代传承，我们的民族力量才得以凝聚，我们的民族气节才得以弘扬。

二、后土文化弘扬了以和为贵、与人为善的价值观

无论是历代帝王亲临祭祀后土来祈祷国泰民安、江山永固，还是百姓自发的朝拜后土，希望祈求四季平安、五谷丰登，这些都是伴随着后土文化成长起来的，根植于人们心中最朴素、最广泛、最生动的人生愿景——平安、平实、平和、平顺，这就是人生最大的福气。后土文化传达的和谐文化，传播着“以和为贵”“与人为善”的大道。

黄帝扫地为坛的时候，正值国家休养生息之时，国家需要统一，人们需要安宁，设坛祭祀包含了“和谐共生、天下太平”的理念，如献殿两侧门额上的“履中”“蹈和”字样，也体现了传统文

化中的“中和”“怀仁”的思想，体现了我国“以和为贵”“与人为善”的价值观。

三、后土文化助力了开放包容的发展理念

后土祠的正殿前写着这样一段话“土为万物之母，资生资育，世人所以称娘娘”，土地是人类赖以生存的最基本的物质资源，是生产生活生态之本是生命之源，哺育着世间万物，承载着我们的历史、现实和未来。后土罗纳万物，能生万物、发千祥，体现的正是土地包容。又如“品”字台的设计象征着儒家、佛家和道家三座戏台，三种文化，相融相生，体现的也是文化包容。因此后土文化从外在的表达方式，到内在的文化内涵都体现了开放包容的发展理念，这也与我国与世界各国的相处方式形成了统一。

第四节　后土文化的研究进展

一、国内研究进展

2006年，后土文化被认定为山西省非物质文化遗产，得到了海内外越来越多学者的关注和研究。万荣县委政府在2016年举办了后土高峰论坛，其主题为“后土文化与中华优秀传统文化”，会上北京大学中文系教授李零表示后土文化就是实现中华民族伟大复兴的先进文化根源，是一个符号、一个遗存物。后土祠是资源，文化内涵非常深厚。天是虚的，地是实的，天人合一，社稷担当，崇善尚德，天理是公理。今天我们对于后土的认识决不能倒退到神话认识阶段，后土是文明的基因。要从两个重要的根源问题出发，发展后土文化，一是历史文化的原因，二是现实先进意义。

中央民族大学民族学与社会学学院加俊讲师的《节日仪式中的后土信仰与公共秩序》一文中以后土祠农历三月十八传统庙会入手，研究中国古代的春社传统，后土祠庙会社鼓竞技活动有助于消除社会矛盾强化社会凝聚力，形成有机的民众共同体，社神信仰和社日活动形塑和规范了民众的生活模式和生活节奏，民众围绕着后土信仰和社日活动建构和强化了自身的信仰共同体和区域共同体。

人民大学清史所姚春敏副教授在其《从方志看清代后土信仰分布的地域特征——以山西地方志为中心》的文章中，对起源于古代农业社会的后土信仰在历史长河中的形象变迁进行了深入的研究，并提出了在新时代里作为地母符号的后土应该被赋予更高的时代价值。

太原科技大学的王丽在其名为《道德视域下的后土文化研究》的硕士论文中指出，几千年的发展历程中，后土文化以拜土形式孕育了以“和”为主题的中华道德文化，以传统的祭祀形式殷实了以“感恩”为主题的中华道德文化，以美丽的神话与传说形式充实了“向上向善”为主题的中华道德文化，以民间庙会活动形式丰富了以“祈福”为主题的中华道德文化。

四川大学道教与宗教文化研究所梁琛博士的《后土信仰的当代价值》一文中表示后土信仰是中华民族五千多年文明历史所孕育的中华优秀传统文化。有着中国最古老的“根祖文化”称号的后土信仰，在增强人们对祖国传统文化的自豪感和自信心方面具有重要作用，对于传承爱国敬业、勤劳勇敢，不畏艰险的优良传统具有一定的促进作用。

二、国外研究进展

民间对后土的崇拜更具有自发性、全民性、广泛性等特点，研究后土文化可以发现，后土文化几乎得到了所有华人的信仰，不管祭祀的对象是称后土、地母、娘娘、圣母、女娲、高媒，还是皇地祇、坤母、地祇、后皇等，随着华人的脚步，后土文化也漂洋过海传遍了所有华人脚步的地方。旅居海外的华人，在文化的碰撞和融合中，对故土的怀念和崇拜依然不改，一边适应着新的文化，一边顽固的继承和坚持着自己祖国的信仰。

（一）南洋：马来西亚、新加坡等地

国外对后土文化也颇为关注，马来西亚马华公会中央党校常务副校长王琛发博士的《南洋华人墓园的后土崇拜》一文中，分析了后土崇拜在南洋的两种流传形式，一种是义冢即在墓旁安放后土神位，一种是神庙中对“天父地母”的祭拜，天父地母是“皇天后土”在庶民中范围缩小。因按照礼制，庶民是不能祭祀天地的。

马来西亚华人香港中文大学人类学系主任陈志明的《东南亚华人的土地神与圣迹崇拜》一文中写道：在马来西亚，后土是称在坟墓前边神位所拜的神。生活在马来西亚和新加坡两地的福建人和潮州人称呼坟场的后土为“大伯公”，也是东南亚华人对华人土地神的一般称呼。

华人对土地的崇拜到了无以复加的地步，结盟起誓要说“皇天在上后土为证”，结婚时要先拜天地二拜高堂夫妻对拜才算完成结婚仪式，长期离家要带点家乡的泥土，可以治疗在外地的水土不服。在万荣当地，连小孩子玩闹起誓都会说给后土娘娘起誓，可见人们是多么的信任和崇拜后土。

（二）韩国

韩国光州大学黄今姬博士后在《韩国民俗的土地神信仰——以家神信仰里的土地神为中心》一文中考察了韩国土地神信仰的种类、形态和祭祀礼仪。文章中指出由古代韩国神话“地母神”发展出来的土地神已经变成了“土主大监”，改了性别，且缩小了领地。

（三）印度

在印度加尔各答，有一座建于19世纪的后土庙，庙内供奉着土地公、土地婆，现在依然香火旺盛。

第六章

后土文化的概念与本质

第一节　后土与后土文化的概念

一、后土

（一）儒家经典中的“后土”

“后土”二字，最早见于殷墟甲骨文，出现在多部儒家经典中。据王国维《殷卜辞中所见先公先王续考》和许慎《说文解字》可知，“后”和“土”均指女性的生殖器官，从而直接构成了母系崇拜的实质内容。

《尚书·武成》有“告于皇天后土”，《左传·文公十八年》有“使主后土，以揆百事”；《周礼·春官·大宗伯》有“王大封，则先告后土”等。宋代杨照在《重修太宁庙记》说“后土为土地最尊之神”。在古代社会天子或诸侯出巡、战争、分封等重大事件需要祭告祖庙。周武王在打败商王后祭告天地神祇，可见后土在当地是地位很高的神灵。

“后土”，别称后土娘娘，起源于母系社会中对于土地和生殖现象的崇拜。在万荣后土祠中供奉的后土娘娘人称后土圣母，当地人亲切地称为娘娘。人们相信后土娘娘是大地和人类的保护神，她创人类，置婚姻，管理和保护着大地。

（二）《辞海》对“后土”的解释

一为“古代称大地为后土”，犹称天曰“皇天”。《楚辞·九辩》云：“皇天淫溢而秋霖兮，后土何时而得漧?”漧，即干。

二为《左传·熹公十五年》：“君覆后土而戴皇天。”再为“土地神，亦指祀土地神的社坛”。《礼记·月令》云：“其神后土。”

三为“古代掌管有关土地事务的官”。《左传·昭公二十九年》云：“土正曰后土。”杜预注：“土为群物主，故称后也。”

二、后土文化

（一）后土文化源于土地崇拜

后土文化源于上古时期的土地崇拜，随着人类社会的进步和自身思维能力的提高，演变成后土信仰。由自然神转化成了人格神，因为对于土地孕育万物的感激，以及母系氏族社会对于女性的崇拜，后土被塑造成了女性的形象，也就是目前后土祠供奉的后土形象。后土《尚书·武成》曰：“告于皇天后土。”将皇天后土放在同等的位置，有重大事情需要报告皇天后土，说明原始宗教信仰已经形成。

大地如母，母仪事地，是中国传统文化中的重要因素。后土文化是中华文化的肇始和根源，中华文化与中国文明史一样，源远流长、博大精深。

（二）后土文化与道教、儒教、佛教文化共存

1. 后土文化反映了道教文化的“天人合一”

《礼记》载：“南郊祀天，则北郊祭地矣。祀天就阳位，则祭地就阴位矣。”从祭祀的地点上界定了天属阳，地属阴的属性。对天地属性的界定来源于古人传统的宇宙观和自然观。天为阳，地为阴，天地包容万物，没有天地就没有了一切。《老子·四十二章》曰：“道生一，一生二，二生三，三生万物。万物负阴而抱阳，冲气以为和。”老子认为：道是一个独立的混沌的整体存在，由道而生出天地，蕴涵着阴阳二气，阴阳二气互相交冲而形成和谐之气，于是万物产生了。

从远古以及夏商周三代，都有封禅的故事。封禅包含着深潜的意识：祭祀过程沟通了天和人，也协调天、地、神、人之间的关系。可见在上古时期，对天地的祭祀是连在一体的，对天地的祭祀规格和礼仪是相同的，都是最高级别的。天地崇拜中的天人感应、天道、天命观念等观念，经殷周逐渐理论化、系统化，形成天人合一的宇宙观，渗透到社会的政治、经济、文化等各方面。在祭祀的过程当中，典型地反映了中国人所特有的“天人合一”的观念。从祭祖的地方角度分析，“天人合一”以一种生殖崇拜的现象进行了表达。祭祀观念随着人类社会生产力的发展而发展，到了父系氏族社会，人们更加重视血缘宗亲关系，祭祖礼仪成了宗亲制的中国传统家庭的重要礼仪，目的是为了祈求宗族生

命的延续，于是祭祀祖先顺势成为上至国君、下至百姓生活中的头等大事，既顺应了天命，又契合了人伦，唯其如此，才能“与天地合其德”，中国传统哲学是关于“生”的哲学。《易传》说：“生生之谓易。”又说“天地之大德曰生。”生，就是生命创造与滋养。

《易传》说“天地之大德曰生”，又说“生生之谓易，”也就是说，天地最有价值的“德”是“生”，是“生生”之德，这样的大德是值得人学习仿效的。用《易经》的乾坤卦的卦辞来说，“天”是“万物资始”，“地”是“万物滋生”，前者是万物的开始，初始状态；后者才是给予万物生命的根源。相比之下，人们更推崇“地德”，因为大地之“象”更具备“厚德载物”的德行。

后人对后土的祭祀以及在祭祀祖先时所包含的对后土的崇拜，如在很多地方会在坟墓旁立后土牌位，是通过信仰的实践去追寻生命的来源、过程和归宿。这是中国人在《周易·坤·象传》中已经总结、传播和遗传的祖先所赋予的土地的感性认知：“地势坤，君子以厚德载物。”

清代陈昌治《说文解字》的刻本中解释，古文“厚”从后土，也写成“垕”。古往今来，不管是引经据典对后土来历和演变的考证，还是道教将后土神圣化，促进后土信仰在全社会的普及，始终离不开土地包容一切、“厚德载物”的属性。

管仲、老子的学说，以土地为文化的心理基础，从五色土、五方引为五谷、五行、五音、五官、五脏、五味等衍生内涵，以及天干地支、时辰、历法、六合十二属相、二十四孝等的应用。

2. 后土文化与佛教文化的融合

佛教是在西汉末年从印度经西域传入中国，最初的传播主要是引进并翻译佛经。在印度佛教以及刚传入我国时的佛教中，观音都以男性装扮的形象出现。在中国神话传说中，后土创造了人类，设置了婚姻制度，自然可以给人类送来孩子。所以佛教到了中国就创造出“送子观音”来，让没有孩子的夫妇叩拜供养送子观音，就能够得到孩子。后土祠正殿后土娘娘西侧的塑像即为抱着孩子的送子娘娘，后土祠拔花求子的风俗，是对后土娘娘的创造人类的生殖崇拜的体现，也体现了后土文化倡导的感恩的传统美德。佛教的变化，体现了中国重天伦的传统思想。

3. 后土文化与儒家“和”“孝”文化的统一

富有生机的土地文化在我国传统文化中具有独特的意义，无论是远古先人对“土”的热爱崇拜、儒家“仁”思想的出现，还是披着“礼”形式的生命崇敬、内化在中国人生命中生生不息的观念都是有力的证明。

儒学“礼之用，和为贵”的思想，就是说礼的作用是以遇事恰当和顺为可贵。自汉武帝至宋朝以来，历代帝王对后土的高度重视以及亲临祭祀都体现了后土文化中求和的文化内涵。汉武帝推崇儒家文化，而儒家的“和”文化中的“人和”最为重要，它强调以礼节来控制情感，推进社会秩序的和谐构建。而祭祀仪式正好作为礼乐的载体，在盛大的祭祀过程中可以达到对人民的礼乐教化，促进人与人之间的和谐，从而维护国家的稳定与和谐。

从传统祭祀的对象来说，后土祭祀的是后土娘娘，是人类最古老的祖先，人们因土地像母亲一样的化育能力而对土地加以崇拜。这种崇拜，最本质最原始的是对生殖的崇拜，先民们很早就意识到先辈的肉体虽然死亡了，但却在下一代的身上得到延续。所以先辈留给后代并发生作用的，当然是其旺盛的生命力了。所以在先民的观念中，不仅重视子孙的繁衍，同时也更加崇敬创造了其生命的先祖。

第二节　后土文化的本质

中华大地自古认为土地生长万物，滋长万物，是人类赖以生存的基础，人们在崇拜土地的基础上发展到祭土地神，产生了“亲地”的自然崇拜。

后土所衍生的道德观念和民俗文化层面的问题。

《周易》中说“地势坤，君子以厚德载物”。朱子《周易本义》的《说卦传》：“坤也者，地也，万物皆致养焉……坤，地也，故称乎母。”天帝把养育万物的劳役都交给了大地。土地的美德像母亲一样，柔顺宽厚，谦恭无争。万物都被大地滋养，各种植物皆受大地的养育而结籽，各种动物都被大地养育得又肥又壮，这些都是后土文化衍生出的美好寓意。

一、“后”之象形文字：女人的形象

后土中“后”与“土”截然不同，从象形文字叹气，“后”字在甲骨文和金文中，都是女人的形象，“后”字最初的象形字，是一个女人半蹲式的产子形状；有的还带有明显的双乳。是母权时代女性酋长的称谓。国学大师王国维说：“后字皆从女，或从母、从子，象产子之形。”

二、“后”之皇天后土：帝王、土神

上古时代，后既可指有天下的天子：如夏后氏；又称诸侯：如风后、后羿。

皇天在古代指天，天帝。后土在古代指地，土神。天地或天地神灵的总称。指天地。旧时迷信天地能主持公道，主宰万物。亦作“后土皇天”。

“后”在上古时代是君主、君王的称谓，在《诗经·商颂·玄鸟》中指到，“商之先后，受命不殆，在武丁孙子。”在《左传·僖公三十二年》中提出，“其南陵，夏后皋之墓也。”

“后”亦有诸侯的意思。《尚书·舜典》中有说道：“班瑞于群后。”唐代柳宗元的《封建论》中提出，“周有天下，裂土田而瓜分之，设五等，邦群后。”

“后”字在《汉语大字典》里边本身并不是简化的字，而是夏启的史官在公元前2000年根据既有汉字“司”创造的，方式就是把“司”反转写，并赋予它新的读音和含义。君后也，继体君也，

象人之形。施令以告四方，故厂之从一，口。发号者，君后也。本义是发号施令者，即君主，《说文》“继体君也”，《尔雅》“后者，君也”。这是因为夏王室出身于“司空”家族，是“群司”（司空、司徒、司马、司稷等）之一，为了表示子孙后代不会与皇祖大禹比肩等列，就以“司”的镜像字“后”作为自贬一级的称号。“司”有“子承父业”的意思，“后”也有同样意思，符合夏后氏的“家天下”的统治理念。古代的“后”与“司”一个读音，发号命令的意思。

三、“土”之生育万物：地母崇拜

东汉刘熙的《释名·释地》中说道：“地，底也，言其底下载万物也”，“土，吐也，吐生万物也”。在农耕时代，人们的耕作和狩猎等都离不开土地，土地在原始人类的眼中是最大也是最坚实的生存支撑。生人者称为母，而生育万物的土地，则可以称为地母。地母，是我们的祖先在农耕时代所信仰的大地女神，祖先们认为大地与动物一样具有灵魂，可以控制农作物的产出，所以他们视大地为万物之母。

“土”这个字最早也是生殖崇拜的产物，“土”字的象形字是女性的乳房。现在“地”字加一个“也”字，“也”字最早则是女人的象形字。

“后土”两个字连在一起的话，表达的意思则是远古母系社会中拥有最高权力的母性氏族首领，这种在实际意义上也是一种职位的称谓。

第三节　后土文化的内涵

一、后土文化的核心内涵是“社稷”文化

（一）“社稷”起源于万荣

前文提到“社稷”文化起源与山西万荣，那么在这里将从字形和含义两方面对“社稷”与万荣的关系进行具体的阐述。

古往今来，社稷就是土谷神的总称，分而言之，“社”就是土地神，“稷”就是五谷神。在农耕时代，土地和农业是国家存在的根本，因此，社稷就成为国家的象征。而最早的土地祭祀之所和五谷崇拜之地，均在山西省万荣县境内。首先从“社”字的演变来看。

“社”字在甲骨文中和“土”字共用一个字，是一个象形字。形象是女性乳房，为什么用女性乳房来表示土地？来源于原始时期的母性崇拜，土能生万物，因此便用女性乳房来代替“土”字了。后来又进一步解读，说撮一堆土而祭祀，便是“社”。万荣县后土祠中保存完好的《历朝立庙致祠实迹》碑记和《蒲州府志》记载：“轩辕氏祀地祇扫地为坛于脽上，二帝八员有司，三王方泽

岁举”，轩辕氏就是华夏始祖黄帝，“扫地为坛”这和“社”字的来源是异曲同工的。后来，在文字演变过程中，更进一步加上一个“礻”，“礻”的本字为“示”，“示”为象形字。甲骨文、金文均作祭台形，独体字，后起也于上置一短横示祭物，此时可做会意解，会意字是合体字。祭祀是上古社会首要的重大事物，因此古人看得特别重。凡用礻（示）做偏旁部首的字均与祭祀有关，如宗、神、祀、祈、福、祷、禨、祭、祥、祝。由此可见，“社”便是祭拜土地神的圣坛。

祖先认为土地孕育了万物，是人类生存的根基，所以他们普遍都会立社祭祀。社是祭祀的场地，同时也是大众参与聚会的地方。在《尚书·甘誓》中有提到说夏代那个时期对于战争中违背命令的人就是在社里进行惩罚。甲骨文多见祭祀殷王于社祈年求雨的记录。《诗经》中也有西周时用粮食、牺牲祭社祈求甘雨和丰收的篇章。在春秋时期遇到像日食、水灾这样的灾害也会在社祭祀，战争时俘获了敌国君主也曾用作祭社；发生重大事变还要结盟于社，社更成为公众活动的中心，盛大的社祀往往会吸引邻国君主专程前往参观。

（二）最早的社——万荣后土祠

中国最早的社在就在万荣县的后土祠。后土祠位于汾黄交汇之处的汾阴脽上。据史书记载，汾阴脽形如女性尻尾，为河畔一土丘，自黄帝于此设坛祭祀土地以来，香火不绝。《史记·孝武本纪》中有记载到：“于是天子遂东，始立后土祠汾阴脽上，如宽舒等议。上亲望拜，如上帝礼。礼毕，天子遂至荥阳而还。”《汉书·武帝纪》中提到：“（元鼎四年）立后土祠于汾阴脽上。”

如何理解“后土”呢？《辞海》中对“后土”有着明确的解释：一是“对大地的尊称”；二是指“土社”或“土神”；三是指“古时掌管国家土地事务的官员”。“后”字的最初解释就是全族之族母。在母系社会里，生育和繁殖了本族全部子孙的高母，是理所当然的领袖和权威。而其名称就是“后”。“后”是中国最早的君称，是一种最高权威的名号。“土”在甲骨文和金文中的写法有点像母亲的乳房，也就是“地乳”。后土就是最有权威、最受崇拜、至高无上的母亲，也就是母系社会最高的女性君王。后土祠祭祀的就是这样一位土地大神。

历史上，曾经有9位皇帝24次亲来后土祠祭祀土地，并不断扩建祠庙，使之规模日盛，成为“海内祠庙之冠”，直到明永乐年间，由于远离京城，帝王们鉴于舟车劳顿，在北京设“社稷坛”，隆庆年间更设“地坛”，从此，地坛才成为后土祭祀的专用场所，后土祠作为中国最早祭祀土地的圣坛，作为江山社稷中“社”的起源，却逐渐为人们所遗忘。

（三）农耕始祖——后稷在万荣教民稼穑

“稷”就是后稷，黄帝玄孙，尧舜时代掌管农业的官员。后稷活动的区域是在稷王山一代，稷王山位于万荣，闻喜，稷山，盐湖四县交界处，属中条山一脉，主峰在万荣县。在万荣县城附近的南张乡太赵村，有一座始建于北宋天圣元年（1024年）的稷王庙。这座大殿气势恢宏，构造精巧，殿内中柱一列，直通平梁以下，大梁分前后两段，穿插相构，无通长梁袱之制。当地称为“无梁殿”。虽经历代重修，仍具宋、金时期的形制。全国各地的稷王庙很多，万荣的这座稷王庙何以就具有独特的地位？有一个很有说服力的故事得从著名建筑学家梁思成说起：梁思成在美国攻读建筑学专业的时候，他的父亲梁启超越洋给他捎来了一本《营造法式》，这是一本宋朝建筑绝学汇集，而其中便有万荣的稷王庙。梁思成回国后，连续在1933年、1934年、1937年，历尽艰辛，来到山西，寻踪古建筑，遗憾的是，他们没有找到这一寂寞地守候在一个小山村、等待了近千年的稷王庙，留下了千古遗憾。这座美轮美奂的稷王庙为什么要建在万荣？凡事都有因果，这或许是一个千古之谜，但后稷的早期活动是在万荣附近，这却是不争的事实。

华夏农业文明的正式起源是从后稷在稷王山播种五谷的那双手开始的，因为后稷教会了人们种植农作物，后世尊称他为农神，也称五谷神。《孟子·滕文公上》中载：“后稷教民稼穑，树艺五谷，五谷熟而民人育。”至今在稷王山依然有一种五谷石，人们传说这就是后稷教人们播种五谷留下的种子。五谷生长，让曾经茹毛饮血的先祖从此走上了衣食无忧的文明时代。

（四）万荣真正的社稷之源

因为后土祠和稷王庙，万荣这块被黄河、汾河浸润的土地，成为华夏文明最早的源泉所在。如今，这两座几度辉煌、几度破败的庙宇，都早已成为全国重点文物保护单位，得到了政府的保护和修缮，也吸引着成千上万的海外游子、国内人士纷至沓来，顶礼膜拜，因为这里是真正的华夏之根，社稷之源。

稷王山五谷石之大米

（供图：吴晓勇）

稷王庙

（供图：王春喜）

二、后土文化的本质是土地崇拜

如果说上古时期神话传说对于母系氏族的崇拜是后土文化的开端，原始农业的诞生则开启了后土文化的萌芽形态。在农业劳作中，人们通过不断地耕作与收获，逐渐认识到了土地的孕育万物的功能，从而产生了对土地的敬畏与崇拜之情，有着浓浓的信仰，这也就形成了最早的后土文化。

具体到中国如何表达人和土地的关系、感恩、崇拜和敬畏，实际上后土祠提供了一个样本。后土祠选址在黄河和汾河演变，两千多年来空间活动，不管是帝王、文人墨客还是百姓都来此祭拜，反映了人—土—水的关系，三者间反映过去讲一方水土养一方人，形成抽象化后土祠、黄河、庙会、民俗。

“民以食为天”，而“食”取之于土，获之于土，“土能生万物”，因此，“土”最早构建了“人”与“食”之间的桥梁，让人类“要想生存，就必须依靠土地”，使“土”与“食”之间有了因果关系。依附于土的“农”是这一因果关系的支撑，水是这一关系得以成立的关键条件，因此，人们对于土地的依赖，取决于“农”的功能和“食”的结果，人们敬畏土地，实际是寄托了人们对于丰收的企盼和渴望。

因此，后土文化中蕴含着最深的内涵是“人、土、水、农、食”之间的逻辑关系。后土文化是连接“人、农、食”的最关键的纽带，人们以祭祀土地期盼获得丰收。如今山西万荣家家户户进门的小神龛的两侧还贴着一副小对联：“土可生万物，地可发千祥”。

农耕文明诞生以来，人们在与大自然的博弈的农业活动中，总结了一套较为完善的规律，从土地与人类活动中产生的自然科学文化，认识到土地生长万物，是生命之源。因此后土文化就是中国文化和中国历史的根。

三、后土文化最主要的表现形式是祭祀文化

诞生于上古时期的后土文化是我国最古老的祭祀文化，它的产生甚至早于最早的宗教，它影响了中国道教、儒教以及汉传佛教的发展，是中国传统文化的“源”和“根”，作为一种本土宗教信仰和根祖文化，后土文化对国人在礼仪、道德、伦理、信仰、性格等精神层面产生了深远的影响。

帝王通过祭祀活动，亲自示范礼仪秩序和伦理道德，深化和倡导忠祖孝亲的观念，展现了敬天法地、孝亲顺长、忠君爱国、尊师重教的传统伦理道德，彰显了天之道德，不但发扬光大了祖宗之德，也起到了道德规范的作用。

民众通过后土祭祀强化了对祖先的崇拜和对礼仪秩序的遵从，代代相传的祭祖和家训传承，祖宗成为人们道德学习的榜样和代表，通过对祖先歌功颂德，对子孙后代起到了道德教化作用，逐渐形成了祈福文化、民俗文化、求嗣文化等，祭祀建立起的一整套伦理道德标准，潜移默化地影响着人们的思想，逐渐成为中华民族特有的心理特征，国泰民安、社会和谐的精神基础，形成了中国传统文化的根基。

总之，后土文化作为最古老的祭祀文化，发源于帝王祭祀文化符合民众的普遍心理需求因此在民间得到了迅速的传播并广泛推崇，最终发展为中国传统文化发展的根基。近年来逐渐兴起的传统后土庙会的一系列活动，既是用来祭祀后土，也是对自身利益的诉求的一种体现；是道德取向的文化回归，也是民众对于秩序、礼仪、文化的渴求，是所有人心中最善良最朴素的期盼。

四、后土文化是中国最古老的根祖文化

万荣后土文化作为最广泛的后土文化的根源，更是包含着后土文化的最原始的基因。

若要从传说中黄帝在汾阴扫地为坛祭祀后土算起，对后土圣母的祭祀华夏儿女已经持续了将近5000年。如果说是从汉武帝公元前113年在汾阴立后土祠祭祀后土算起，那么无论以官方还是民间的名义对后土圣母的祭祀活动也有2100多年的历史了。无论是汉、唐、宋、元哪个朝代，上到是黄帝下到平民，都对后土圣母有着浓厚的信仰。从这个层面上来说，万荣后土祠，称得上是中华民族的根祖。万荣后土祠，可以称之为中华最古之“源”、最早之“根”。

根祖文化，是黄河流域依托丰富的人文资源、结合国内民众和海外侨胞期盼落叶归根和认祖归宗的思想而弘扬的一种传统文化。黄河流域有着深厚的历史文化资源，是华夏文明的发源地之一。到了现代黄河流域人民对当地的历史文化依然有着很好的保护与传承。逢年过节时会进行以家庭为单位的祖先祭

屹立于黄河岸边的后土祠见证了华夏千年的历史变迁

（供图：李继旺）

祀，2003年，全球华人公祭后土圣母大典，更是将祭祀活动推向了高潮。后土文化以其强大的感召力激励着海内外炎黄子孙为实现伟大民族复兴而不懈奋斗。

祖先崇拜和祖神信仰是本土产生的民间信仰，反应在普通民众生活的方方面面。在传统时代，祖先崇拜和祖神信仰不只是民间信仰，同时也是国家意识形态的一种，官方每年都会举行隆重的祭祀活动。改革开放以后，对于一些民间群体性的祖先崇拜和祖神信仰活动，政府也在参与并起到了主导作用。

第四节　后土文化与农耕文化的关系

一、后土文化是农耕文化最早的萌芽形态

中国以农立国，自原始社会诞生后，人与土地的关系更为密切，人们日常所需的生产、生活物资都离不开土地的给予，聚族而居，精耕细作的农耕作业孕育了内敛式的自给自足的生活方式、文化传统、农政思想等，劳动人民通过总结经验并结合聪明才智，形成了我国独特的农耕文化。在农作物歉收的年份，原始初民的心目中似乎有神灵在支配，人们由于不了解农作物生长的原因，又出于对粮食丰收的期盼和依赖，因此从自然崇拜的思路出发，形成了土地崇拜。山西自古便是我国农耕文化最发达的地区之一，特别是河东地区，因其优越的自然环境自古便是农业富庶之地，基于大众对土地的崇拜信仰，“后土文化”应运而生，后土文化的信仰是农耕文明时代的产物，传承了近千年而且影响深远。诞生于黄河流域的后土文化绵延不绝千年，是农耕文化倡导天人合一，道法自然的原始宇宙观的重要体现。

后土信仰源于原始社会的地母崇拜，把中华民族在母系氏族阶段认识自我、改造自我与认识自然并同自然作斗争的经验和知识智慧集中于“后土”名下而凝结成的一种文化。后土文化作为华夏文明中崇拜文化的一只源流，缘起于古代先民对土地的一种认知思想，是人类最早的自然观和宇宙观的体现。它推动了中华民族的生存与发展，是支撑中华民族从茹毛饮血的洪荒岁月进步到汉唐盛世、明清鼎盛的精神动力之一。

二、后土文化培养了人们土地保护的意识

后土文化所具有“五土”“五行”思想，蕴含着生态自然机制，对于我们保护生态环境，践行绿色发展理念具有借鉴意义。关于“五土”的生态自然思想，《白虎通义·五行》曰：“五行者，何谓也，谓金、木、水、火、土也。言行者，欲言为天行气之义也。地之承天，犹妻之事夫，臣之事君也……土在中央者，主吐含万物。土之为言吐也。何知东方生?《乐记》曰：‘春生、夏长、

秋收、冬藏，’土所以不名时，地，土别名也。比于五行最尊，故不自居部职也。”“中央土，火休而盛德在土也。谓中央，谓四时之中间也。土虽寄王于四季之末，然五行播四时。春为木，夏为火，秋为金，冬为水，而火生土，土生金。土之次在火、金之间，故其气偏王于季夏之末，居四时之中央。”“山林、川泽、丘陵、坟衍、原隰”等五土，以及“金、木、水、火、土”等“五行”思想与今天我们倡导的“绿水青山”生态保护体系具有相似性。

后土又称之为古代掌管有关土地事务的官，即“土正”。后土文化培养了人们强化土地保护责任，对土地产生敬畏之心，从而敬奉土地，热爱土地，保护耕地。党十九大报告指出：“实施重要生态系统保护和修复重大工程，优化生态安全屏障体系，构建生态廊道和生物多样性保护网络，提升生态系统质量和稳定性。完成生态保护红线、永久基本农田、城镇开发边界三条控制线划定工作。”后土信仰可以唤起和引导人们更加敬奉土地，爱惜土地，担负起保护土地的历史责任。像对待生命一样对待生态环境，像保护生命一样保护生态环境。深入实施山水林田湖草一体化生态保护和修复，优化以土地为核心的生态安全格局，开展国土绿化行动，保护耕地林地草地湿地，健全耕地草原森林河流湖泊休养生息制度，真正使后土信仰中有关土地生态责任思想深入人心，重新认识土地在人们生存和发展中的重要价值和地位，以更加科学的手段和方法保护土地，合理利用土地，修复生态自然资源，让土地发挥更多的效能造福国人，为打赢脱贫攻坚战做出应有的贡献。

山水映衬下的后土祠
更显沉稳与厚重

（供图：李克荣）

三、后土文化与中国最早的“农民丰收节”

由土地崇拜形成的社祭祀是古代最早的“农民丰收节”。

“社”，在古代指司土地之神，如《说文》云：“社，地主也。”《礼记·郊特牲》云：“社，祭土而主阴气也”。古人又把祭土地的地方、日子和礼仪都称作社。

社祭的主要目的是祈求好收成，祈雨求晴，祈求消灾，娱神娱人，婚恋求子，赢得战争胜利。有相当一部分学者认为，社祭的祭祀对象除了土地神之外，还有五谷神（即“稷”）。

自古至今，不论国度，无论中外，人们无不崇拜土地，国家无不珍视国土，祭祀土地神是人们最为重视的一种祭祀活动和崇祈仪式。

社日是一个重大的祭祀节日，分为春社和秋社。有史籍载录，这个节日起源很早，是从上古时期中国劳动人民对土地的崇拜中产生的。在上古时代，无论王宫还是村社都有社日活动，一直到后来每年都会有春秋两个社日，每年到播种和收获的季节，农民都要祭祀祈求或者感恩土地神。

春社早在甲骨文中就有记载，是中国最为古老的节日之一，距今已有2000年以上的历史。自社神诞生以来，春社就开始存在，具体时间约在父系氏族社会晚期。据相关学者考证，春社起源于三代，初兴于秦汉，传承于魏晋南北朝，兴盛于唐宋，衰微于元明及清。

与中国其他祭祀类传统节日一样，根据主办方的不同，春社分为官社和民社。官社庄重肃穆，礼仪繁缛，而民社则充满生活气息，成为邻里娱乐聚宣的日子，同时有各种娱乐活动，有敲社鼓、食社饭、饮社酒、观社戏等习俗，是民间不可多得的热闹节日。“社会”一词就起源于民社时的聚会活动。

春社日期大约在立春后的第41天至第50天，公历的3月16日至3月27日，约在春分（公历3月20日或21日）前后。此外，关于春社日的日期，在汉族民间还有二月初二、二月初八、二月二十。

追溯中国历史，为古人秋季祭祀社神之日，意为庆祝丰收。古代祭社的祭祀习俗起源很早，《诗经·大雅·韩奕》中就已有了关于祭社神（诗以神祖为社神）的记述，诗曰：“韩侯出祖，出宿于屠。显父饯之，清酒百壶。其殽维何？炰鳖鲜鱼。其蔌维何？维笋及蒲。其赠维何？乘马路车。”这里描述的是韩侯从王城返归其国时在屠地祭祖神的情景。不过，在先秦时代，似乎只有春社而无秋社，《礼记·月令》《吕氏春秋·仲春》在“仲春”之月中都有“择元日，命民社”的记载，但于仲秋之月却未提及秋社。大致迄至汉代，或汉代之后才有了秋社的记载，至此才有了春秋二社之祭。汉儒毛亨《〈诗经·周颂·载芟〉序》说：“《载芟》，春藉田而祈社稷也。”《诗经·周颂·〈良耜〉序》说：“《良耜》，秋报社稷也。”这里毛亨对《诗》的解说，说明了汉代人已有了“春祭秋报”的观念，即春天里祈祷丰年，秋收后报答神灵之功，有了这种观念，在行为上理所当然也就相应地有了春与秋两社之祭。

秋社日的习俗主要分为祭祀和娱乐，始于汉代，后世在立秋后第五个戊日，官府和民间都在这一天祭祀来酬报土地神。祭祀社神对于官方来说是非常隆重的礼仪，祭祀程式严格，每个环节都有详细的规定。以清代为例，祭太社、太稷须皇帝亲临，在社稷坛上敷五色土，奏乐起舞，经迎神、上香、奠玉帛、三献、祝告、饮福受胙（饮福酒并接受祭肉）、三跪九拜、送神、望燎等过程之后，方能成礼。民间秋社日活动，盛于唐宋。宋代秋社日有吃社糕、饮社酒、做社饭，以及妇女归宁等习俗。陆游《秋社二首・其一》诗云："明朝逢社日，邻曲乐年丰。稻蟹雨中尽，海氛秋后空。"展现了丰收时节稻香蟹美，农民喜悦的恬适心情。元代以后，随着官方的限制和社会结构的改变，民间秋社日活动急剧衰落，秋收时大规模的祭祀集会已难以继续。

但社会习俗并未彻底消亡，一些地方存在的社戏、庙会、土地庙即是社日祭祀活动的遗存。从秋社的起源、最早的寓意以及习俗等可以得出古代的秋社是我国最早的农民丰收节这一结论，我国最古老的秋社就是源自于万荣，所以说源自万荣的后土祭祀——秋社就是我国最早的"农民丰收节"。

第七章

后土文化的起源和发展历程

第一节　后土文化起源于山西万荣

后土文化是我国最悠久的祭祀文化，发源于山西省运城市万荣县。后土文化最早从万荣开始萌芽，它已经与万荣当地的民众生活融为一体，成为民众日常生活不可缺少的一部分，在当地形成了独特的民俗文化。后土文化起源于山西万荣，形成因素有地理因素和信仰因素，以及在万荣流传在神话传说、先民记载和历史遗存作为佐证。

一、后土文化产生的渊源

（一）地理因素

晋南运城河流密集、土壤肥沃，由于中国古代民众不懂得这样的优越的地理环境，将这样优越地理环境所造成的丰收景象作为神灵的恩赐，所以在山西运城一带最先出现了对土地的祭拜。

山西运城一带非常适合人类繁衍的自然环境，黄土地和黄河水，造就了炎黄子孙的传说。

（二）信仰因素

原始社会的先民因为对土地的信仰来源于对土地的依赖、敬仰和敬畏。在原始社会，由于生产力的低下，先民们把许多自己不能理解的现象归结成是神秘力量起作用的结果，尤其是进入农业社会之后，诸如农作物的丰收与歉收、地震、滑坡等各种自然现象都让先民无法理解，于是他们认为这一切都是大地神灵操纵的，他们开始虔诚地崇拜、敬畏土地，甚至后来将土地神圣化，认为土地是可以通灵的，如果不按照土地的意愿来使用土地，是要被神灵惩罚的。这样的观念有利于人与自然的和谐。

后土文化于起源最早的土地崇拜。后土观念来自于万物有灵的观念。人们看到农作物的生长、结果，完全由它控制；收成的多与少，取决于它的喜与怒，必须用祭祀、祈求的方式才能打动它，才能求得它赐予丰收，于是有了祭祀仪式。傅亚庶认为人类对土地的依赖而产生了地母崇拜，地母崇拜属于祖先神崇拜。由于后土神祇掌管万物之根本，古代中国作为传统的农业国家，上至帝王将相下至平民百姓在进行宗教祭祀活动时，大多是祈祷农业丰收，风调雨顺。

二、后土文化起源于山西万荣的证据

（一）先民记载：黄帝蚩尤在河东大战，在汾阴脽上祭祀后土

神话传说和先秦文献中多有黄帝在古河东地区活动的记载，黄帝战蚩尤，是第一次关于土地的战争，发生在河东大地上。据传黄帝在今运城盐池附近打败了蚩尤，在北方大地形成了统一的国家，古河东是黄帝的主要活动区域，那么黄帝到女娲抟土造人的汾阴脽来祭祀女娲娘娘就很有可能了。

脽指今万荣县荣河之西的黄河之洲（由于黄河改道和变迁，今天已经不复存在）。《史记·封禅书》载：“黄帝采首山之铜，铸鼎于荆山之下”。据分析，“首山”，有可能是中条山西部“首阳山”的简称；“荆山之下”很有可能是今万荣县境内的“孤峰山”，孤峰山在古代曾被称为“荆山”“介山”等称呼，现在孤山脚下还有一个称作“荆村”的小村庄，而这里距汾阴脽上不过60里地。

正是由于后土祠是祖先的根基，所以黄帝才祭祀。

（二）古代天子祭祀后土的唯一遗存

后土祠历史上是秦晋河道交通的枢纽，东依峨眉岭台地，西依黄河、北临汾河，可望秦川，南瞻风陵渡口，北接龙门吕梁，是帝王祈谷的圣地。

后土祠是古代天子祭祀后土圣母的唯一遗存，是历史和国家确认了的场所。后土祠有着非常丰富的建筑、美术、音乐等传统文化气息。后土祠是世界的瑰宝。

清乾隆十九年（1754年）编修的《蒲州府志》，被称为“海内祠庙之冠”。

万荣后土祠被广泛认为是后土庙的总庙，其他各地是后土的行宫。

第二节　后土文化的原型

一、后土文化起源于最早的土地崇拜和母系氏族崇拜

中国自古就是一个农业大国，土地对于农业必不可少，在人们生活中占据着很崇高的地位。因而在传统社会里，官方和民众对于育万物、掌土地的大地之神都有着深厚的信仰。

（一）人们对后土的崇拜，起源于对土地的崇拜

在自然崇拜阶段，人们看到土地具有负载万物，滋养万物的能力。同时初民万物有灵的观念认为，一切自然物都是有意志有灵魂的。人们可以通过与自然的沟通，让自然按照人类的意志变化。这就出现了原始的自然崇拜。同时人类又因为对自然现象的不理解而对土地怀有敬畏之心，正是在这样的观念下，人们认为，通过对土地的顶礼膜拜，可以保证土地的丰产，人民生活的安宁。这一时期的后土崇拜主要是对后土作为土地的自然属性和其对社会生活的影响力的膜拜。

（二）人们对土地崇拜的同时，加入对母系氏族、母亲形象的崇拜

人们在对自然神崇拜的同时，也崇敬自己氏族的祖先。在初民的思维中，生人者称为母，生育万物的土地自然具有母亲的形象，于是把土地尊为自己的祖先加以崇拜。在神话传说中，是后土创造了人类，人们将土地滋养万物的能力、女性的生殖能力，以及后土创造人类的神话联系起来，后土于是成了掌阴阳、滋万物的大地之母。对后土的祭祀便应运而生。

二、后土文化起源概说

关于后土文化的起源，有神话传说和文史记载两种形式，既有人格神，也有道教神和正统神的说法，但归根结底是人们对于土地孕育万物、滋养天地的崇拜与敬仰，并在农耕出现之后，把这种崇拜情绪进一步放大，通过祭祀土地祈求丰收、寓意风调雨顺的美好向往。

在早期以自然和自然力为崇拜对象的自然崇拜汇总，影响力最大的是土地崇拜。我国土地崇拜的起源，难以详考。已发现的遗存如红山文化等，至少上万年历史。有专家认为，红山发掘的女神，为土地女神，类似于人类许多民族推崇的“大地母亲”之神，表现为“一籽百粒”的生育功能。

从万年之内，人们从采集到游牧部落再到栽培种植形成农耕文化的过程，中国对土地的崇拜伴随了中国文化的始终。土地承载万物，孕育万物，在农业社会中是国家的根基，所以后土女神在古代时曾享受过盛大的祭飨。

在道教文化中，后土为地，为中央神，生日为农历三月十八。祭后土体现的是人们对大地的崇

拜。远古时期，远古民众对土地的华育能力极为膜拜。当人认识到人与神一样也可以带来福祉时，出现了人格神。后期，各个阶段的统治者根据自己的利益创造了许多拟人化的神灵。整个神的“人格化”过程缓慢而多元。

关于后土的原型，主要有其一是对后土人物的研究。有三种观点：

一是后土就是女娲，例如，山西省社会科学院研究员孟繁仁于《山西社会主义学院学报》发表的《从“抟土造人”神话到“后土皇地祇”——中华民族的“国土之神——娲皇后土圣母”》，万荣县史志研究学会、后土研究会会长陈振民的《后土圣母：人祖与地母的结合——也谈后土与女娲的关系》。

二是后土是后土，女娲是女娲，两者完全不同，不应将其混为一谈。代表的论文有原山西古籍出版社副社长兼总编辑孙安邦《女娲非后土浅见》。

三是后土是共工之子，亦主张为禹。学者丁山的《中国古代宗教与神话考》则使用神话、考古、语言学的方法认为“共工即鲧”，后土是共工氏之子句龙，即大禹。《人民代表报》高级编辑隋伯藻在《后土到底是谁?》一文中比较了古代文献中对共工与鲧、后土与禹的记载，主张后土就是禹。

三、后土起源之一：女娲神话传说、地母娘娘

女娲，神话传说中经常出现的造物主，是中华民族的共同始祖神。女娲被称为后土女神，是关于后土起源最早的神话人物。

东汉泰山太守应劭所著的《风俗通义》中记载了许多我国的远古传说，在“皇霸篇”中引《春秋纬运斗枢》云，古代所谓三皇——天皇、地皇、人皇，分别是伏羲、女娲、神农。应劭在《风俗演义》中说到，在开天辟地之时，大地上还没有人类，女娲氏便用黄土捏成了人，这样一直捏下去太费劲。女娲便筑起一个土围子，在围子里和了一大摊稀泥，然后用绳子蘸上泥浆，举起来一甩，溅出很多泥点，一个个泥点就都变成了人。《风俗演义》中的女娲就是地皇。明嘉靖丙辰岁秋重刻的后土祠庙像图，称“后土”为“后土皇地祇”，从此，女娲跟后土成为同一人，女娲即后土，后土即女娲，位于古汾阴脽今万荣县的后土祠便成为女娲祠。

神话人物：据《太平御览》(卷78)引《风俗通》记载，“俗说天地开辟，未有人民。女娲抟黄土作人，剧务，力不暇供，乃引绳于泥中，举以为人。”《淮南子·览冥篇》记载，“往古之时，四极废，九州裂，天不兼覆，地不周载，火爁焱而不灭，水浩洋而不息。猛兽食颛民，鸷鸟攫老弱。于是女娲炼五色石以补苍天，断鳌足已立四极，杀黑龙以济冀州……”这段话虽然带有神话色彩，但我们仍可以将其看成是对真实状况的夸张描写。大量资料显示，女娲的神话故事起源黄河文化或中原文化，因为“女娲补天”，是发生在“九州”之中的“冀州”或“中冀”。《史记·集解》载：“东河之西，西河之东，南河之北，皆冀州也”。黄河转弯处所环抱的史称“河东”——今运城及其以北、以东区域就是古“冀州”的一部分，这里与神话“女娲补天”和女娲“抟黄土造人”的传说所

明显具有的地域性和环境性的特点相吻合。

母系氏族君主：这些记载无一不说明，女娲“创造”了人，并给人创造了良好的生活环境，被尊称为华夏民族的始祖。历朝历代为她筑坛、立祠、修庙、塑像、规定祭祀制度，家家供养。各朝代帝王代表官方祭祀她的固定场所，就是汾阴后土祠。

按辞源解释，后土是远古母系社会里具有最高权威的母系君主，而万荣后土祠应该是中华民族的“大祠堂”，是祭祀远古祖先的圣地。汾阴后土祠中祭祀的后土娘娘被当地人认为是女娲。女娲作为母系氏族社会的一位杰出首领，为人类创造了良好的生存环境，故被尊为后土。

因此，女娲被视为后土的代表，被称为“后土娘娘”。随着经济的繁荣发展，人们把三月十八和十月初五定为后土娘娘庙会，进行后土朝拜。

四、后土起源之二：共工之子——句龙/土正/后土

先秦的文献中有很多关于后土的说法，认为后土为共工五官之一。

《山海经·海内经》载：“炎帝之妻……生炎居……共工生后土，后土生噎鸣，噎鸣生岁十有二”。

《左转·昭公二十九年》有记载：“社稷五祀……土正曰后土。”又云“句龙能平水土，故祀以为社”。“共工氏有子曰句龙，为后土，此其二祀也。”杜宇注解道：“土为群物主，故称后也”。

《山海经·大荒北经》云：“后土生信，信生夸父。”

《国语·鲁语上》载：“昔烈山氏之有天下也……共工氏之伯九有也，其子曰后土，能平九土，故祀以为社。”

《礼记·祭法》，孔颖达疏注解：“共工氏之霸九州也，其子曰后土，能平九州，故祀以为社者，是共工后世之子孙，为后土之官。后，君也，为君而掌土，能治九州，五土之神，故祀以为配社之神。”。郑玄注曰：“此黄精之君，土官之神也，后土亦颛顼氏之子，曰黎，兼为土官”。

管辖土地的神：《山海经》《国语》《左转》中所说的“后土”指的都是人神，即人格化的神。《左转》中的“句龙”“土正”“后土”虽然也以人格神的面目出现，但却明确指出“后土”或“土正”应指管辖土地的神。

古代掌管有关土地事务的官：《左传·昭公二十九年》云：“土正曰后土。”杜预注：“土为群物主，故称后也。”

炎帝后代：贾逵、马融、许慎等人认为“后土”是炎帝的后代，后土平水有功，因此以祭祀“社”的礼仪来对待。

大禹：学者丁山认为后土是共工氏之子句龙，即大禹。

共工：为氏族名，又称共工氏。为中国古代神话中的水神。《列子·汤问》：“共工氏与颛顼争

为帝，怒而触不周之山，折天柱，地维绝，天倾西北，故日月星辰移焉；地不满东南，故水潦尘埃归焉。”另外还有一种说法，共工氏是轩辕裔黄帝王朝时代的部落名，把共工与驩兜、三苗、鲧列入四罪。第三种说法，相传为尧之臣，尧时担任水官不善，后被流放。

郑玄、蔡邕认为后土为男性神，后土即社神，也指掌管土地的官员。

五、后土起源之三：主宰天地的第四位天帝

“后土”是道教尊神“四御／六御”中的第四位天帝，她掌阴阳，滋万物，因此被称为大地之母。《世略》所谓“土者，乃天地初判黄土也，故谓土母焉。”庙在汾阳，宋真宗大中祥符五年七月二十三，诰封“后土皇地祇”，其年驾幸华阴亲祀之，全称为“承天效法厚德光大后土皇地祇”，亦名“承天效法土皇地祇”。与玉皇大帝管理天上相反，她是主宰大地之神。她是一位女神，被人们称为地母，而玉皇大帝就被称为天公。在为她建立的神庙里，人们把她塑造成一位端庄的女性，一般民众称她为后土娘娘。

中国古代有“皇天后土”的说法，可见主宰大地山川的后土神是相对于主宰天界的玉皇大帝，是尊贵的大神。

人们相信，该神是农业获得丰收的保护神，还是生育之神、大地之神。因为中国自古以来就是一个以农业为根本的国家，且人类长期蒙受着“天之所生，地之所养”的思想束缚，即形成了崇拜天、地的礼法。

就崇拜土地而言，当时古人并非是崇拜土地的实体本身，而崇拜的主要原因是他们感到土地广大无边、力无穷、孕育万物、负载万物，是赖以生存的根源，衣食住行都离不开。所以，上自皇帝，下至普通百姓，都非常崇拜该神。在中国的历史上，每年都要举行对该神的大型祭祀仪式，许多时候由皇帝亲自主持。

六、后土起源之四：正统神

《文献通考》引孔颖达疏曰：“地神有二，岁有二祭。夏至之日祭祀昆仑之神于方泽（即泽中方丘），一也；夏正之月祭祀神州地祇于北郊，二也……又曰：知方岳之神是昆仑者。”按地统书《括地象》云：“地中央曰昆仑。”又曰“《周礼·大司乐》称‘地示’”“其东南方五千里曰神州”。《礼·月令》称“中央土，其帝黄帝、其神后土”。

据《三教源流搜神大全》卷一《后土皇地祇》条所载：“天地未分，混而为一；二仪初判，阴阳定位。故清气腾而为阳天，浊气降而为阴地。为阳天者，五太相传，五天定位，上施日月，参差玄象。为阴地者，五黄相乘，五气凝结，负载江海，山林屋宇。故曰天阳地阴，天公地母也。”

七、后土起源之五：民间神

土地神在民间俗称土地公或土地爷，其配偶成为土地婆，“土地神”是民间最普遍信仰的神灵之一，每个村庄甚至每家每户都供奉，大大小小的土地庙遍布城乡各地。

八、后土起源之六：幽都之神

山海经的原始版本应是周朝官府所收藏的地理档案。早在1929年，上海世界书局出版茅盾以“玄殊”为笔名写作《中国神话研究ABC》，即曾以《山海经》的内容与《楚辞》互相对证，发现到在春秋时代。根据《楚辞》的《招魂》一篇，后土是主管地下幽都之神。

《山海经》的《海内经》说：“北海之内，有山，名曰幽都之山。黑水出焉。其上有玄鸟、玄蛇、玄豹、玄虎、玄狐蓬尾。有大玄之山，有玄丘之民，有大幽之国，有赤胫之民。”

原始人对于死后世界的观念大都是惨厉的。但《山海经》的“幽都”神话并不完全。茅盾还是要引用王逸注《招魂》的内容，才能说明后土是幽都之王：“魂兮归来，君无下此幽都些（王逸注：地下幽冥，故称幽都。）。土伯九约，觺觺些。敦脄血拇，逐人駓駓些。参目虎首，其身若牛些。”。

九、后土起源之七：古称大地为后土

“古代称大地为后土”，犹称天曰“皇天”。《楚辞·九辩》云：“皇天淫溢而秋霖兮，后土何时而得漧?”又《左传·熹公十五年》：“君覆后土而戴皇天。”

清代学者孙诒让的《周礼正义》一书中征引过多种说法。

《礼记·郊特牲》：“地载万物，天垂象，取财于地，取法于天，是以尊天而亲地也，故教民美报焉”。也就是说，古代人类祭祀地神，是为了酬劳它负载万物与生养万物的功劳。

因此，凡是有功德及恩惠于黎民的人，死后均在被祭祀之列，同时根据其才能、专长配以相应的职权及管辖范围，共工之子平定九州，巩固疆域，有定边御敌的才略，故为配社之神。自此，地抵有了“后土”这一固定的称谓，也有了专门的人格配飨神，并完成了自然神向人格神的转化过程。

第三节　后土、社与土地神的关系

一、最初：后土不等于社

我国著名的历史学家、古文字学家，原中山大学教授、山东大学教授、中央研究院历史语言所研究员丁山（1901—1952年）的《中国古代宗教与神话考》一书中对后土的来历做了说明：后土不等于社，后土是有初民社会所祭祀的“地母”神演变而来。

东北师范大学文学院教授、博士生导师傅亚庶在《中国上古祭祀文化》认为人类发展，随着阶级的产生，国家的形成，从祖先神中分化出社神，出现了对社神的祭祀。

到春秋时期，地神与社神的区别就比较清楚了。《礼记·王制》有“天子祭天地，诸侯祭社稷”，说明社低于地。

二、社神由土地神发展

中国社会科学院学部委员、国务院特殊津贴专家、国务院参事何星亮在《土地神及其崇拜》一文认为社神是由土地神发展演变来的。

三、后土与社的融合

在商周时期，开始了对地神的郊祀，“在周人的祀典中，郊祀含有祭地神之礼，但社祀也属祭地神，在祭礼上，有时社兼地，有时地兼社”。

东汉末年大儒郑玄依据《孝经》《白虎通义》等文献的说法有了新的观点，认为“以社为五土之神，稷为原隰之神。句龙以有平水土之功，配社祀之。”这样就把先秦文献中“后土”人格神的形象与汉代文献中关于“社”的祭祀糅合在一起了。

《檀弓上》曰：“君举而哭于后土。”郑玄注：“后土，社也。”

四、后土与土地神

有学者认为“社”就是土地之神，即后土。东北师范大学副校长、教授、博士生导师赵毅的《土地神崇拜与道教的形成》一文认为社神即后土，后土由中国远古时期的土地崇拜发展而来。随着国家的产生和权力的等级分化，土地神也相应地分成了官社祭祀的后土和民社祭祀的土地神。

受科技进步的影响，人们对天的认识始终虚无，对大地的认识很快明朗起来，土地逐渐分割开来，分割为国家和国家的界线，中的分割为州、郡、县界。小的分割为一家一户的地界，社会经济的发展又促使土地载万物的财富性质逐渐显化，作为自然崇拜阶段的大统一的大神“后土”，很快就分化为带有明显社会属性的小神。

一般认为，后土为掌管天下土地的大神，而民间祭祀的土地神则掌管各地划分的小片土地，如每个村庄建设土地庙或地母庙的形式供奉所在村庄的土地神，各家各户也通过供奉土地神的形式，希望土地神保护家族平安、兴旺、顺遂。

第四节　后土文化的发展历程

如果说生生不息的人的繁衍发展构成了历史，那么始终承载着人的历史的基础就是土地。中国古代的宇宙观、天地观、政治观、经济观等，都离不开对土地的崇拜。中国对土地的崇拜伴随了中国文化始终，变化的过程也真实地表现了不同人地关系。

由大地崇拜生成的祭祀活动，随着农业活动的成熟而渐渐丰富起来。历史的演变中，祭祀形式开始多样化，最早拜的对象有树、石头等，其后有坛祀庙祀和民间社火一类的活动。

古代封禅也是祭拜天地。“封”是祭天，“禅”是祭地。从上古时代到宋代，一代代帝王不辞辛苦，带着大队人马前去泰山祭天，在泰山旁的社首山祭地，向天告天平，向土地表达崇敬之情。

后土祭祀是一种祖神信仰，即祖先神信仰。后土兼具祖先和神明的双重身份，民众相信他们能够护佑后人，所以对之膜拜敬奉，是祖先崇拜的延伸和升华，也是民间信仰的重要内容。

从文献记载中梳理后土祭祀的历史不难发现，在汾阴脽上对后土的大规模皇家祭祀，主要有三个时期，分别是上古轩辕黄帝扫土成坛、西汉武帝改庙成祠及宋真宗大规模扩祠，在不同历史时期，民间后土祭祀活动也从悄然兴起，到扩展发展，再到海内共同繁荣的变化。

《汉书》《唐书》《蒲州府志》等有关史料记载，自汉武帝之后，西汉时的宣帝、元帝、成帝、哀帝和东汉光武帝刘秀等仍然照例来汾阴进行祭祀活动。唐玄宗李隆基在开元年间三次来汾阴祭后土，并经祠庙扩建。

一、轩辕黄帝扫土成坛：从最初的祭祀后土到形成最早的祭祀制度

据记载最早祭拜后土的是上古时期的轩辕黄帝，有关其“扫地而祭”的记载，散见于多种方志典籍。《蒲州府志》记载：“扫地坛，在后土祠上。即轩辕扫地而祭之所。”又据《荣河县志》记载：“汾阴后土祠：古后土祠在县北十里。其地即昔所谓‘脽上’者也。”可见轩辕于后土祠祭拜可考，而后土祠所在的汾阴脽即在现如今的万荣县。

（一）黄帝蚩尤大战之后，祭祀后土

轩辕黄帝在汾阴的祭祀综合了生殖崇拜、母祖崇拜和祖先崇拜，他在经历了与炎帝和蚩尤的两次大战获得胜利后，为了抑制战争创伤，进一步安定天下，挟着一种胜利者的豪情去祭神或祭祖，于是到汾阴脽上祭祀后土，祈求得到后土的保佑。

这种一件大事发生前后祭神或祭祖的习俗在以后的许多朝代都能得到印证。有的史志书籍把这

称作“轩辕扫地而安九土”。所谓“扫地”者，是指其祭祀后土的方式为“扫地为坛”。

轩辕黄帝扫地为祭祀后土，留下了著名的历史遗迹——扫地坛。扫地坛与后来的后土祠原都设在汾阴脽上。后来脽上因受大水冲刷而多次崩溃坍塌，所以扫地坛曾于清代两次移地重建。现存扫地坛，是清同治九年移建之物，设在秋风楼下。坛高3.65米，长16.35米，宽17.35米。坛门正面的下方，镌有“扫地坛”砖雕匾额一块，成为这一重要人文历史遗迹的珍贵证物。

（二）汾阴脽上，扫地为坛

这种一件大事发生前后祭神或祭祖的习俗在以后的许多朝代都得到印证。有的史志书记把这称作“轩辕扫地而安九土”。所谓“扫地”者，是指其祭祀后土的方式为“扫地为坛”。轩辕黄帝扫地为祭祀后土，留下了著名的历史遗迹——扫地坛。扫地坛与后来的后土祠原都设在汾阴脽上。后来脽上因受大水冲刷而多次崩溃坍塌，所以扫地坛曾于清代两次移地重建。

（三）祀地祇，成制度

据《历朝立庙致祠实迹》碑记和《蒲州府志》记载，“轩辕氏祀地祇扫地为坛于脽上，二帝八员有司，三王方泽岁举”。尧（公元前2297年—公元前2178年）舜（公元前2179年—公元前2139年）时期，更是由八大官员专管在汾阴脽上祭祀后土。说明在尧舜夏商周时期，后土祭祀已经形成了制度。

这就是说，自黄帝首开先河在汾阴脽上扫地祭祀后土，将汾阴确定为后土祭祀的场所后，唐尧、虞舜、夏禹、商汤、周文武诸王都非常重视在后土的祭祀活动。

（四）由祭祀到宗教功能

这是后土文化发展历史上一种重要的时期。这个时期的后土文化具有了宗教的功能，承担了解释世界、司法审判、道德培养和心理安慰等功能，人们通过对后土的祭祀来向祖先报功、向上天祈福、获得希望与安心，同时通过祭祀来表达善恶意志，通过祭祀过程中的礼仪秩序来确立了原始的伦理道德。

二、殷商时期：从获得政权到系统化的后土祭祀制度

轩辕黄帝开启了在汾阴祭祀后土的历史，土地作为最基本的生产资料受到最广泛的关注和最频繁的祭祀，帝王和民众都期望通过对后土的祭祀来达到生产和生活上的丰富和安宁，这种最朴素的愿望在长久的祭祀中被强化，从而形成了范围广、时间长、形式多、从上而下推崇备至的后土文化。

（一）建邦国，以祭祀巩固政权

甲骨卜辞中经常有“求年于某土”的记载，周人迁居到岐山脚下，“乃立冢土”，来表示国家的建立。《文献通考》卷七十八载：“建邦国先告后土”。一个政权只有通过各类祭祀活动，建立自己与各种神灵的联系，才能获得对土地和人民的合法支配权。祭祀是政权获得合法性的途径，巩固统治的措施和教育臣民的手段。近代发掘和出土的一些遗址和文物，以及古典文籍的记载都说明殷商时期已经出现了土地崇拜。

（二）自周始，祭祀制度系统化

从周代开始，历代王朝都将祭祀后土当成国家政治与农业活动的一件大事，并规定了特定的时间，由专门的人员管理祭祀活动，建立了祭祀场所，制定祭祀礼制，以宗教信仰为载体表达古人对土地的依赖和尊奉。傅亚庶的《中国上古祭祀文化》一书通过查阅和考据大量的资料，认为从商周时期开始，中国的祭祀制度已经开始系统化，建立了一套完整的祀典与祭礼。

夏、商、周三代君王也定制了到汾阴祀后土的制度，以求国泰民安。

三、西汉文帝：议建庙宇，焚香祈鼎

据《资治通鉴·汉纪七》记载，汾阴后土祠正式建庙始于西汉文帝后元元年（公元前163年），进而形成制度。

公元前163年，一位名“平”的大臣说“汾阴（今万荣）上空有金宝气，意周鼎当出于此。”建议汉文帝在都城东北汾阴处迎接周鼎，于是汉文帝派臣前往汾阴建造后土庙，令人烧香，祈求周鼎出现。在临近黄河与汾河的交汇处，根据出的鼎来建造祠庙。后有人上书告“平”所说的话皆为谎言。于是文帝诛杀“平”。

四、西汉武帝：扩庙为祠，六祀后土

（一）设庙建祠，后土文化“官方化”

对于后土的祭祀，到汉朝有了新的形式，就是设庙建祠。

《史记·孝武本纪》记载，汉武帝刘彻东岳封禅，汾阴祀土，也就是说汉武帝时期的重大祭祀中，除了郊祀上帝于雍五畤（五个祭祀之地），即在陕西凤翔县南祭祀上天之外，还要祭祀后土，以配享上天，这反映了汉代祭祀中皇天、后土相对的观念。

元鼎元年六月，汉武帝在山西汾阳获得一只三角形的宝鼎，将发现宝鼎之处改为宝鼎（今万荣

汾黄交汇处的景色
（供图：董智利）

县宝井乡），并于改国号为元鼎。

元鼎四年（公元前113年），经过当时的太史令和祭祀官商议后，他们选择了汾阴之地，因为汾阴的脽上正好适合“泽中圜丘”的地形，因其形如人臀，故曰脽上。汉武帝在此扩建汾阴后土庙成祠，并将汾阴后土祠晋升为国家祠庙，称后土祠为万岁宫。奠基仪式非常隆重。

《汉书·郊祀志上》载汉武帝元鼎四年，天子郊雍，曰：“今上帝朕亲郊，而后土无祀，则礼不答也。”当时，汉武帝亲往河东后土祠，用拜上帝之礼拜；同时还命“三岁一祭地。于河东汾阴后土宫以夏至日祭地”（注：出自《汉旧仪》）。当时“地”的代表是后土，古代的“河东”是现在晋南的一部分。汉武帝命将后土祠作为巡行之地，作《宝鼎之歌》，定三年一祭之制。故后土神祇的形象也随之“官方化”。

从此，后土，这位大地上最尊贵的神灵，有了自己的正式祠庙。

（二）多次祭祀，彰显重视

汉武帝以后，出现了大规模频繁的对后土的祭祀，汉武帝推崇儒家思想。由于郡县制的发展要求中央集权，不仅仅是权利财富的集中，同时也要求神灵都围绕在象征皇权的都城。后土被视为统领全国土地的大地之神，对后土的祭祀只能由皇帝来祭祀，而民众是不允许祭祀后土。

社会的稳定和经济的发展，让统治者具备了发展文化的经济和舆论基础。汉武帝一生六次（也有文献记载八九次）前来后土祠祭祀，已经形成了很成熟系统的土地祭祀，汉武帝之后，两汉皇帝曾多人多次到汾阴祭祀后土，影响了之后的历朝历代。

（三）从祭祀后土，到千古绝赋《秋风辞》

汉武帝在后期巡行后土祠时，留下了脍炙人口的千古绝赋《秋风辞》。

汾阴（万荣）后土祠不仅是汾阴最早建立的后土祠，也是汉武帝第一次到汾阴祭后土，距今已2100多年的历史。

《秋风辞》

秋风起兮白云飞，草木黄落兮雁南归。
兰有秀兮菊有芳，怀佳人兮不能忘。
泛楼船兮济汾河，横中流兮扬素波。
箫鼓鸣兮发棹歌，欢乐极兮哀情多。
少壮几时兮奈老何！

这才有了自汉武帝起，汉、唐、宋以来黄帝亲祀后土的事。

（四）后土祭祀进入皇家祀典，并在民间悄然兴起

后土祭祀进入了皇家祀典的队列，后土文化也进入了正统文化。

在汾阴对后土的祭祀也随着帝王祭祀后土地点的反复调整而深入到了民间。在帝王不来汾阴祭祀后土时，民间的祭祀悄悄开始了，后土文化于是从庙堂到民间。

（五）后土人格神（后土娘娘）成为正统神

两汉时期，从后土庙到后土祠的建设，真正让后土娘娘有了自己的容身之地。

五、两汉时期：其他黄帝祭祀后土，继续皇家祭祀地位

继汉武帝六祀后土之后，汉宣帝两次到汾阴祭祀后土，汉元帝三次到汾阴祭祀后土。汉成帝又先后四次到汾阴祭祀后土。东汉建武十八年（公元42年），光武帝率群臣到汾阴祭祀后土。这是汉

朝皇帝最后一次到汾阴祭祀后土。

光武帝刘秀祭祖归来，也曾经专门到汾阴祭祀过后土，这次行动在名义上延续了汾阴后土祠的皇家祭祀地位。

六、唐玄宗：扩建后土祠，两祀后土祠

随着历史的发展，汾阴后土祠（万荣后土祠），趋于冷清，直到唐代，唐玄宗下令重建，并亲自祭祀汾阴后土祠，并把汾阴县改名为“宝鼎县”。

唐朝发迹于河东，河东被视为唐朝的大后方，而且唐朝的社会风气相对开放，各种教派和文化都得到了充足的发展空间。特别是道教老祖是老子李耳，唐代时对道教极为推崇。后土娘娘作为道教的神仙，得到了格外的优待。

（一）汾阴后土祭祀以普通民众为主，国家后土祭祀移至京城南北郊

由于两汉之后，皇帝已经有很长时间没有来汾阴祭祀过后土了，普通民众是后土祭祀的主体，形成了特殊的民间祭祀方式。

国家对于祭祀后土，经过西汉末年的宗教改革，国家对后土的祭祀改为在京城的南北郊进行，这是中央集权制的要求，也是已经在正统文化中占绝对优势的儒教文化的要求。

（二）唐玄宗一祀后土祠

开元十年，唐玄宗在由北都太原返回长安的途中，决定来年二月十六到汾阴祭祀后土。唐玄宗对此采取了谨慎的尊重态度。他仍然采取朝廷认可的“方丘仪”祭后土仪式，在后土祠的大院里，筑造方坛。

开元十一年（723年）二月十六，唐玄宗按照祭“皇地祇”的仪式，在汾阴隆重祭祀后土。祭祀完毕后，在后土祠掘得两尊古代宝鼎，为了表示永久纪念，下诏把汾阴县改为“宝鼎县”。

（三）唐玄宗二祀后土祠

到开元二十年（732年）十一月，唐玄宗到宝鼎后土祠举行酬神还愿的“赛礼”，礼毕之后，大赦天下。唐玄宗还亲自撰文《后土神祠碑铭》，并刻石纪念。

（四）后土文化起到教化民众的作用

唐玄宗称后土祠为皇宫，建筑非常辉煌高大。

道教在唐王朝首先建立统治的河东地区，得到快速广泛的发展。后土文化在这个时期也得到了

快速的发展，祠庙内出现了后土娘娘的塑像。后土文化更多的是融合了儒教、道教、佛教等其他文化的影响，适应了当地群众的各种需求，成为帝王笼络人心，对民众进行教化的工具。

（五）后土人格神（后土娘娘）具体化

后土文化在这个时期也得到了快速的发展，祠庙内出现了后土娘娘的塑像。

唐代诗人李峤的《汾阴行》一诗，对开元年间祭祀后土的盛况有如下描述："斋宫宿寝设储供，撞钟鸣鼓树羽旂"。"河东太守亲扫除，奉迎至尊导銮舆。五营夹道列容卫，三河纵观空里闾。""埋玉陈牲礼神毕，举麾上马乘舆出。彼汾之曲嘉可游，木兰为楫桂为舟。"

七、宋真宗：大修后土祠，后土崇拜达到顶峰

帝王们对后土的祭拜活动发展到宋真宗赵桓时达到了高潮，但也是最后的一次。

《宋史》记载：梦中玉帝告诉宋真宗，赵氏的祖先是人皇九人中的一个，第二次下凡是轩辕黄帝，第三次下凡则是赵氏始祖。所谓"人皇"（天皇、地皇、人皇）之一，传说他长有九头，有兄弟九人，分管九州。

（一）大修后土祠

据《河东历史大事记述》和《荣河县志》所载，大中祥符三年（1010年），在文武百官、老者、道释等人的再三上书请求下，宋真宗本着履行帝王职责，让百姓享受祭神祈福带来的吉祥，决定在次年到汾阴祭祀后土。

为了此次祭祀，派兵士5000人修筑通往后土祠的道路，责成有关官员制订祭祀的礼仪程序，宋真宗专门拨款大规模扩建了后土祠，使其成为宗教建筑的最高水平，扩建后的后土祠像一座宫殿，改名为太宁庙，取太平安宁之意，行宫祠庙，扩建后的后土祠规模据称"海内祠庙之冠"。宋真宗扩建后土祠祀后，在后土祠内新塑了后土圣母像，把后土圣母赐封"承天效法厚德光大后土皇地祇"。大地崇拜文化达到了顶峰。

宋真宗在大中祥符四年（1011年）春天，率文武百官到河东祭祀后土，其礼仪十分隆重，史称"跨越百王之典礼"。祭祀活动结束后，宋真宗在后土祠旁边的穆清殿大宴群臣，"赐父老酒食衣帛"。此次祭祀（大中祥符三年）从出发到祭祀完毕长达三个多月，祭祀完后，宋真宗同时还作《汾阴二圣配飨之铭》碑文，并亲笔书丹，"汾阴二圣配飨"祀后土。宋真宗引经据典，追述汉唐祭祀后土之盛况，讲祭祀天地尤为祭地的重要性，表达宋代奉后土圣母之诚心，并把他伯父太祖和父亲太宗配祀祠内，与神共享天下臣民的香火之敬，以追忆怀古。

在大中祥符四年祭祀后土时，宋真宗在黄河岸边看到"荣光溢河"，即祥瑞之光出于后土祠旁

的黄河中，便下令改宝鼎县为荣河县，以资纪念。荣河县的名称一直沿用到1954年。宋哲宗元二年（1087年），因后土祠年久失修，庙貌颓圮，官方又派人对后土祠进行了一次大规模的维修。

（二）亲祀后土神

这是我国历史上继汉唐之后最大的也是最后一次祭祀后土的盛举。

（三）后土祠规模达到海内祠庙之冠

北宋时期的后土祠，庄严宏伟，为海内寺庙之冠。庙南北长732步，东西阔320步，约合950余亩，体现了中国祭祀建筑的最高等级。

八、金朝与元朝：后土祭祀常态化

从《荣河县志》中就可以看到，与宋朝同一时期的金朝，和宋朝后期的元朝，皇帝虽然没有亲自到荣河祭祀后土，但在金章宗完颜和元世祖忽必烈时，都曾专门派遣官员到荣河祭祀后土。此举动反映出后土的祭拜已没有固定时日，已成常态。

九、明朝：郊祀天地移至北京

明成祖时北京建天地坛，除了用于祭天，也代替后土祠祭地，后又建方泽坛即地坛专门祭地，天地坛改为天坛。汾阴后土祠原址在“泽中圜丘”，即汾阴脽上，天坛内也建有“圜丘坛”，表明天坛与后土祠的渊源。

明朝万历年间，黄河水泛滥，汾阴脽丘被河水淹没，后土祠首次移建。

建于明代永乐年间的社稷坛，就是明代皇帝祭祀土地神和谷神的地方。明代皇帝在社稷坛的祭祀活动，实际上是对汉、唐、宋各代皇帝祭祀后土的延续。明代嘉靖九年（1530年），又在北京安定门外修建专门祭祀土地神的专用场所。但在山西南部，民间对荣河后土祠的祭祀活动，依然举办得十分隆重。

十、清朝：后土祠冲毁及再次移建，后土祭祀由官方转“民间”

后土祠再次移建设。清顺治十二年（1655年）清朝康熙元年，黄河决口，后土祠建筑全部被冲毁。清同治九年，荣和知县戴儒珍将遗留在黄河泥沙里的残骸打捞上来，再次移建于庙前村东北的高崖之上，这就是今天所看到的后土祠。

后土祭祀，“官方”转“民间”。到了清朝末年，后土的祭祀活动由官方转为“民间集会”，庙会已初见规模。特别是清同治十三年（1874年），由于水患频发，荣河知县组织迁移后土祠，春耕祈祷土娘娘风调雨顺、五谷丰登，秋收则向后土娘娘献上收成的礼物，以示报答。

十一、中华人民共和国成立后：后土文化经历了盛—衰—盛的发展过程

中华人民共和国成立伊始，国家处于经济恢复时期，随着人民生活的改善和提高，后土文化又闪烁出时代的光辉，人们通过后土庙会祭祀后土，在发光大后土文化的同时把歌颂新时代融入弘扬后土文化的每一项活动之中。

20世纪60年代到80年代初，人们在摒弃后土文化中细微的封建糟粕内容的同时，后土祭祀被禁止和取缔。百姓对后土的祭祀就改为地下活动。

20世纪80年代以后，随着改革开放的深入和国家对重点文物的修复和保护措施的出台，后土文化的传承与发展又迎来了一个春天，政府开始管理后土祠，对庙宇进行了整修，被破坏的后土神像被修复。从1993年开始，后土春祭正式拉开了帷幕。

十二、新时期：后土文化与后土祭祀的发展迎来春天

中华民族一直是一个团结、包容的民族，注重根祖文化的发掘，重视五千年传统文化、农耕文化的保护和传承，主张统一、和谐、团结、友善的发展原则，崇尚道教“天人合一”思想，后土文化作为我国农耕文化的萌芽形态和中国起源最早的祭祀文化，受到了全球华人的关注，得到了政府和民间的重视。

尤其是随着人们物质生活的富余及对精神生活的追求，旅游业逐渐兴盛，随着旅游业的兴盛，万荣县人民政府开始全面介入后土文化的开发、修复和保护，在对后土祠风景区、后土祠进行了大规模的扩建改造后，又完善了后土祭祀活动礼制，之后，又对后土文化相关实物、器物及史料进行搜集、整理，对各种民间祭祀、求子、“品字台”唱戏等各种习俗的发掘、整理、保存，对涉及后土文化的各种戏剧老剧本进行了收集、整理，完善了后土文化的传承机制，加强对老艺人的保护扶持，成立了后土文化研究会，出版相关的图书等。

第五节　后土文化中祭祀形式的演变

一、后土文化祭祀主体：从官祭到民祭的演变

古代的祭祀礼仪隆重、等级分明，祭祀的对象和种类很繁杂，如上天（上帝）、地示、日月、山川、祖宗等，而且对天子、诸侯、卿大夫等因地位不同而有祭祀对象和祭祀礼仪上的区别。

后土祠最初是古代皇家祭祀“后土”的圣地，民间的普通百姓是不允许踏进庙门的。随着时代的变迁，后土祠古庙会从官祭—民祭—官祭—民祭，经历了漫长的历史时期，在时代变革和国家权利的影响下，庙会中的祭祀礼仪行为由复杂变得简单，但在百姓的心目中，对后土圣母的敬仰与崇拜是不能削弱和抹杀的。信仰后土、崇敬后土的意识一直影响着当地与周边的民众，信仰支柱也体现了人生价值的可靠落实，虽然人生价值的实现不能离开社会的进步与文明发展的要求，但能够赋予短暂人生永恒的意义。这种精神可以说是人生价值的追求，是建立在信仰支柱的基础之上的。

中国社会科学院民族文学研究所副所长尹虎彬的《浅谈后土与后土崇拜传统》认为，后土信仰渊源于古代神灵与祭祀的传统，是国家正祀演变为民间祭祀的产物，其时间应当在金元以后，特别是明末随着道教走向民间而形成的。

后土祭祀，传说始源于轩辕黄帝的上古时期（公元前2550年—公元前2450年）、尧（公元前2297年—公元前2178年）、舜（公元前2179年—公元前2139），后土圣母祭祀一直延续到今天。虽然社会一直在发展，民众的观念、思想也与时俱进，祭拜仪式、表演习俗也有所变化，但民众自发祭拜先祖、传承历史的初衷并没有改变，在长期的生活中，形成一种特有的文化自觉意识和信仰价值体系。

后土祭祀，带有神秘的文化色彩，又具有多样性和开放性。纵观后土祠古庙会，后土祠古庙会活动中体现出强烈和浓厚的原始性，表现出作为“海内祠庙之冠”的后土信仰的悠久历史和信仰力量的顽强。每年举办的后土祠古庙会，为许多人寻求精神安慰和精神寄托提供了平台，人们可以依靠祭拜的方式追求理想中的生活，构成了独特的文化空间。

（一）上古时代：人人可以祭祀社神

上古时代，中国的主要食物获取方式由渔猎、畜牧开始转为农耕为主，人们渐渐意识到土地的重要性，并把土地看作先民的命根子，对土地的自然崇拜进而将土地人格化，臆造出土地神，也就是“社神”，社祭正是发端于此。社是氏族部落、奴隶制国家和封建制国家奉祀的神灵，是地神，与稷神（谷神）合成为社稷。在远古时代人人都可以祭祀社稷，以表示对土地和谷物这两种实物的特别崇敬，象征了土地以及土地的产出。

（二）轩辕黄帝到两汉时期：典型的官祭，森严的制度

从轩辕黄帝到两汉时期，后土祭祀是帝王祭祀，是帝王文化的集中体现。

《礼记》中所说：“天子祭天地，诸侯祭社稷。”

《礼记·王制》中说：“天子祭天下之名山大川。”

《汉书·郊祀志》中说：“各有典礼，而淫祀有禁。”

可见天地与社稷的祭祀是有明显等级区别的，不按照规定祭祀时被禁止的。

汉武帝将后土定为总司全国土地的大神，在汾阴建后土祠，以国家名义对后土进行祭祀。

帝王们通过祭祀强化了人民的这种意识，把祭祀活动塑造成皇权不可侵犯的工具。这样，祭祖自然就成了与祭祀天地同等重要的国家大事了。帝王祭祀后土的目的之一便是维护其统治的主导地位，对社会秩序进行强化。汉武帝推崇儒家文化，而儒家的“和”文化中的“人和”最为重要，它强调以礼节来控制情感，推进社会秩序的和谐构建。而祭祀仪式正好作为礼乐的载体，在盛大的祭祀过程中可以达到对人民的礼乐教化，促进人与人之间的和谐，从而维护国家的稳定与和谐。对古代而言，农业是国家的经济支柱，帝王通过祭祀后土来祈求农业丰收，国泰民安，老百姓也希望皇家对后土的祭祀可以给自己带来丰收，这样民间与皇家在后土信仰上达成一致，形成个人与国家间的和谐局面，这本质上也是一种人与人之间的和谐，有利于国家的繁荣稳定。

（三）两汉时期：后土官祭同时，民祭悄悄开始

汉武帝修祠祭祀的意义大大超出了皇家的范围，在民间开始了广泛的流传，民间对后土的祭祀也悄悄开始了。民间对后土的祭祀有记载的可以追溯到汉武帝时代，元鼎四年夏六月的巫锦发现宝鼎事件。《汉书·郊祀志上》称“汾阴巫锦为民祠魏脽后土营旁”，巫锦是职业的巫师，他的行为是为百姓祭祀，地点在“后土营”的旁边。因为汉武帝修建的后土祠，是皇家专用的，不可能允许百姓靠近。而汉武帝来祭祀时，随从众多，需要同时修建临时居住的地方，这可能就是所谓的“后土营”。但“后土营”等于是皇帝的行宫，百姓也是不能随便出入的，所以民间祭祀的地点，就选在“后土营”旁边。

两汉时期，后土祭祀场地发生了多次变化，正是由于祭祀场地的变迁，让后土祭祀和后土崇拜，从皇家祭祀悄然蔓延到民间，从山西万荣开始，在更大的范围内影响了各地的民众。

虽然汾阴后土祠在后来失去了皇家祭祀的正统地位，但祭祀所形成的心理惯性还在继续。但光武帝刘秀祭祖归来，也曾经专门到汾阴祭祀过后土，这次行动在名义上延续了汾阴后土祠的皇家祭祀地位。

（四）两汉之后，唐宋时期：官祭与民祭并存

在封建社会中，特别是在西汉、唐、宋三个朝代，汾阴后土祠称为统治阶级宣扬“礼制”的重要场所，具有极其重要的历史价值。它形成了祭祀文化圈的中心，成为封建统治者有利的统治工具，在整个封建历史中扮演着重要的角色。

光武帝之后，在汾阴后土祠祭祀后土就进入了以民间祭祀为主的时代。虽然之后唐玄宗、宋真宗也来过汾阴祭祀后土，但从历史的长河来看，祭祀后土国家祭祀和民间祭祀并存。宋真宗至汾阴祭祀后土，也是源于官员和百姓请愿，归其缘由，是民祭激发的官祭。

宋代之后，在皇家逐渐淡出后土祭祀舞台之后，民间兴起了祭祀后土的热潮，其中一个很突出的表现就是，民众为了祭祀的方便，在自己生活的地方建起了大大小小的后土行宫，这些后土行宫多见于北方的河北、山西、陕西、甘肃一带。

（五）金元之后：民祭成为主流，官祭逐渐弱化

自从宋真宗隆重祭祀之后，延续上千年的皇家祭祀便告终了，再也没有一位皇帝来过这里。根据记载，宋哲宗时代，朝廷曾经对后土祠进行过修缮。

少数民族统治的金代和元代，朝廷也曾经派官员来后土祠祭祀，这一时期的后土祠祭祀都是由特定的官员完成的。到了明代和清代，对后土的祭祀改在北京的天地坛，在后土祠的祭祀朝廷连官员也不派了，纯粹由地方官民负责，演变成了纯粹的民间祭祀。

（六）清代之后：从祭祀活动到“民间集会”

到了清朝末年，后土的祭祀活动由官方转为“民间集会”，庙会已初见规模。特别是清同治十三年（1874年），由于水患频发，荣河知县组织迁移后土祠，春耕祈祷土娘娘风调雨顺、五谷丰登，秋收则向后土娘娘献上收成的礼物，以示报答。

二、后土文化祭祀对象：从自然神到人格神的演变

祭后土体现的是人们对大地的崇拜。远古时期，远古民众对土地的生育能力极为膜拜。先民们对土地的物质属性的崇拜，随着人类社会的进步和自身思维能力的提高，演变成了后土信仰。中国人从黄帝时期就可以开始有了“拜土”习惯，当人认识到人与神一样也可以带来福祉时，出现了人格神。后期，各个阶段的统治者根据自己的利益创造了许多拟人化的神灵。整个神的“人格化”过程缓慢而多元。

对土地的崇拜经过了长期的发展，经历了由自然神到人格神的转变，使后土成为民间最亲近的

神和无处不在的神，对土地的崇拜由对土的自然属性的崇拜升华到政治伦理的高度。

同时因为对女性的崇拜，后土被塑造成了女性的形象，这就是后土祠中供奉的后土娘娘。在道教文化中，后土为地，为中央神，生日为农历三月十八。

后土祠反映出的后土文化所衍生出的人格化的观念："地势坤，君子以厚德载物。""坤，地也，故称乎母"。后土作为母系氏族社会的一位杰出首领，为人类创造了良好的生存环境，故被尊为后土。

三、后土文化祭祀地点：从山西万荣到北京天地坛的变化

轩辕黄帝祭祀后土选址汾阴脽上。

两汉时期的后土祭祀因为中央集权制的发展，道教儒教文化的角力以及皇帝的个人喜好，祭祀后土的地方出现了多次反复的变迁，有时在汾阴后土祠，有时在京城南北郊，有时在甘肃甘泉，还有的时候皇帝在泰山祭天同时在泰山脚下祭祀后土。

明朝万历年间，在北京建立了天地坛，用以代替后土祠祭祀后土。

四、后土文化祭祀载体：从后土祠到民间土地庙

（一）方坛

先古时期，祭祀场地为：泽中方丘。

根据《周礼·春官·大司乐》，周代时天子夏至祭地于泽中之方丘。天子祭地的方丘是在有水环绕的方形高台上。

据《后汉书·祭祀下》说："方坛、无屋、有墙门而已"。在古代"方坛"一般是用于祭地的，来源于古人对"天圆地方"的认识。

《太平御览》载："伏羲坐于方坛之上，听八风之气，乃画八卦"。

（二）后土庙

据《资治通鉴·汉纪七》记载，汾阴后土祠正式建庙始于西汉文帝后元元年（公元前163年），进而形成制度。

庙坛成为人们祭祀的载体，无论是祭祀土地，还是其他的祈福祭祀，均依托庙坛的形式。中国古代的庙坛文化很发达，大大小小的土地庙坛遍布广泛。

（三）后土祠

从汉武帝扩庙为祠，到宋真宗拨专款大修后土祠，后土祭祀的已经非常庄严神圣。

（四）北京社稷坛、地坛

北京社稷坛至今还有代表天下土地的五色土。《尚书》记载：“王者封五色土以为社。”据史料记载，天子和诸侯可以建社稷坛，天子之坛广五丈，诸侯半之。天子之坛有五色土，诸侯的坛只有一色，由天子派定，天子从社稷坛中按不同的方向取土，然后交给诸侯带回去立社，这就是“封疆裂土”，土地时封建社会权利、财富的象征。

地坛祭拜的是虚拟的土地神。

（五）民间土地庙

宋代之后，在皇家逐渐淡出后土祭祀舞台之后，民间兴起了祭祀后土的热潮，最突出的形式就是北方的河北、山西、陕西、甘肃一带出现各种形式的后土祠庙。全国约有16000多座后土祠庙，可见后土受尊崇的程度。在河北一带出现了后土相关的地灵传说和民间祭祀，福建、广东一带尊后土为“地母娘娘”，并建有众多的地母庙。中国台湾地区供奉有地母娘娘的庙宇达到1500多座，人死后还有在坟墓中供奉后土的牌位等。

在中国的大地上，特别是广大的农村地区，随处可见小小的简陋的土地庙，供着土地公土地婆，慈眉善目，香火旺盛。这些分布全国各地的后土庙说明了对后土文化影响的广泛性，后土庙逐渐遍布全国的过程也是后土文化在全国传播的过程，后土文化以自己对土地的最深切的崇拜和热爱影响了几千年民众的心理和道德。

传统不仅仅意味着对业已逝去的历史的记忆，传统之所以能够在今天仍具有其生命力，可能是人们运用了传统的象征符号来证明某种行为的合法性，况且历史并未因政治制度和社会文化的变迁而发生断裂，只不过是并不如以前那样如此鲜明的对人们的生活发生巨大而深刻的影响。

第八章

黄河后土文化在万荣的表现形式

第一节　万荣黄河后土文化文物古迹

截至2019年10月，我国已核定5058处国保单位，其中山西530处，运城102处，山西在全国各个省份中位居第一，运城在全国各个地级市中位居第一。在《山西寺庙大全》一书所列举出来的后土建筑中，分别为汾阴后土祠、庙前村后土祠后土庙、后土神庙。目前万荣保存相对完整，具有较强的文化旅游价值的为位于庙前村后土祠（万荣后土祠）。

除此之外，黄河及后土文化相关的文物古迹资源还有古代建筑的文化代表东岳庙、黄河文化中“善”文化的重要载体李家大院以及我国现存唯一的宋代庑殿顶建筑稷王庙等。

一、后土文化建筑

（一）万荣后土祠

万荣后土祠是国内最具规模的后土祠庙，1996年被国务院确定的第四批全国重点文物保护单位。史载其创建于汉元鼎四年（公元前113年），汉武帝巡行汾阴祀土，建后土祠，定为国家祠庙。唐开元年间玄宗三次来此祭祀，并扩建祠庙。北宋大中祥符四年（1011年）宋真宗赵恒来此祭祀，并大规模扩修，其规模是现存后土祠面积的25倍。明万历年间后土祠受到黄河侵蚀，向东迁建。清顺治十二年（1655年），黄河水决，冲毁后土祠，仅留秋风楼和门殿。康熙元年（1662年），黄河再决，后土祠全毁。康熙二年移地重建。同治六年（1867年），后土祠再次被黄河冲毁。同治九年（1870年），后土祠再次移建于庙前村北的高崖上，即为今址。现存的万荣后土祠为中轴线布局，左右对称，充分体现了我国传统建筑的布局理念和中国古代礼仪思想。

位于黄河岸边的后土祠是我国农耕文化的代表性建筑群

（供图：薛俊）

（二）万荣后土文化雕刻及碑文

万荣后土文化雕刻及碑文集中在后土祠。几乎各个殿宇的柱、斗、梁、雀替等构件上都雕有各异的图案，其中圣母殿雕刻以浓郁的生活气息著称，献殿则以花卉雕刻见长，松、竹、梅、兰多具韵味，戏台前檐半镂空雕饰，行龙、蕙草栩栩如生：秋风楼柱、枋、拱的雕饰，技法不同，风格各异，艺术造型与建筑本身堪称小木作之精品。

碑文包括大中祥符四年（1011年）宋真宗赵恒御制御书《汾阴二圣配飨之铭》碑、明代重刻金代《蒲州荣河县创立承天效法厚德光大后土皇地祇庙像图石》碑和《轩辕扫地》碑，元刻汉武帝《秋风辞》碑。

从后土祠的发展历史可见，它是华夏儿女最神圣最古老的祖祠，也是历朝历代皇帝祭祀后土活动次数最多、规模最大、级别最高的皇家祠庙。因此，后土根祖文化不仅是中华民族文化的肇始和根源，也是民族文化的轴承和核心，其旅游资源品位极高。位于其正殿之后的秋风楼外部形制俊秀，内部结构精巧，构思奇妙，工艺超群，巧夺天工，实为现存古建之珍品，堪称神州一绝。秋风楼中珍藏着的石刻《秋风辞》是汉武帝在汾阴游玩时高兴到极点，乐极生悲，感叹人生短暂，惧怕老之将至即兴写下的，可谓是一领风骚数千年。藏于祠内东北厢的盛赞宋太祖和宋太宗“二圣”的石刻《汾阴二圣配飨之铭碑》是一块特大御制御书碑。它既保存了历史资料，又留下了书法艺术，这在历代帝王中是唯一的，其价值极为珍贵。除此之外，保存至今的宋代石刻庙貌图证明了北宋汾阴后土祠在建筑史上的地位之高，价值之大，以及建筑风格对明清故宫和天坛影响之深。由此可见，后土祠是中华民族传统文化中一处重要的古建遗迹，历史悠久，遗存丰富，具有极珍贵的历史价值、艺术价值和科学价值。

二、东岳庙

飞云楼是我国古代楼阁建筑发展演变中的一个重要实例，在形式和功能上继承了我国传统楼阁的艺术特点，在技术上对木质楼阁的建造进行了新的尝试，提供了新的技术，在中国楼阁建造史上极具特点。楼座所处位置特立独行。同处一县的万荣后土祠秋风楼，虽然冠以汉武帝著名的《秋风辞》为名，但也只能藏在主殿之后。解州关帝庙春秋楼气势非凡，同样也只能立于崇宁殿后。只有飞云楼特立独行，雄踞门首。据庙内碑文记载，东岳庙始建于唐贞观之前，是一座足以与泰山东岳庙媲美的道教庙宇，殿宇轩昂，门楼亭殿齐备，完全是宫殿格局。如此高规格，是因为庙里祭祀的是主管人间生死和阴曹地府的东岳大帝——黄飞虎。

正殿东岳大帝殿是庙内的主体建筑，双檐歇山顶和四周的龙柱回彰显着这座殿堂的高贵。琉璃屋顶和高耸精致的鸱吻，又描绘出建筑的华美。加上相连的享亭，层层映衬铺垫的午门和献殿，都突出了正殿的至尊地位。

飞云楼虽始建于唐代，经专家鉴定，明代建筑特征明显，那精巧灵动的飞檐翘角，疏密有序的额枋斗拱，将明代建筑的精华表露无遗，可称明代建筑的代表之作。因为历代均有修缮，又能看出其他朝代的痕迹，如唐代的雍容大气、宋代的典雅精致和清代的严谨华丽。难怪各方游客不避寒冬酷暑至此，或构图，或丹青，内外摄影，墨染成画，然后三三两两于楼前摄影留念，饱赏眼福更有文人墨客，题诗赞颂：“木柱林立撑楼体，层层回檐视野阔。密密斗拱变化多，五彩琉璃布顶部。飞云追月欲腾空，状如莲花开古城。登楼遥忆李世民，平叛除逆镇河东。”

三、李家大院

李家大院是清至民国时期晋南首富李子用的家宅。始建于清道光年间，坐落在万荣县闫景村，与乔家大院、王家大院并称为“晋商三蒂莲”，素有“乔家看名，王家看院，李家看善”之说。整体建筑为竖井式聚财型山西四合院，同时吸纳了徽式建筑风格，因道行曾留学英国，部分院落为“哥特式”建筑，是南北融汇、中西合璧、三晋无匹的晋商大院，浓缩着汉族传统文化的深厚底蕴，有着极高的文化价值、艺术价值。

（一）建筑结构

主体建筑为竖井式聚财型四合院，同时又吸纳了徽式建筑风格，融合了中国南北两大建筑特色。古院落群布列有序，层次分明；体量宏阔，用材肥硕；结构严谨，通风透光。

传统的四合院藏风聚气，精致的大宅门接地通天。李家大院建筑的砖雕、石雕、木雕及铁艺等饰品有晋南地区汉族民间多子多福、三星高照、五福临门、松鹤延年、耕读传家等吉祥含义，体现出晋南的汉族民俗、民风和文化特点。因西院院主李道行曾留学英国，并娶英国女子麦克蒂伦为妻，部分院落为欧洲“哥特式”建筑风格，从而又呈现出中西文化交流融合的艺术特点，为汉族地方特色民居中的独例。

（二）雕刻装饰

石雕多饰于房屋基础部分，主要是柱础石，此外还有夹门石和门狮等。木雕装饰品主要分布在房屋的结构部分，如梁枋、檩条、瓜柱、斗拱等主要构架和撑木、挑头、梁垫、雀落等构件，以及构成外廊空间的天花、桶扇、门窗上的木雕。木结构外露部位，如屋檐、门罩等多有彩绘，流畅细腻。砖雕主要饰于木结构门庭外的八字或一字影壁上，以及仿木结构的垂花门罩、檐椽、额枋、斗拱、牌匾、下垂的莲柱等。院里的砖雕一般分布在墀头、山墙、正厅两侧的墙壁，二门两边的院墙、园林里的花墙等处，其精湛的雕刻技艺和不朽的艺术价值，充分体现了古代汉族劳动人民的卓越才能和和艺术创造力。

李家大院建筑装饰艺术直接或间接取材于自然界和平民生活中常见的动植物、器皿、用具等。这些装饰艺术可分为人物类如福禄寿三星高照、八仙祝寿、渔樵耕读等，祥禽瑞兽类如蝙蝠代表福、鹤鹿同春、鱼跃龙门等，植物类如牡丹富贵、松竹梅等，文字类如私塾院外墙福寿题字，几何纹有盘长纹、银锭纹、龟背纹、万字不断头等，器物组合类有博古图等。这些具象的事物，通过能工巧匠的创作，把晋南的汉族民俗、民风和文化心理渗透其中。

作为晋南民居和晋商大院，李家大院是晋南汉族民俗文化和晋商精神的物化，为研究、展示和教育提供了场所。李氏家族历世以民间疾苦为怀，乐善好施、博施济众，善行善举无数，官民共誉，人称善人。其白手起家的历史、善行天下的美德，对传承中华民族优秀文化和建设社会主义和谐社会具有重要的促进和推动作用。李家大院蕴含着丰厚的文物价值和文化内涵，2006年7月，运城市委市政府提出以李家大院为基础，集中保护一批当地汉族传统民居建筑，建设运城市民俗博物馆，把李家大院打造成知名的文物旅游景点。

四、稷王庙

（一）发展沿革

山西现存的稷王庙多集中于晋南地区，是祭祀后稷的主要区域，晋南现存的稷王庙主要分布于万荣、稷山、新绛、闻喜一带，从区域上看，主要集中于山西省西南部，区域性分布较为明显。

万荣稷王庙坐落于万荣县南张乡太赵村北部，每年四月十七，是百姓祭祀后稷、关公、药王、送子娘娘的场所。

2001年，万荣稷王庙以金代建筑遗存被国务院公布为全国重点文物保护单位，其主要依据为大殿斗栱用材大、手法古朴、布局疏朗，屋顶举折平缓，为当时主流看法，并无太大争议。2007年北京大学考古文博学院文物建筑相关专家，对万荣稷王庙进行了田野调查，依据其建筑形制，初步判定大殿为北宋建筑，早于国保单位公布的金代。2011年5月14日中午，在山西万荣稷王庙大殿修缮后测绘中，确认为“天圣元年”（1023年）建设，曾于1288年重修。

（二）建筑结构

万荣稷王庙主要建筑为大殿和戏台组成，是现存最早的庑殿顶建筑，南北长80米，东西宽44米，占地面积3520平方米。稷王庙正殿面阔五间，进深六椽，单檐庑殿顶。斗拱用五铺做重昂，形式颇为独特。殿身构架形式及用材不依法式，但简省合理。正殿无通长大梁承托，俗称无梁殿。大殿屋顶翼角出檐深远、平缓，灵动飘逸，大殿周围有3米宽的回廊，有20余根石雕，殿前有2根水火盘龙石柱，是我国现存石雕珍品，回廊外围以52块花雕石板构成的屏栏上雕刻着花卉任务及八仙过海、竹林七贤、幽兰修竹、黄牛耕田等故事。大殿内供奉的是稷山及童子神像，稷王在尧舜禹时期为农官教民耕种，被称为我国农业始祖。

倒座戏台，创建于元1271年，彩绘部分于1921年重修，做法繁缛精巧，体现地方特色，戏台前沿砖基中心镶嵌有元朝八年小碑，是我国金元杂剧活动重要的史料，现移嵌在正殿内东墙上。

第二节　万荣黄河后土文化自然景观

万荣与黄河后土文化的相关自然景观资源有黄河湿地、孤峰山、庙前渡、张仪古道等，具有丰富的文化内涵和极大的开发潜力。

一、黄河湿地

万荣境内的黄河湿地属于运城市辖区的黄河湿地保护区内，运城黄河湿地保护区是山西省目前最大的湿地自然保护区，区内现有鸟类238种、兽类28种、两栖爬行动物38种、植物64种、鱼类52种，是我国黄河中游重要的湿地区域之一，也是国家重点保护野生动物天鹅、灰鹤在我国北方主要的越冬停歇地。

二、孤峰山

孤峰山风景区位于万荣县城南8千米处，是一处集观光旅游，休闲娱乐，宗教文化为一体的旅游胜地。它既是一座风景名山，也是一座历史名山。

孤峰山因拔地而起，孤傲不群而得名，因为此山不与它山相接，是唯一一座伟岸孤傲形山体，所以它也被称为亚洲的“金字塔”，又因此山从四面看形状如一，没有“横看成岭侧成峰”的感觉，所以又获“方山”之称这就是此山的特别之处。这个“孤”字历朝历代，只有最高统治者才能用，可见此山地位的不同凡响。

孤峰山山体占地面积24平方千米，加上山前丘陵和坡地面积仅百平方千米，最高点海拔1411.2米。在孤峰山主峰顶部有深30米、口径5米的大山口，名曰“海眼”（亦称“发云洞”），据说直通海底，每当大雨将临，“海眼”腾云吐雾，山体雨雾蒙蒙，颇为神奇壮观。历史上的“双泉流碧”“唐寨秋风”“柏林晚照”“桃洞春情”“雕岩齐雪”“法云远眺”“范台月夜”等万泉八景尽藏其中。山上有隋唐以来道教、佛教、儒教文化的遗迹和寺庙，山顶有始建于周的佛教道场法云寺，法云寺规模宏伟，僧道众多，香火鼎盛。

三、庙前渡

庙前渡位于张仪古道的尽头，相传张仪正是从此渡过河的。据《左传·鲁僖公十三年》载，“冬，晋荐饥，使乞籴于秦。秦输粟。”“以船漕车转，自雍相望至绛”。漕粮由今陕西凤翔县南起运，装船沿渭河东下至潼关入黄河溯水而上，于今荣河镇庙前村入汾河，继续逆水行舟至今新绛，转陆运至今翼城南，史称“泛舟之役”。

此后，庙前渡口由于独特的地理位置，在各个历史节点都扮演着“起承转合”的关键角色。除了曾让张仪从此渡河而去，还有不少历史记载。

汉建安十五年（210年），“韩遂、马超等反关右，魏太祖曹操遣徐晃屯汾阴，以抚河东”。唐开元年间，漕关东之粮不足京师之用，于是，益漕晋绛魏……之租。当时的漕运是沿汾河南下，于庙前入黄河后继续南下，至潼关入渭河后溯水而上，运抵长安。

唐开元十一年，苏颋作为礼部侍郎，随唐明皇赴汾阴祀后土，曾作《祭汾阴乐章》。然世事无常，就在当年冬天，却被外放出京，途经汾阴，失意中写下《汾上惊秋》：“北风吹白云，万里渡河汾。心绪逢摇落，秋声不可闻。”

北宋时期，关中州郡的漕粮自渭汾入黄河，顺流而东下，过三门峡，过郑州，转入汴河，运达京师开封。

明崇祯十六年（1643年）十月，李自成攻占西安。其部将白鸣鹤、李友等自荣河县偷渡过河，占蒲州，克平阳、河津、稷山等。

中华人民共和国成立后，庙前等渡口从事煤炭运输的木船40余只，从河津苍底装煤，沿汾河航道运至庙前渡，由此入黄河运至风陵渡。或继续东运至大禹渡、三门峡，或由潼关溯渭河而上至渭南。

不断前进的历史车轮一路风尘，到了近代，古渡与古道仍为人们提供着方便。特别是1937年秋，朱德、邓小平、任弼时、左权等率八路军总部自韩城芝川渡河，经张仪道北上太行，掀开八路军抗战新的一页。

四、张仪古道

周威烈王十七年（公元前409年），魏文侯伐秦，还师中筑汾阴城，过了黄河，就来到了张仪道。那一年，张仪道畔还是十余丈高的汾阴脽，脽丘北侧是轩辕氏的扫地坛，脽丘南侧就是魏文侯所筑的汾阴城。从此，这里成为秦魏拉锯战的前沿阵地。周显王四十年（公元前329年），秦伐魏，渡河取汾阴。它的军事地位和都城安邑一样重要，宋真宗曾称此城为故魏之国都。

如果照此推论，张仪道虽先于后土祠，但与后土祠共荣共生。民国版《万泉荣河县志》中有一张“荣河县全图”，从图中可以找到张仪道——从张仪村出发，沿县道一路北上至荣河县，然后西行过后土祠至黄河庙前渡口。

伴随着渡口的兴盛，张仪道也发挥着不可替代的作用，许多有影响力的人物从这里走过。汉元帝竟宁元年（公元前33年），王昭君奉命和亲，自汾阴东渡黄河，经张仪道北上。

东汉光武帝建武元年（公元25年），刘秀任邓禹为大司徒。邓禹攻占河东后，率部经张仪道，自汾阴渡河入陕。

张仪古道亦名汾阴道，古已有之。张仪当初穷困潦倒、游说入秦之时，曾过此道。后来，张仪拜相，以“横”破“纵”，功成名就，因为他是从这条路走出去的，后人便开始以他的名字命名这条道，一直流传至今。

第三节　万荣黄河后土文化乡风民俗与民间艺术

万荣的黄河及后土文化具有深厚的民间基础，在乡风民俗、民间艺术以及民间艺术资源如传统服饰、风俗文化、艺术作品等方面都有所体现。

一、万荣后土文化的服饰文化

万荣县南临夏县，相传5000年前，西陵（今夏县西阴村）有位姑娘叫嫘祖，她在夏县发现了丝，并学会了用丝织布，从此人类便有了服饰。《通鉴外纪》赞扬嫘祖“治丝茧以供衣服”。自嫘祖在山西夏县养蚕织绸以来，万荣服饰经历了5000多年的改革和发展。在这片土地上人们创造出的不仅有兜肚、童鞋童帽、布腰带，精巧的马甲、绣衣，古朴的围嘴、耳套，色彩鲜艳的花鞋垫、百折大花裙、精巧别致的绣花鞋，还有老汉头上的羊肚手巾、腰里别的旱烟袋。从头至脚，由老及少，品种齐全，做工精致且实用，是几十辈劳动人民的智慧结晶。万荣县民间服饰品上最常见的装饰方法就是刺绣。民间的刺绣艺术品，大都出自农村劳动妇女之手，具有独特的艺术风格，图案纯朴、色彩艳丽、构图简洁、造型夸张、针法多样、绣工精致。

万荣传统手工刺绣

（供图：胡晓立）

二、万荣后土文化的风俗文化

（一）后土祠庙会

每年的农历三月十八和十月十五——社日，后土祠都会举行盛大的后土庙会，随着时代的变迁，后土祠古庙会从官祭—民祭—官祭—民祭，经历了漫长的历史时期，在时代变革和国家权利的影响下，庙会中的祭祀礼仪行为由复杂变得简单，时至今日依然保留着原生型祭祀文化、民俗文化的特点与内涵，每年社日，社家就请来两个戏班在东西两侧的“品”字形舞台同时演出，老百姓称之为对台戏（实际上是并台戏）。后土祠的对台戏，讲究东起西落火炮戏。东台要先开始，西台最后完。火炮戏主要是在开戏之前，以点炮为号，互相联络，双方都做好演出准备。

一旦戏开演，鞭炮火铳齐鸣，战鼓锣钹一起敲，越卖力，越叫好，越激烈，越过瘾。生旦净末丑相继出满一台子，行当齐全。舞台最中间垒着两张桌子，桌子上再放一把椅子，两边左右再各放一张桌子，桌子一边再放一把椅子，摆成宝塔形状。演员出场时，没有台词，只是在锣鼓声中按本行当的架势亮相，做一些程式动作。然后一个接一个上椅子，上桌子，最后上到中间最高的两张桌子上，像元帅坐帐一样往椅子上一坐，威风凛凛。生旦净末丑，各有各的姿势，千媚百态。表演完后，从下场门慢慢而回，火炮戏算是告一段落。紧接着就开正戏，三插（折）一本，风雨无阻，要一直唱到鸡叫为止。后土祠每年庙会的当晚是彻明戏，就是一天一夜不能刹戏。正会晚上，要给后土娘娘上贡，烧香的人太多，队伍排得老长，有的整整排了一夜，到天亮都还没轮上，只好到正殿外边的砖台上烧把香了却心愿。所以，两台戏一整夜都不能停。演员们这一天不能卸妆、休息，吃饭要在后台解决，锣鼓一敲还得立马上场。中华人民共和国成立后，万荣、河津、乡宁、夏县、吉县等地的蒲剧团，都在后土祠里对过戏。

（二）社火

与民间的“香火”还愿风俗（庙会风俗之一），如同孪生姊妹，正像民俗所述：“社火娱神，香火娱人”，其含意深邃而味长。万荣当地的社火，最具特色的是一种极为疯狂的活动——“扎马角”，即用近乎筷子粗的金属制成的钢钎从嘴中向脸颊的某一侧刺出。此项活动源于古代的祈雨仪式，求天降甘霖。因古代的人们对大自然的认识有限，往往在回村路上可能遇到头戴帽子之人认为有避雨之嫌，对求雨不太吉利，故就让扮马角之人挥鞭赶打之。有时两村求雨可能会路遇，所以扮马角嘴插铁钎以示威，显示其强悍勇猛，并以此感动上天，在逐渐的演变中现在已经成为黄河岸边一种群众活动，人们以此欢度节日，让马角鞭打人以求打掉邪气，感天动地，祈福求祥，福佑百姓。

（三）锣鼓上庙

元宵节的祭祀活动都由“锣鼓上庙”来拉开序幕，由各村村民自发组织锣鼓队，到后土祠内表演节目，祭祀后土祈求福报。2015年的元宵祭祀活动由民间组织，联合了原来的10村6社，也吸引了附近的荣河，更远的临猗，新绛等县民众的参与。祭祀活动从正月十四开始，各村按照要求提前对人员，时间，祭品等做了安排。正月十四一大早，由贡品、旗队、花队、锣鼓队等组成的祭祀队伍，连同赶早祭祀求福看热闹的人群，浩浩荡荡的涌入祠内，拉开了祭祀后土活动的序幕，锣鼓表演、秧歌、旱船、家戏等凝聚着民众崇敬和期盼的传统社火节目轮番上演。后土祠“锣鼓上庙”由来已久，当地的锣鼓表演也是远近驰名很有特色。传统的高粱扎纸花是后土祠求子的必备品，黄色粉色的扎花摆在一起，汇成了花的海洋，分外鲜艳。龙凤柏边上现在新栽的低矮松柏上系满了祈福带，望子成龙，望女成凤，祈求龙凤呈祥，家和业兴。后土祠内熙熙攘攘，人们忙着虔诚的祈祷，广场及黄河边停满了全国各地牌照的车，即将启程开始新一年奋斗的人们都愿意在走之前到后土祠祈福，希望新的一年生活过得更好。

三、万荣后土文化的文学作品

（一）史书诗词

后土文化的相关内容至今还记载于很多文献资料之中，包括史料史书，如《山海经》《国语》《左传》《论语》《礼记》等。

（二）楹联

如万荣后土祠正殿柱上楹联“后配六合之天，至上至尊，圣德自应崇代代；土为万物之母，资生资育，世人所以称娘娘”，万荣陈振民的“问祖寻根，原出后土，唯期世代子孙，牢记汾阴后土祭；谋功建业，慨寄秋风，更愿阳刚士女，熟读汉武秋风辞”，万荣柴化安“轩辕脽上，扫地为坛，炎黄子孙，问祖不忘后土庙；汉武河中，赋辞题句，华夏儿女，咏怀常上秋风楼”。

（三）诗词

汉朝刘彻《秋风辞》《宝鼎之歌》，唐朝李适《后土祠》、唐朝杨巨源《后土祠送田彻》、宋朝赵恒《汾阴礼成》、元朝段成己《汾水秋风》、明朝张四维《汾阴祠怀古》、明朝薛瑄《后土祠》、清朝陈觐圣《后土庙自康熙元年河决被冲修志有感》、清朝刘允升《后土祠》等。

《秋风辞》刘彻：秋风起兮白云飞，草木黄落兮雁南归。兰有秀兮菊有芳，怀佳人兮不能忘。泛楼船兮济汾河，横中流兮扬素波。箫鼓鸣兮发棹歌，欢乐极兮哀情多。少壮几时兮奈老何！

《宝鼎之歌》刘彻：景星显见，信星彪列，象载昭庭，日亲以察。参侔开阖，爰推本纪，汾脽出鼎，皇祐元始。五音六律，依韦飨昭，杂变并会，雅声远姚。空桑琴瑟结信成，四兴递代八风生。殷殷钟石羽籥鸣。河龙供鲤醇牺牲。百末旨酒布兰生。泰尊柘浆析朝酲。微感心攸通修名，周流常羊思所并。穰穰复正直往宁，冯蠵切和疏写平。上天布施后土成，穰穰丰年四时荣。

《汾阴后土祠作》李适：昔予读旧史，遍睹汉世君。武皇实稽古，建兹百代勋。号令垂懋典，旧经备阙文。西巡历九嶷，舳舻被江滨。勒兵十八万，旌旗何纷纷。朅来茂陵下，英声不复闻。我行岁方晏，极望山河分。神光终冥漠，鼎气独氛氲。揽涕步脽上，登高见彼汾。雄图今安在，飞飞有白云。

《清明日后土祠送田彻》杨巨源：清明千万家，处处是年华。榆柳芳辰火，梧桐今日花。祭祠结云绮，游陌拥香车。惆怅田郎去，原回烟树斜。

《龙门八题　其八　汾水秋风》段成己：一曲刘郎发棹歌，欢情未已奈悲何。只今回首空陈迹，依旧秋风卷素波。

《后土祠》薛瑄：一木为桥渡断溪，山风水气冷凄凄。千年古庙苍崖下，万里河流正在西。

（四）民间传说

1. 女娲补天

远古的时候，大地四方尽头极远的地方崩坏，大地塌陷，天不能把大地全都覆盖，地不能把万物完全承载，火势宽广猛烈而不熄灭，洪水浩渺无边而不消退，猛兽吞食善良的人民，凶猛的鸟用爪抓取老弱。于是女娲熔炼五色石以补青天，折断鳌的四肢来把擎天的四根柱子支立起来，杀黑龙来拯救翼州，累积芦苇的灰烬以抵御洪水。苍天得以修补，四柱得以直立，洪水干枯，翼州太平，强壮凶猛的鸟兽死去，善良的百姓生存下来。

2. 钜灵坐处

远古时期，中条山和华山连在一起，洪水到此无法通过，形成汪洋大海。这时，汾阴脽上出了位英雄名为钜灵，他神力无比，伸出两臂将中条山和华山掰成两半，各甩一边，大水从中汹涌而过，直通黄河，奔流入海。从此，大地上水泻陆出，人类又有了生息之处。钜灵这才满意地坐下休息，其座下形成高阜，即成“脽上”。《平阳府志》说，“钜灵坐处”，即指此而言。各种祥瑞之气从此都向此地集结，以报钜灵，此地遂被称为“灵坛”。

3. 商汤不迁，夏社永存

脽上作为黄帝祭地之所，虞舜时期，将扫地而祭发展为立社奉之（甲骨文中，“社”字就作“土”，象征祭祀土地神的祭坛）夏王朝时期出现以整个大地为对象的抽象化的地神——后土，由国家专祀，亦称夏社（冬至祭天曰郊，夏至祭地曰社）。商汤灭夏之后，汤王一开始想搬掉夏朝祭拜的后土神位。他有一个部下叫齐力，说我们都是大地之子，生于尘，归于土，搬掉后土神位不妥。汤王接受了齐力的劝谏，不但保留了后土神位，且年年去脽上祭拜，死后就葬在脽上以北十里处黄河滩地，现今那儿还存有汤王陵遗址。

4. 汉成帝复祭

民间传说，汉成帝是第一个到后土祠拔花求子的人。汉成帝初年，丞相匡衡等人向汉成帝上奏，认为到汾阴祭祀后土，要“渡大川，有风波舟楫之危”，建议把对后土的祭祀活动改在长安北郊，汉成帝采纳了这一建议。但两年后，匡衡丢官。更为蹊跷的是，汉成帝即位许久没有子嗣，于是在公元前14年，皇太后以自己的名义下了一道诏令，恢复了皇帝至汾阴祭祀的先制。

5. 福字花瓶和悬柱

今秋风楼三层正中，有一悬柱。悬柱西北方向横梁上，有一福字花瓶。传说明时在扫地坛上初建秋风楼，楼高五层，后被黄河风浪卷倒。同治年间迁建秋风楼时，特在三楼正中加一悬柱，悬柱与四侧八根横梁相连，起到了稳固楼身的作用。站在悬柱下，沿福字花瓶远望，即为旧后土祠遗址所在汾阴脽。这一花瓶是在暗示后人，以悬柱为坐标，沿福字花瓶延伸至黄河河滩，才是帝王心中真正的祭地福地。

6. 西五虎殿木柱

西五虎殿前原为两根石柱，后有一根换为木柱。传说大清年间，有一商人借宿后土祠。祠内住持趁夜黑风高，盗取商人所携银两。因做贼心虚，梦见西五虎殿关老爷警告他，若不归还银两，天明定将他吊死在西五虎殿西侧的石柱上。住持惊醒后，又趁夜色将西侧石柱换为木柱。

7. 秋风残碑

秋风楼三层有一块元代石碑，上刻汉武帝《秋风辞》。碑缺一角，下半部分也是清代时补上去的。传说这块碑曾被黄河水冲到潼关。潼关知县夜梦黄水决口，一大早察看河滩时看到了这块碑，见是后土祠之碑，上又刻有帝王诗词，便用车马鼓乐，走州过县，将残碑送回后土祠中。

第四节 万荣黄河后土文化饮食特产

万荣与黄河后土文化相关的特色饮食资源有通化凉粉、荞麦饸烙、万荣苹果、柿饼等，这些美食在民间广为流传深受喜爱，已经融入万荣民众的日常餐桌。

万荣饮食受到黄河流域整体饮食宴席上的饮食习俗同样予以极大的重视，不仅讲究饮食内容和品种数量，还十分讲究上菜顺序；此外，宾客座席的次序、敬菜敬酒的礼节也自有一套规矩。这些讲究和规矩尽管各地不同，但是，入乡随俗，人人都要遵守，否则，就会被视为无礼、不敬。从口味上讲万荣饮食属于晋菜中的南路菜，口味以咸香为主，偏于清淡。因地处黄河金三角地区，又接陕西、河南，万荣的饮食文化也颇受秦、豫口味的影响。

一、万荣特色美食

（一）万荣通化凉粉

万荣通化凉粉牌子亮、名气大，不管是到运城或到河津，都能看到万荣通化牌子的凉粉，是一个行业的归属和认可。万荣通化凉粉是用红薯粉面加工而成，白晶透亮，软绵筋道，清凉爽口，佐以鲜红的辣椒油、柿子醋（或米醋），拌上生蒜泥、芥末、花椒等调味品，入口辛辣香酸生，越吃越有味。

（二）万荣荞面饸饹

万荣荞面饸饹是用上好的荞麦粉压制成细细的条状，形如同粉条，佐以红红的油辣子、酸酸的陈醋、酽酽的芥末、蒜泥、咸盐，拌匀即可使用，味辛辣酸生，有川味特色，异常美味。尤以荣河镇的饸饹最为出名和可口。荞麦经过加工制成荞麦面，可以加工成面条，压饸饹，捍圪坨，碗坨等，可以热吃，也可以凉吃。因其是无糖食品，因此也是糖尿病患者的美味佳肴。

（三）万荣宝井火烧

宝井火烧口感非常独特，因里面夹杂了大量用食用油炒的油面，口感非常香、酥，入口即香气四溢，所以在明朝和清朝就是敬献给皇上的贡品。

（四）万荣羊肉泡

万荣羊肉泡也称热锅子，是万荣一带对羊汤泡的俗称。用豆腐、粉条、羊血作为辅料加入汤内，泡的是起面饼子。有些食客比较挑剔，吃羊肉泡，关键就在于坐锅师傅凭技术调出最佳味道。这是个绝技，有的学徒跟着坐锅师傅一辈子也学不到真功。

（五）万荣荣河拌菜

荣河拌菜选择新鲜的蔬菜，最好是时令野菜，如荠菜、白蒿、苜蓿、洋槐花、苦苣等，清洗干净，将面粉、盐和调料粉放入切好的菜中，上下搅拌均匀后倒入盘中，再用面粉拌匀粉条和肉片，铺在菜上，上笼大火蒸熟。出笼后，再浇上一碗红油蒜辣子，一家人围着色、香、味俱全的荣河拌菜，好一派其乐融融、红红火火的祥和景象。

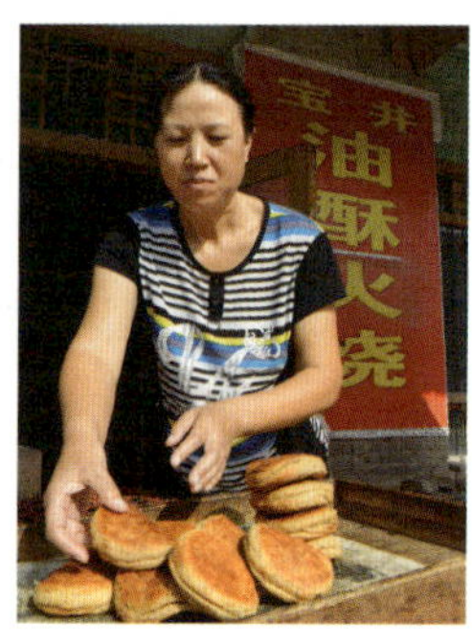

◀ 万荣荞麦饸饹

（供图：王敏成）

▶ 宝井火烧

（供图：王祯祥）

万荣荣河拌菜 ◀
（供图：张玉斌）

万荣煎馍 ▶
（供图：张启序）

（六）万荣奇香猪蹄

猪蹄含有丰富的胶原蛋白，是女性美容养颜的上品。而万荣奇香猪蹄是经过腌制、消毒、焖煮等十几道工序，加上桂皮、八角、枸杞等十多种香料和中药精心制作而成，酥香可口、肥而不腻，是聚朋下酒、家庭餐桌和婚丧宴席上一道亮丽的风景线。

（七）万荣煎馍

俗称摊煎馍。是由面、鸡蛋和花椒叶烙制而成。万荣煎馍看起来白嫩晶莹，闻起来椒香扑鼻，吃起来松软细腻。万荣煎馍做法简单，营养丰富，是万荣民间特色小吃之一。以前农村收罢麦，闺女回门探视父母，称作“看麦罢”。煎馍是“看麦罢”时吃的具有仪式性和季节性的一种美食，用麦秸火摊的煎馍蘸上蒜水，是人间美味，更是母亲的味道。

（八）万荣脆皮油糕

晋糕、油糕是晋南的传统美食，每到年关，当地家家户户蒸晋糕、炸油糕；平时，推着小车走街串巷的商贩摊位上都不难见到晋糕、油糕的身影。万荣脆皮油糕用小米面筛入开水锅，边加边搅拌，至熟透呈硬糊状即可，以此作面皮，红糖作馅，做成馅饼，下油锅一炸即可。色泽呈黝红色，趁热食用，味道最佳，入口表皮脆，馅儿香甜，撒上白糖，香甜可口，余味悠长。

万荣脆皮油糕
（供图：王敏成）

（九）万荣醪糟

万荣醪糟最早是出现在小吃摊上，现在运城及秦、豫、京、津、沪、粤等地小吃的醪糟，几乎都和万荣醪糟一脉相承，也是深受当地人们喜爱的一种大众化羹汤，香甜可口，色纯味正，经常是喝了一口就停不下来。

二、万荣特色农产品

（一）万荣苹果

万荣是“中国现代苹果产业十强县”，万荣苹果色泽鲜艳、个大形正、果面光洁，令人垂涎欲滴，其皮薄肉脆、酸甜适口，吃起来香甜脆嫩，堪称是“好吃好看好营养”。万荣苹果俗称“快乐的苹果”，不仅味道干脆甜美，而且“样式”繁多，勤劳而憨厚的万荣人为了满足千万消费者的品味需求，发明创造了带“字”的苹果，广受消费者青睐。多年来，万荣果农探索创造了万荣苹果种植的十大技术、十八道工序，实现了种植、浇水、施肥、生长、采摘、贮藏、包装等各个环节的精细化。首创的“双套袋”技术，为苹果成长提供了强大的技术支撑，既可以保护果面，减少病虫害，又可以把农药残留降到最低。率先实现苹果“生产有记录、流向可追踪、信息可查询、质量可追溯”，保障了人们“舌尖上的安全”。

（二）万荣柿饼

万荣柿饼有板柿和小柿两种。板柿个大，小柿个小，均无核，无顶皮，底盘皮小，霜白霜厚，肉色棕黄，甘甜可口。主要产地为汉薛、皇甫、高村、万泉、城关、里望、贾村、裴庄等乡镇，年产350多万千克。

◀ 万荣苹果

（供图：王春喜）

▶ 万荣柿饼

（供图：王春喜）

（三）孤山金梨

万荣县为“酥梨之乡”，孤山梨肉脆多汁，酸甜可口，风味芳香优美，色泽黄亮如金，故名“金梨”，个大、皮薄、汁多，曾为宫廷贡品。孤山金梨在名特优果品展销会上获“中华名果”称号，先后获得昆明博览会金奖、杨凌农博会后稷金像奖、林产品名特优新品种博览会国优产品，连续多年获山西优质水果奖、农产品金奖，被选为国宴专用水果。

（四）南张三白瓜

南张三白西瓜个头大，水分多，瓤口硬，口感细，耐贮藏，自成熟起最长可贮藏到第二年清明时节，独特的地理环境为三白西瓜提供了优异的生长环境，使其成为享誉晋陕豫的名瓜之一。果面平滑或具棱沟，表皮绿白、绿、翡翠色，间有细网纹或条带；果肉乳白、淡黄、深黄等色；肉质分紧肉和沙瓤；种皮白、浅褐、褐、黑或棕色，单色或杂色。

第五节　万荣黄河后土文化衍生文化

万荣的黄河衍生文化主要表现为当地大量的非遗文化。万荣非遗文化项目涵盖民间文学、传统技艺、传统杂技、传统医药、民俗等，类型丰富，其中国家级非遗5项，包括董永传说、万荣笑话、万荣抬阁、万荣花鼓、软锤锣鼓；省级非遗14项，包括后土文化、万荣面塑、传统琉璃烧制工艺、万荣面人等；市级14项，包括河东三凤的传说、万荣口歌、秦王李世民的传说、布贴绣等；县级25项，包括解店豆沙糕制作技艺、光华泥塑彩绘、南张仿古家具制作工艺、皇甫葫芦烙画等。

一、万荣抬阁

万荣抬阁产生于明末清初，在西村一带大约已有400多年的历史。初期抬阁是有钱人为了显示其富有，在每年正月期间举行的一种表演活动。相传，每年正月初一至正月十五，西村周边各村的乡绅富豪都要到西村举行祭祀活动，比试抬阁制作和表演技艺，通过相互比攀来显示自己的财力。他们用木头做成五尺见方、三尺高的架子（注：1尺=33.3厘米），周围用彩布围住，富人家的子女在架子上做各种简单的人物造型，架子下面由8个人抬着，进行游街表演。这就是抬阁的雏形。

清末民初至中华人民共和国成立前，西村在闹红火时改为“挠”，即一个人挠着一个特制的木架子，木架子下部控制在人的腰部，上面的人在木架上进行表演，因此称“挠阁”。这一改革使表演时方便了许多，并且在表演当中还可以垫上支撑物休息，但架子上面的人物造型比较单一。

20世纪60～70年代，西村上庙改为在南大街闹红火，挠阁演变为抬阁，由4个人抬，抬阁的设计造型随之多样化，上面变成1～2个小孩，并且在上面能做各种简单的动作，使抬阁从呆板变得灵活，形成动静结合的艺术表演形式。

改革开放后，小平车被大胆采用，成为抬阁的主要运载工具，木架也变成了铁架，一人变成了多人。抬阁的材料、高度、内容均不断发生着变化。

西村人民发扬传统技法，采用新型材料，大胆设计，不断创新，从而形成今天的抬阁艺术。

万荣抬阁

（供图：王春喜）

二、万荣花鼓

万荣花鼓是闹社火或者节庆日表演的一种民间舞蹈。一说起源于北魏，云冈石窟中有一尊胸戴花鼓翩翩起舞的石像为证；一说起源于宋代，起源于郑恩打瓜园的故事，花鼓亦仿郑之瓜形而做。

万荣花鼓有三种形式：第一种是低鼓，即腰系鼓；第二种是高鼓，即胸前鼓；第三种是多鼓，鼓系于头部、胸部、右肩及两腿中间，最多者一人可系十多个鼓。

万荣花鼓举手投足、一招一式都既有美感又富于表现力。其动作健美有劲，如虎之威风，如猿之敏捷。当地有谚语形容："手打鼓子脚踏锣，脑袋摇的就是钹"（指低鼓），"抬头挺胸两脚活，式子锣鼓三结合"（指高鼓）。它的套子很多，有一点油、风搅雪、干炒豆、狗撕咬、凤凰领头，还有二锤、紧三锤、四锤、五锤，走圆场、龙摆尾等。其历史悠久、风格独特，集舞蹈、戏剧、体育于一体，具有浓郁的地方特色和重要的价值。

万荣花鼓在发展过程中，不断吸收其他艺术元素，成为集舞蹈、戏剧、演唱、体育于一体的综合性民间艺术。花鼓广泛被用于祭祀、社庆等民间活动中，如在后土祭祀活动中，经常有花鼓表演，流传下的花鼓词：“花鼓朝拜娘娘庙，娲母娘娘满脸笑，诚心叩首一炷香，保你儿孙跑满堂”，充分说明花鼓的流传久远，深入人心。

万荣花鼓

（供图：胡晓慧）

三、万荣笑话

万荣笑话的起源时间，学术界说法不一。目前比较一致的观点是万荣笑话发源于明末清初时荣河镇谢村的“72挣（当地方言读zèng）”。“72挣”并不表明只有72个笑话故事，而是象征着一种吉祥和众多的意思，并非实指，只言其多。“挣”，在当地的意思是执拗、倔强、不服人，乃至有点“蛮劲”。

一直以来万荣笑话总是由群众口耳相传。直到1954年老教师孙斌安将其改编成戏曲搬上舞台表演；1959年董应南首次将其整理成文字发表在地方杂志《太阳》上。20世纪80年代后，一些具有前瞻眼光的文人逐渐开始重视万荣笑话的挖掘、整理、保护和研究工作。1995年出版的《万荣县志》收录了解放整理的十多则万荣笑话和王雪樵撰写的论文《黄土地上的幽默之花》。1998年，万荣人马力、屈殿奎、张旭光三名同志编辑的《万荣72 Zeng笑话》出版发行，其中收录了216则笑话，它是首次成书出版的“万荣笑话”代表作。随后，管喻又出版了《万荣新笑话》丛书，收录笑话760余则。

当地政府特别邀请了全国著名相声小品演员侯耀文担当主讲，制作出版了两辑笑话光盘，使其流传更广。2005年，万荣笑话被评为“运城十大名片”之一，成为万荣县和运城市的著名文化品牌。

四、软槌锣鼓

万荣软槌锣鼓是一种流传于山西省万荣县高家庄的传统锣鼓音乐。2010年7月26日被运城市公布为第二批市级非遗项目，2011年6月13日被公布为省级第三批非遗项目。2014年7月18日，被文化部公布为第四批国家级非物质文化遗产。

软槌锣鼓因鼓槌用麻绳特制而得名，在众多的锣鼓艺术中，独树一帜，是全国罕见的特色锣鼓艺术珍品。高家庄的软槌锣鼓和全国各地的锣鼓文化相比，特色鲜明、独树一帜。一是锣鼓独特。所配置的八面大鼓，直径大于其他鼓种，鼓槌系用粗麻绳制作，用时头天晚上用冷水浸湿，并用文火烘干，打起鼓来格外响亮。所以称作软槌锣鼓。高家庄软槌锣鼓的第二个特点是锣鼓表演独特。演员全部着古代将士服装，英姿飒爽，共有两种表演形式，即“行路鼓”和“阵地战”。鼓手们手中的鼓槌灵巧有力、柔中带刚，辗转腾挪，变化多端。观看软槌锣鼓的表演，有一种欣赏艺术盛宴的感觉。软槌锣鼓第三个特点是曲牌独特，多与战争题材有关。最具代表性的曲牌为《风雪战》，共分四个部分：第一是《出征》，通过鼓声的强弱、节奏的变化，展示了将士们厉兵秣马、日夜

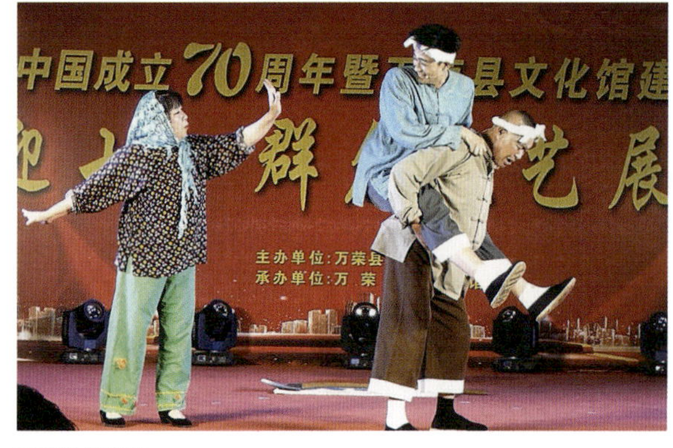

万荣笑话表演

（供图：胡晓慧）

软槌锣鼓表演

（供图：解福昌）

苦练的情景；第二是《鏖战》，通过队列变换，淋漓尽致地表现官兵浴血奋战的情景；第三是《凯旋》，以花打的艺术形式，展现出欢庆胜利的场面；第四是《尾声》，鼓手们以密而有力的鼓点及参差有序的举槌造型，展示出胜利之师的宏大场面。

软槌锣鼓的乐器都比普通锣鼓要大得多。所配置的八面大鼓，直径大于其他鼓种，需用鼓架支撑；八面大钹，每个重约13斤；16面锣，每面重15斤，每面备有“锣项”，即人们说的“支架”。

高家庄的软槌锣鼓有两种表演形式，即“行路鼓李”和“阵地战”。前者边走边打，主要用于街头行进表演；后者要求32名队员摆成方形阵势，中间为鼓手、钹手，两边敲锣的一字摆开，鼓手为领头羊。鼓手们鼓槌灵巧有力、柔中带刚，一会儿像戏曲舞台上武生的朴刀，一会儿像花旦手中的扇子，或在脖颈旋转，或在胯下疾速飞过，辗转腾挪，变化多端。整个表演粗犷豪放、慷慨激昂，展示出了中华民族坚忍不拔、不屈不挠的英雄气概。

五、董永传说

流传在万荣县小淮村的董永传说，就像活化石，隐含着许多文化密码。它忠实地、完整地记录了董永的人生及背景，同时还能使现代人看到故事的演变过程，从而使董永故事成为一副动态化的链条，展现出两千年的时空幻境。

万荣县是董永与七仙女民间传说的发源地。董永故里在皇甫乡前小淮村，董永祠堂、《董氏家乘》、董永墓、石门桥、槐荫树、“董永故里”石匾等实物、遗迹尚存。董永确有其人，“天仙”实为田仙。董永是西汉人，董永与田仙的爱情佳话、“合婚”的民俗、槐树院的来历、土地爷为媒等动人的故事，牢牢支撑起家喻户晓的中国五大民间传说之一的中国五大民间传说的“董永传说”。董永“卖身葬父”的故事还因此被列入“二十四孝”，千古流传。

流行在今运城、古河东地区的董永传说，具有以下特征：一是始源性。即表现出一种原生态，能使人看到初始面貌。二是习俗化。即由一大片地区的人一代又一代、祖祖辈辈用必须履行的仪式而使它固定化、生活化、常态化。它比传说进了一步，已跟人们的生活融为一体。三是唯一性。是其他任何地方都不具备的。四是牢固性。万荣县的人们不管书上怎么说，也不管别的地方怎么说，他们始终坚持嫁给董永的是家住田家窑的田仙姑娘，电影上改为天仙，他们还不高兴，可见其记忆之深刻。以具有始源性、习俗化、唯一性、牢固性为特征的几个口传故事和实物遗存（董永墓）为根基，佐以独特的文字记载、纪念性建筑物和最完整、最具有说服力的遗迹群，有力地说明，在众多的董永故里传说中，万荣县小淮村是最有真实可靠性的。

六、丁樊锣鼓

丁樊锣鼓是流传于山西省万荣县丁樊村及其周边地区的一种汉族传统民间艺术，发轫于敬神、祈雨等民俗祭祀活动，后与隋唐时期的燕乐、吹打乐结合而成。据万荣县志记载，隋末李世民东渡黄河曾屯兵于万荣，现万荣境内孤峰山存其多处遗址和相关传说，其随军鼓乐《秦王点兵》更是流传至今的名曲，丁樊锣鼓即脱胎于此。

丁樊锣鼓除春节、元宵做迎神赛社、镇邪驱魔闹社火外，平常还做葬礼上表演之用。传统锣鼓曲牌有《一条龙》《老虎拔牙》《路径鼓》《闹元宵》《祭神鼓》《芝麻开花节节高》《祭灵》《二进宫》《秦王点兵》《穆桂英挂帅》等；锣鼓套子有《黄河魂》《故事鼓》《祭祀锣鼓》《跑灵锣鼓》等20余种。表演时，每班锣鼓设大铙二、大钹二、大鼓二，扮作武士，并有一二十人头包黄巾，高举长条龙、凤、飞虎、火焰旗助阵，领头者执大黄罗伞，称为“锣鼓旗伞”。上庙时彼此对架比赛，打鼓者作舞鼓槌，纵身跃鼓，飞腿跨鼓，鼓点紧凑，洒脱利落。乐器由12斤铜锣、8斤铜钹和特制的0.4米直径蒙皮定音鼓以及小铜钹、小斗锣、开道锣、铙等组成。鼓的制作工艺比较传统，鼓腔选用桑木、椿木作料为上乘品，鼓面一般用黄牛和水牛皮，鼓钉多为铁钉，手工打造。

万荣丁樊锣鼓以粗犷、剽悍、雄奇见长，演奏徐缓时如潺潺流水，重击时如霹雳轰鸣，表现了黄河儿女纯朴、率直、激昂、豪迈的情怀，具有重要的文化艺术价值。

丁樊锣鼓表演

（供图：张怀心）

七、万荣面塑

据民间相传，万荣面塑起源于三国时期，原是军中祭祀用品，后逐渐发展成老百娃祭祀的一种贡品。

宋代《梦粱录》中曾记载面塑是春节、端午、中秋以及结婚寿宴的喜庆活动必不可少的礼品。

明代以后，万荣面塑演变成艺术饰品，具有观赏性。明代一些身背工具箱，四处奔波的面塑艺人出现在繁华闹市，他们以此为生计，各施才能以吸引众多观者与买主，如此相互竞争，面塑便成了有意识的创作，客观上提升了面塑技艺。到了近代，受文化艺术的影响，面塑的内容和形式不断推新，许多正公贵族不惜重金订购作贺礼馈赠亲朋。整体水平产生质的飞跃：表现手段和表现技巧日臻成熟完善。经过几千年的传承与经营，万荣面塑已成为中国传统民间艺术的重要组成部分。

解云仙面塑是万荣面塑的代表。其父解殿英是万荣有名的蒸花馍能手，许多人家过寿、做满月都点名请其蒸馍。解云仙师承父亲蒸馍手艺，也做得一手好花馍，远近闻名。2008年奥运会，解云仙制作了大型面塑作品“中华节节高”，整个作品用面56斤，制作面花56朵，象征着56个民族，56个兄弟姐妹；高、宽各2尺8，意喻着2008年，不仅生动地塑造了几个福娃的形象，还塑造了

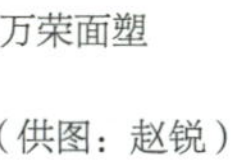
万荣面塑

（供图：赵锐）

刘翔和姚明的形象，象征着祖国飞速向着更高的目标发展。2010年，塑造了虎娃馍，一个憨态可掬的大胖小子，带着虎帽，穿着虎鞋，骑着一只大老虎，奔向虎年。近年来，解云仙越来越多的面塑作品在以其精湛的技艺、多样的形式呈现在大众面前。中央电视台《东方时空》栏目、《山西日报》、《山西晚报》、《三晋都市报》等媒体都曾对她的作品进行过报道。

解云仙的面塑作品还先后在第四届中国（深圳）国际文化产业博览会、中国民间艺术高层论坛、运城农展会等展览会上参展，中央电视台阳光大道栏目组还组织了阳光旅游使者前来向她学习面塑艺术；面塑作品《心心相印》被中华伏羲研究会、中国世界华人作家艺术家协会评为银奖；她个人也先后被中国人民对外友好协会、中国民间文艺家协会、东方艺术家协会等协会聘为会员，被评为万荣县民间绝活艺术家；2008年6月和2009年6月，解云仙的面花、面塑艺术先后被市、省两级评为非物质文化遗产。

其子赵锐自幼跟母亲学习面塑艺术，并小有所成。大学毕业后，他毅然放弃了在北京发展创业的良机，决心回故乡重圆儿时的面塑梦，使万荣面塑艺术更上一层楼。他辗转多地拜师学艺，解决了面塑配方的难题，学会了面塑不褪色、不开裂、不缩水的良方，掌握了面塑配方难题。2012年赵锐自己的面塑淘宝店“捏塑世家”问世，百余件成品远销我国广东、上海、台湾等地。

八、万荣剪纸

万荣县剪纸艺术历史悠久，分布广泛，植根于当地民俗活动之中。万荣剪纸题材丰富，主要包括花卉图案、鸟兽虫鱼、神话和历史人物、戏曲故事等，其制作方法通常都是按照现有底样裁剪出新的图案。底样常常是历代相传，家家相借之物，一部分是民间专门在庙宇里画神像艺人的副产品，一部分则是剪纸艺人的创造。从功能上分，万荣剪纸主要有以下四类：第一类张贴用，即直接张贴于门窗、墙壁、灯彩、彩扎之上以为装饰。如窗花、墙花、顶棚花、烟格子、纸扎花、灯笼花等。第二类摆衬用，即用于点缀礼品、嫁妆、祭品、供品。供花、礼花、烛台花、斗香花、重阳旗等。第三类刺绣底样，用于衣饰、鞋帽、枕头。如鞋花、枕头花、帽花、围涎花、衣袖花、背带花、鞋头花等。第四类印染用，即作为蓝印花布的印版，用于衣料，被面、门帘、包袱、围兜、头巾等。剪刻形式有锯齿、月牙儿、花朵、涡纹、云纹和水纹等，其中锯齿和月牙儿剪纸刀法中很重要的两种刀法。代表作品有《五牛图》《百蝶图》《二十四孝图》等。

万荣剪纸是将自然崇拜、宗教思想、心理意识、造型语言融为一体的特殊民间艺术，它充分体现了民众战天斗地、镇邪驱鬼、祈求吉祥、人寿年丰的坚强意志和良好夙愿，具有重要的民俗学、艺术学研究价值。

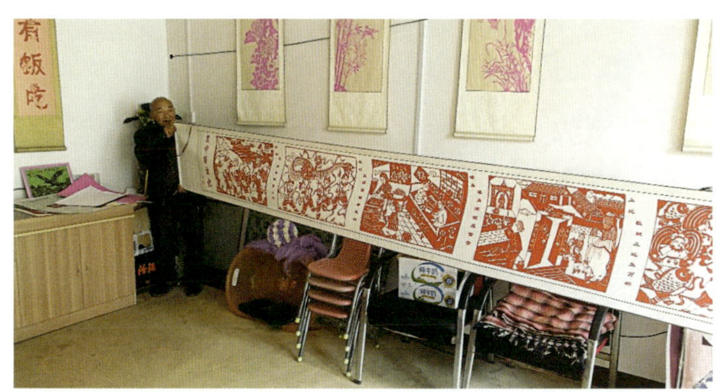
万荣剪纸
（供图：宋建华）

黑陶非遗传承人张全福
（供图：解福昌）

九、万泉黑陶制作工艺

黑陶文化是黄河流域文化，以其深厚的历史底蕴和丰富的人文内涵，构成汉文化的渊源龙脉。随后，在鲁、陕、晋、豫、冀等地都有类似发现。黑陶文化博大精深，它上袭仰韶，下启殷商、左挽彩陶、右携青铜，是原始社会后期龙山文化的代表，是馆陶先祖们勤劳和智慧的杰作。即使最粗粝的陶，也会让我们联想到承载人类生活的土、照耀人类精神的火，以及滋养人类生命的水。它不仅蕴含着深厚的农耕文明，而且也闪烁着朴素的诗歌光芒。黑陶的造型千姿百态，以复杂造型为主，简单者较少，但都端庄优美，质感细腻润泽，光泽沉着典雅，具有一种如珍珠般的柔雅沉静之美，欣赏价值极高。常见器型有碗、盆、罐、瓮、豆、单耳杯和鼎等。

黑陶选用的泥土来自于黄河下游冲积平原，是黄河在其流经的过程中所携带的大颗粒泥沙沉入河底，经过不断冲刷，流至其下游，因此它的深层泥土土质特别细腻，无沙，且黏性大，而且富含多种矿物质元素，在烧制中能产生纯黑均匀质感，适合于黑陶制作。泥土取出后经晾干，后用纱布过滤制成泥坯，经过手工拉坯造型后，用贝壳反复压光，直到陶坯表面密度增加，光滑如镜。再以特制的雕刻工具运用线雕、浅雕、深雕、镂空等技法，手工雕刻出绚丽神秘的图案。然后给黑陶作品安装耳、环、鼻、腿等配件。黑陶表面所呈现纯净的黑色，是以独特的无釉无彩碳化窑变的古老工艺烧制而成的。出窑后就是浑然天成，不再做任何处理，其外观效果黑如漆、亮如镜。黄河的恩赐，大量优质黏土的沉积，为黑陶业的兴盛奠定了基础。

附录一

后土文化相关的古文

秋风辞

汉·刘彻

秋风起兮白云飞，
草木黄落兮雁南归。
兰有秀兮菊有芳，
怀佳人兮不能忘。
泛楼船兮济汾河，
横中流兮扬素波。
箫鼓鸣兮发棹歌，
欢乐极兮哀情多，
少壮几时兮奈老何！

宝鼎之歌

汉·刘彻

景星显见，信星彪列，象载昭庭，日亲以察。
参侔开阖，爰推本纪，汾脽出鼎，皇祐元始。
五音六律，依韦飨昭，杂变并会，雅声远姚。
空桑琴瑟结信成，四兴递代八风生。
殷殷钟石羽籥鸣。河龙供鲤醇牺牲。
百末旨酒布兰生。泰尊柘浆析朝酲。
微感心攸通修名，周流常羊思所并。
穰穰复正直往宁，冯蠵切和疏写平。
上天布施后土成，穰穰丰年四时荣。

祠汾阴后土

唐·李隆基

古之王者，皆受天命。礼乐有权，神祇是主。郊兆所设，虽定于厥居；精灵所感，则通乎变化。大匠归正，旁行不流，惟创制者为能之，亦安在守文而已。脽上祠者，本魏地癸邱之旧，而汉家后土之宫。汾水合河，梁山对麓。地形堆阜，天然诡异。隆崛岰而特起，忽盘纡而陡绝。景象相传，肸蚃如在，有物不可以终否，有典不可以遂废。故推而行之，岁在癸亥，始有事于兹焉。在昔后王时，迈省方柴燎，告至幽隐胥，洎大舜则五载一巡，武帝则三岁一祭。今时代丕变，人神礼烦，朕就为损益，所以法度一纪，再驾亦无阙焉。二十年冬，勒兵逾万骑，旌旗亘千里，校猎上党至于太原。赫威戎于朔陲，沛展义于南夏。肆亲群后，道有以大备；怀柔百神，文无而咸秩。先是，有司宿设，恪敬乃事，己未师顿于斋宫，庚申亲祀于后祇，圣考在天，侑神作主，何礼不举，靡神不徧。往者汉氏之祠也，牲以养牛，五岁茧栗无所责其诚；藉以采席，六重藁秸不得尚其质。事与古反，义不经见。朕因其地而不因其仪，取其得而不取其失。凡牲币法物之事，歌舞接神之类，咨故实于方泽，不遂过于元鼎，此皆公卿大夫鸿生钜儒献其方闻，匡于不逮，朕何有也。且王者事天明，事地察，示其本，教以孝，奈何郊邱之礼，犹独以祈谷为名者邪？於戏！享于至诚，锡以繁祉，黄云盖于神鼎，绛光烛于灵坛，自昔已然，乃今复见。斯固阴精有所寓，宝气为不诬，虽寂寥而不动，亦动之而斯应。顾朕之不德，灵感何从？赖累圣储祉，福流所致。乃眚灾肆赦，与物更始，大赍天下，有庆兆人，山川鬼神鸟兽鱼鳖，莫不允若，莫不咸宁。此所以仰覆载，报生殖，资元元，虔翼翼，岂与夫封禅有牒，专在求仙，秘祝有辞，密于移过而已。铭曰："至哉坤元，万物滋生。王者母事，德合天明。义有大报，用协永贞。茫茫九土，思索其精。因天事天，因地事地。彼汾之曲，高脽杰异。景象遗光，坛场旧位。寂寥千祀，精灵长两。诬神不祥，复古维祺。文所无者，秩而祭之。矧曰后土，昔载明祠。何必因殷，乃为我师。意多汉武，迹在横汾。风流可接，箫鼓如闻。寿宫创制，神鼎勒勋。古往今来，岂无斯文。"

冬日羁游汾阴送韦少府入洛序

唐·王勃

游汾胜壤，楼船高汉帝之词；卜洛名都，城邑辨周公之迹。仰天文而窥日月，虽共光华；凭地理而考山川，即殊南北。韦少府玉山四照，珠胎一色。纵横振锋颖之才，吐纳积江湖之量。子云笔札，拥鸾凤于行间；孙楚文词，列宫商于调下。牵丝一命，披林野而随班；考绩三年，指兰台而赴选。移征驾，背长亭。地隔风烟，人离岁月。寒原冠盖，既同斟桂之欢；歧路风尘，即断惊蓬之思。下官诗书拓落，羽翮摧颓。朝廷无立锥之处，邱园有括囊之所。山中事业，暂到渔樵；天下栖迟，少留城阙。忽逢萍水，对云雨以无聊；倍切穷途，抚形骸而何托？於时冰霜裂地，星象回天。朔风动而关塞寒，明月下而楼台曙。各题一字，传之两乡云尔。

汾阴后土祠作

唐·李适

昔予读旧史，遍睹汉世君。
武皇实稽古，建兹百代勋。
号令垂懋典，旧经备阙文。
西巡历九嶷，舳舻被江滨。
勒兵十八万，旌旗何纷纷。
朅来茂陵下，英声不复闻。
我行岁方晏，极望山河分。
神光终冥漠，鼎气独氛氲。
揽涕步脽上，登高见彼汾。
雄图今安在，飞飞有白云。

汾阴二圣配飨之铭

宋·赵恒

朕缅观旧史，历览前王，莫不事天明，事地察。以明察之志，格天地之休。在乎祗畏于神灵，严恭于祭祀。诚明昭感，坠典由是咸修；祉福来同，蒸民以之交泰。乃知萧乡之焉，方岳之巡，礼莫大于兹，文其何以阙。矧复安贞之理，博厚之功，窍以山川，丽乎草木。书云："刚克乾健是承"；易曰："无疆资生攸在"。岂止属事于北正，同礼于泰坛乎？脽上者，汾水之曲，巨河之滨，故魏之国都，旧晋之疆土。其俗富庶，接秦壅之郊；其民忠淳，被虞夏之教。地形诡异，神道依凭，中断洪流，揭成高阜。俯联修壤，崛起而崔嵬；下望平皋，斗绝而盘郁。故得传于简册，降厥祯祺。汉武采方邱之仪，视泰畤之制，因兹吉土，祀乎坤元。绛光烛坛，始彰厥应；黄云复鼎，复启其祥。是以百谷蕃滋，本枝茂盛。绵载祺而虽久，瞻兆域而尚存。唐玄宗回舆于洛师，省方于冀野，视灵场之未泯，思多稼之能祈。洁粢丰盛，亲享者再至；景风甘雨，大有者累年。斯又精意感通，珍符丕显。既琬琰之斯刻，亦栋宇之云兴。国家眷命俯临，丕基肇建。太祖启运立极英武圣文神德玄功大孝皇帝迫天意，顺人心，察瘖玑，麾金钺，揖让以开国，征伐以济民。天下书文，自斯而一；域中黎献，由是而苏。合于上玄，佑乎率土。太宗至仁应道神功圣德文武大明广孝皇帝承大统，恢至神，御萝图，调玉烛。武戡定而不杀，文经纬而化成。三代典刑，从兹而复；四方风俗，因此而同。淳化滂流，丕功尽善。顾惟眇质，嗣守鸿猷。虽曰继明，未能烛理；徒云涉道，罔获知方。常用战兢，靡思逸豫。惟祖宗之积庆，暨穹壤之降祥。政得其宜，人无其怨。九德咸事，四表来宾。中夏太宁，聊存于尉侯；殊方一贯，已息于櫜鞬。予且何功，神实垂佑！曩者，从篌望，答秘文，东狩以观民，上封而纪号。盛礼斯举，先志绍成。陟配岱宗，孝思克展。归格艺祖，庆赐方周。内顾之怀，弥深于若厉；盛德之事，岂暇于荐兴。而蒲坂之民，河东之守，咸言坤载，茂育群生，寔有方坛，备存旧址。囊封奏御，遐达于众情；玄冕接神，期观于巨礼。眷惟寡昧，何敢窃当！始诏公车，俾从拒绝。岂期庶尹复贡佥谋：以为答玄休，祈繁祉，后辟之职也，蒸黎之愿也。止之，则谦尊之德在于一人；行之，则纷委之禧集于兆姓。念固辞而靡获，乃增惕而勉从。由是，发至诚，告有位：充于祀事，畏乎俭而无畏乎丰；奉于朕躬，戒乎繁而勿戒乎简。盖以达精意，非以振休声。上下克谐，人神交畅。役不愆素，工靡告劳。厥日惟良，厥仪斯备。临遣上宰，柴告于圜丘；祗率百官，祼献于清庙。既而整羽卫，驾车舆，不喧不哗，以涉乎夷路；有严有翼，爰届乎名区。曲复揆灵辰，具嘉荐。惟精惟一，以奉乎苾芬；必躬必亲，如观乎仿佛。并配二后，昭累盛之基；咸秩五方，报嘉生之惠。序图篆，遵介丘之规；用牺牲，若北郊之度。八成而来格，三献而肃祇。乃命三公，累石以封信祝；乃驱五辂，执爵以谒严祠。将达至虔，岂循常度。诚恐行之不及，罔有知而弗为。既而考弥文，颁渥泽，朝群后，抚庶民，存问耆年，观览旧俗，加隆于先哲，增重于明神。固不足慰来休之谣，亦庶几协时巡之典。噫！结绳以降，垂衣而上，商周之前，莫能缕述；汉唐之际，可得详言。元鼎之隆，开元之盛，咸驻跸于郏上，开奠玉于泽中。今予冲人，踵兹盛则，何以追美于二代，交欢于三神。惟当竭寅畏之心，增乾巩之志。事明祇而如在，视黔首而如伤。居安思危，无忘于斋慄；守成如始，常冀于和平。一以继庆灵，一以达眷佑。至若刊乐石，镂信辞，亦期昭锡类之仁，传乎不朽；奉持盈之训，保乎益恭。铭曰：博哉厚哉，至矣柔祇，穹曼比大，生植攸资。乃育嘉谷，以食蒸黎。盛德必报，明祠在斯。瞻言脽上，允居汾曲。赤伏应符，黄灵受箓，咸著辉景，并昭祉福，肇建灵坛，式陈嘉玉。旧域虽在，盛礼莫陈。洪惟先后，俾乂兆民。实开丕绪，以暨冲人。徽猷仰继，阙典咸伸。初毕元封，方增惕厉。河潼之民，搢绅之士，篌望何劳，奏章叠至。愿举巡方，期观明祠。坚辞靡获，众望俯从。乃奉宝篆，言驾时龙。亲陟坛墠，并配祖宗。式申昭荐，庶达寅恭。既展至诚，爰颁巨庆。祐降两仪，功归二圣。祗答丕休，励精庶政。刻镂贞珉，发挥骏命。

秋日家山杂咏（五首选二）

明·薛瑄

（一）

八月家山觉早凉，登临怀古兴河长。
醉乡乐土输王绩，鲁国高文老卜商。
汉祀汾阴遗庙在，殷迁耿邑故城荒。
楼船萧鼓空流水，一曲秋风菊又芳。

（二）

黯淡轻阴接远天，无边秋风正萧然。
苍崖断岸西风里，古刹荒祠夕照边。
黄菊已随陶令老，丹砂不信葛洪仙。
豪华靡靡皆如此，唯有骚人丽句传。

后土祠

明 · 薛瑄

一木为桥渡断溪，山风水气冷凄凄。
千年古庙苍崖下，万里河流正在西。

后土祠

清 · 顾炎武

汉孝武所立后土祠在今荣河县北十里，地名郏上，或曰脽上。史所云“幸河东、祠后土”者，盖屡书焉。其后宣、元、成三帝及唐宋二宗皆尝亲幸；以及国朝虽不亲祀典，而历代相传，宫殿之巍峨，像设之庄静，香火之骈阗，未尝废也。岁阏逢执徐王正五日是，予至其下。庙祝云：距此十五年，为黄河所啮，神宇圮焉。乃徙像于东南二里坡下，今所谓行宫者。而古柏千章，尽伐之以充发行之用，庙未成而木尽矣。是日大雪，令祝引导，策马从之。逶迤而登，则坊门墀庑宛然；东有大宁宫，亦存遗址。惟正殿及秋风、洗妆二楼，皆已荡然为断崖绝壁；而王文正旦之碑犹卧雪中，不能洗而读也。怆然有感，乃作是诗。

灵格移郏上，洪流圮故宫。事同沦泗鼎，时接堕天弓。
古木千章尽，层楼百尺空。地维疑遂绝，皇鉴岂终穷？
仿佛神光下，昭回治象通。雄才应有作，洒翰续秋风。

附录二

后土文化优秀文章选集

汾阴后土祠的调查研究

北京大学　李零

汉武帝以来的西汉祠畤，前后加起来，总数有700多个，其中地位最高，名气最大，要数甘泉泰畤（祭天）、汾阴后土祠（祭地）和雍五畤（祭五帝）。这三大祠，雍五畤在陕西凤翔县，地面上已渺无踪迹，至今没有找到；甘泉宫在陕西淳化县，虽有石鼓石熊，残砖剩瓦和高大废墟，但武帝以后，无人祭祀；旧的塌了新的盖，屡废屡兴，两千多年来，还保持着祭祀，只有山西万荣县的汾阴后土祠。今存后土祠虽是清代建筑，但早期遗址必在附近，不会太远。它究竟在万荣县的庙前村一带，还是像有些学者推断，是在它东面的孤山附近？过去曾有争论。2002年5月17—24日，我们在山西西南进行地理考察，对这一问题做过一点调查，回来查阅资料，整理印象，对问题有一个大致判断。这里把相关情况和我们的看法介绍一下，供大家参考。[1]

一、山西万荣县的地理沿革

汾阴后土祠在今山西万荣县境内。现在的万荣县是1954年由旧荣河、万泉两县合并而成，荣河在西，万泉在东。[2]

旧荣河县，前身是战国魏汾阴邑，秦汉、魏晋南北朝、隋代和唐代初年，绝大多数时间都叫汾阴县。汾阴是因其地在汾水之南而得名。汉文帝十六年（公元前164年）曾在此修庙，祠河求鼎。汉武帝踵其事，在此设立后土祠，竟两次获鼎，元鼎元年（公元前116年）是一次，四年（公元前113年）是又一次，皆以获鼎为祥瑞。开元十一年（723年），唐玄宗效元鼎故事，在此重祭后土，之前也有两件铜鼎出土，故把汾阴县改名为宝鼎县。[3]大中祥符四年（1011年），宋真宗也到汾阴祭后土，又把宝鼎县改名为荣河县。[4]“荣河”，即“荣光出河”的简称，“荣光出河”，见《宋书·符

---

1 本文是李零与唐晓峰共同调查共同讨论的结果。文章由李零搜集资料，执笔写成。文中的地图是由北京大学历史地理研究中心马保春同学绘制。写作过程中，并得到中国建筑技术设计院建筑历史研究所钟晓青先生的指点和帮助。

2 参见：万荣县志编纂委员会《万泉、荣河县志》，内部印刷，1999年。

3《旧唐书·玄宗本纪》：“（十一年春二月）壬子，祠后土于汾阴之脽上，……改汾阴为宝鼎县。”《旧唐书·礼仪志四》记唐玄宗第一次祭后土在开元十一年二月十六日，曰：“先是，脽上有后土祠，尝为妇人塑像，则天时移河西梁山神塑像，就祠中配焉。至是，有司送梁山神像于祠外之别室，内出锦绣衣服，以上后土之神，乃更加装饰焉。又于祠堂院外设坛，如皇地祇之制。及所司起作，获宝鼎三枚以献，十一年二月，上亲祠于坛上，亦如方丘仪。礼毕，诏改汾阴为宝鼎。”《元和郡县图志》：“宝鼎县，……本汉汾阴也，属河东郡。……开元十一年，改为宝鼎县。”

4《元丰九域志》卷三：“大中祥符四年改宝鼎县为荣河，隶庆成军。”

瑞志上》、今本《竹书纪年》卷上和《路史・后纪・陶唐氏》等书，[5]来源是尧舜禅让的符瑞传说。这类故事不仅见于汉代纬书（如《尚书中候握河纪》），也流行于魏晋以来的很多作品。据说，尧舜禅让之前，修坛河洛，择吉沉璧，求《河图》《洛书》之出，有所谓“荣光出河，休气四塞”。后来讲符瑞的人，把这个典故用得很滥，荣河荣河，不绝于口，干脆使用简称。如《陈书・高祖本纪》“是以文武之佐，磻溪蕴其玉璜；尧舜之臣，荣河镂其金版”，梁简文帝《大法颂并序》“荣河耻其祥润，汾阴陋其晖影”（《全梁文》卷十三），“荣河”就是简称，而且在用法上，已经和地名差不多，等于说“荣光所出之河”。唐玄宗祭后土，太史也用“荣光出河”拍马，等于说，玄宗有尧舜之德。[6]宋真宗为什么要把唐宝鼎县改名为荣河县？原因就在，这样的话，皇帝都爱听，用于汾阴，非常吉利。[7]他们三个，唐玄宗学汉武帝，宋真宗学唐玄宗，“宝鼎”和“荣河”都是取其祥瑞之义。县名本身反映了祭祀传统的延续。

旧万泉县，战国秦汉和魏晋南北朝属于汾阴县。唐武德三年（620年），始分出为万泉县。县城建于北魏道武帝天赐元年（404年）修建的薛通城故址。薛通城是邑人薛通（薛氏是汾阴世族）防赫连勃勃东侵，筑城自保而修建，位置在孤山的北面，是一座依托山势修建的军事性城堡。孤山在旧万泉县境的南面而偏西。万泉县之所以叫万泉县，就是以孤山之上多泉水而名。[8]

寻找后土祠，有两个地点值得注意，一是庙前村一带，一是孤山附近。

庙前村在旧万荣县西南汾水和黄河交汇的地方，北距河口约4.5千米，正好在今后土庙的南面。庙前村叫庙前村，主要就是因为它在今后土庙的前方（古以南为前）。庙前村和今后土庙的西侧，是战国秦汉以来的汾阴古城，北、西、南三面已没入黄河，只有东墙留在岸上（详见第六节）。庙前村南约3.5千米，是唐宝鼎县和宋荣河县所在，过去叫宝鼎镇，现在叫宝井村，唐城和宋城也都在黄河岸边。1921年，为避水患，才把荣河县迁到庙前村以东约7千米现在称荣河镇的地

---

5 今本《竹书纪年》卷上所述全同《宋书・符瑞志上》，或说前者是抄袭后者，其实不一定。因为这类传说在汉代非常流行，取材多端，不自一途。

6《通典》卷四五：“开元十一年，玄宗自东都将还西京，便幸并州。至十二年二月二十二日，祠后土于汾阴脽上。太史奏：‘荣光出河，休气四塞，祥风绕坛，日扬其光。’”唐吕温《河出荣光赋》(《全唐文》卷六二五）还把“荣光出河”倒过来讲。

7《读史方舆纪要》卷四一于荣河县下记：“开元十一年，获宝鼎，因改县曰宝鼎。宋祥符三年，又改为荣河县，又置庆成军。”案：真宗祭后土在大中祥符四年二月，到达宝鼎的具体日期有丙辰（十二日）、丁巳（十三日）二说，壬戌（十八日）始建宝鼎为庆成军，改县即在其时，这里当从《元封九域志》，顾氏作“三年”误。

8《元和郡县图志》：“万泉县，上。东北至州一百二十里，本汉汾阴县地，属河东郡。又薛通城者，后魏道武帝天赐元年，赫连勃勃僭号夏，侵河外，于时有县人薛通，率宗族千余家，西去汉汾阴县城八十里筑城自固，因名之。武德三年，于薛通故城置万泉县，属泰州。县东谷中有井泉，因名万泉。”

方。[9]过去，一般都认为，汉代的后土祠，唐宋的后土祠，位置是在庙前村一带。

孤山是在旧荣河县以东的旧万泉县境内。唐以来的万泉县，县治在今万泉乡，过去也叫古城镇。它离旧荣河县约31千米，比较远，位置正好在孤山的北面。孤山东南的山麓有个叫阎子疙瘩的地点，1930年由卫聚贤倡导，董光忠等人曾在这一地点试掘，发现过汉代宫殿遗址。由于遗址是在旧万泉县，而不在旧荣河县，卫聚贤推测，这一遗址才是真正的汾阴后土祠（详见第五、第六节），他的说法对不对，下面会进行讨论。

现在的万荣县，1954年的新县城，县城是设在解店镇（即飞云楼所在），南距旧万泉县城约6.5千米，位置在旧万泉县城的北面而略向西偏。

这是两县的地理沿革，以及境内古城与山川形势的大致关系。

二、山川形势与河道变迁

在上节的描述中，我们已经提到，汾、河为荣河之胜，孤山为万泉之胜，这一地理特点还值得做进一步分析。

（一）汾、河的形势

（1）汾水　自山西北部和中部，沿吕梁、太岳二山间的河谷南注，自侯马转向，绕吕梁山的南端和峨嵋岭的北麓西行，经新绛、稷山、河津三县，进入万荣县的西部（即旧荣河县境），然后再东南流，入于黄河。[10]

（2）黄河　穿陕、晋二省南流，出龙门而始宽。古汾阴之地，在黄河东岸，汾水入河处。它的北面是河津县（古皮氏县）的禹门口（东岸是龙门山，西岸是梁山），东面是万荣县（旧万泉县）的孤山，西面隔河相望是陕西韩城县（古夏阳县）的梁山，南面是临猗县（古猗氏县）和永济县（古蒲坂县）。永济县的蒲津渡，是山西通往陕西的主要渡口，对面为陕西大荔县的朝邑镇（古临晋），是传统祭河的地方。[11]

---

9 杨富斗《山西万荣县发现古城遗址》(《考古》1959年4期，205页）说庙前村北距河口约1.5千米，南至宝井村（唐宝鼎县、宋荣河县）约4千米，东至荣河镇约7.5千米。王世仁《记后土祠庙貌碑》(《考古》1963年5期，273–277页）说庙前村北距河口5千米，南距宝井村亦5千米。二文所记略有不同，这里的距离是马保春同学根据《山西省地图集》(上海：中华印刷厂，1973年，1∶250000）按直线距离测算。关于民国十年的荣河之迁，张柳星《重修荣河县志叙》(民国石印本，1935年）说："荣邑旧城向在宝鼎镇，距此廿五里，左眉岭，右大河，系隋开皇时创建，迄今垂数千年，河身日高，县城日低，潮湿倾圮，不胜修理。民初纪元，群议迁徙，逮至十年，始迁于此。"（收入上引《万泉、荣河县志》，254页）。又张去疾《范公池歌》序也说"荣河县治西门内地势洼下，一遇淫雨，即成泽国"。

10 参见：《水经注·河水四》"（河水）又南过皮氏县西""又南出龙门口，汾水从东来注之""又南过汾阴县西""又南过蒲坂县西"四条的有关描述。

11 参见：《水经注·汾水》"（汾水）又南过临汾县东""又屈从县南西流""又西过长脩县南""又西过皮氏县南""又西至汾阴县北，西注入河"五条的有关描述。

（二）河道变迁与城址、祠址的变迁

汾阴古城是在庙前村的西北，为什么唐迁宝鼎（宋称荣河），要搬到庙前村的南面，民国移治荣河镇，要搬到庙前村的东面？原因很简单，是为了避水患。同样，后土祠的位置变动，也与河道变迁有关。汉祠在哪里？没于水中，还是仍在岸上？这个问题还有待调查。唐祠在什么地方，我们也不知道。《文献通考·郊社考九》说："汾阴后土，汉武帝元鼎中所立脽上祠，宣帝、元帝、成帝、后汉光武、唐玄宗皆亲祭。是后，旷其礼。开宝九年，徙庙稍南，是年，始遣使致祭。"开宝九年是宋太祖在位的最后一年（976年），和太平兴国元年是同一年。我们只知道，宋后土祠是在唐后土祠的南面。另外，我们从金《后土庙像图碑》（下简称"《庙图碑》"）看，宋金后土祠还是位于汾、河二水交汇处。明清后土祠似乎也距河口不远。[12]金代的后土祠，曾发生火灾，秋风亭被焚，只剩废墟。[13]元明重建，最初仍叫"秋风亭"，后改称"秋风楼"。[14]明万历年间，汾水冲岸，庙宇倾圮。[15]清代，黄河三决，庙亦三度被淹，不断移地重建，最后落在庙前村北的今址。[16]城的移徙和祠的移徙，都能反映河道的变迁。河道变化，总趋势是，汾水不断从北向南摆动（或扩展），黄河不断从西向东摆动（或扩展），[17]迫使城向南向东搬迁，但祠虽屡迁，并不远徙，即使有所移动，也总在汾、河二水交会的那个夹角里，否则也就失去了它原来的祭祀意义（这类祠址和它们依托的山川形势有固定关系）。

（三）脽丘的位置

脽丘，也叫郏丘或葵丘。古人说后土祠是位于这个小丘之上，并把丘上之地称为"脽上"或"脽壤"。"脽"的意思，是人的尾椎。"脽丘"是一道土岗，好像人的尾椎。"郏丘"或"葵丘"，

---

12 明乔宇《汾阴祠记》："去祠三百步许，是为汾河"（收入上引《万泉、荣河县志》，626页）。案：乔宇（1457—1524年），明孝宗和武宗时的名臣，《明史》有传，传世文集有《乔庄简公集》。

13 宋金郏丘亭，后改名秋风亭。金曹之谦《题秋风亭故基》诗："危亭冠雄雄，飞构何崔嵬。一夕堕劫火，变化成烟灰。颓基翳蓬蒿，坏道封苔莓。萧条古城上，空有秋风来"（收入《全金诗》卷一三〇），他所看到的"秋风亭故基"，就是焚毁的秋风亭。

14 元明清三代，不断有人来此登临赋诗，看来不久又重修。此亭，明人犹称"秋风亭"（如明祝颢《登秋风亭》），但不久就改称"秋风楼"。这一名称一直延续到清代和民国。

15 参见清戴儒珍《迁建汾阴祠记》（收入上引《万泉、荣河县志》，638页）。

16 荣河东岸的黄河三决，一次是在顺治十二年（1655年），一次是在康熙元年（1662年），一次是在同治元年（1862年）。今后土祠是同治九年（1870年）知县戴儒珍在阎村村北高阜上重建，见上引《万泉、荣河县志》，470页。关于顺治十二年的决口，可参见清潘国华《重建汾阴后土祠记》（收入上引《万泉、荣河县志》，628-629页）；关于康熙元年的决口，可参见清陈觐圣《后土庙自康熙元年河决被冲修志有感》诗（同上，662页），关于同治十二年的决口，可参见清戴儒珍《迁建汾阴祠记》（同上，638页）。

17 参见：水利部黄河水利委员会《黄河水利史述要》编写组《黄河水利史述要》，北京：水利电力出版社，1984年，17页。

颜师古说，恐是当代方言的异称。[18]脽丘这个地点，它的位置在哪里？地形什么样？范围有多大？古人只有简短描述。第一是如淳说，第二是郦道元说，大体相同。他们都说这是贴着汾水南岸和河水东岸的一条土岗，南北长约四五里，东西宽约二里，高约十丈，如果按汉尺一尺长23.1厘米计算，就是长约1663～2079米（今约3～4里），宽约832米（今约1.5里），高20～30米左右（原文“十余丈”，10丈是23.1米，15丈是34.65米）。[19]

（四）孤山的形势

孤山，古称介山（也叫“汾山”）。一般理解，“孤”“介”的意思，都是形容此山孤耸独峙。这种说法比较有道理，因为它是峨嵋岭以南，与稷山邻近，拔地突起，不与它山相连的一座孤山，[20]但还有一个可能，它是相当古人所说的“介丘”，即禅地的小山，如古人常把社首叫“介丘”。[21]《汉书·武帝纪》引汉武帝太初二年诏，曰“朕用事介山，祭后土”，“用事”是祭祀的意思。看来，武帝祭后土，也顺便祭介山。两者的确有关系。《汉书·扬雄传》记汉成帝元延二年（公元前11年）祠后土，[22]说“其三月，将祭后土，上乃帅群臣横大河，凑汾阴。既祭，行游介山……”，也是把汾阴和介山联系在一起。又文颖曰：“介山在河东皮氏县东南。其山特立，周七十里，高三十里。”（《水经注·汾水》“又西过皮氏县南”条引）他说的介山，从方位看，只能是汉汾阴县的介山。《汉书·地理志》和《续汉书·郡国志》也说河东郡汾阴有介山。可见这个介山就是旧万泉县的介山，而与介休的绵山无关。[23]

18《汉书·郊祀志》“上遂立后土祠于汾阴脽上”，师古曰：“二说皆是也。脽者，以其形高起如人尻脽，故以名云。一说此临汾水之上，地本名鄈，音与葵同，彼乡人呼葵音如谁，故转而为脽字耳，故《汉旧仪》云葵上。”

19《汉书·武帝纪》“上遂立后土祠于汾阴脽上”，如淳曰：“脽者，河之东岸特堆掘，长四五里，广（一）二里余，高十余丈。汾阴县治脽之上。后土祠在县西。汾在脽之北，西流与河合。”郦道元《水经注·汾水》“又西至汾阴县北，西注于河”条曾描写脽丘的位置和范围，也说“水南有长阜，背汾带河，阜长四五里，广二里余，高十丈。汾水历其阴，西入河，《汉书》谓之汾阴脽。”

20《水经注·汾水》“又西过皮氏县南”条：“文颖曰：介山在河东皮氏县东南。其山特立。”《清史稿·地理志·山西》“万泉”，注：“……东：介山，其西峰孤山。城南山阴暖泉。……”《读史方舆纪要》卷四一说孤山“在县西南十里，一名介山，以亭然孤峙，不接他山也”。案：介山又名汾山，见《水经注·汾水》“又西过皮氏县南”条；又名孤山，见《太平寰宇记》卷四六。

21“介丘”，或说是大山，或说是小山（读如“芥”），如《史记·司马相如传》：“钦哉，符瑞臻兹，犹以为薄，不敢道封禅。盖周跃鱼陨杭，休之以燎，微夫斯之为符也，以登介丘，不亦恧乎！”集解引《汉书音义》曰：“介，大；丘，山也。言周以白鱼为瑞，登太山封禅，不亦惭乎！”就是以为大山；扬雄《法言·吾子》：“升东岳而知众山之峛崺也，况介丘乎！浮沧海而知江河之恶沱也，况枯泽乎！”宋咸注：“介，小也。”就是以为小山。古书常以“介丘”与“梁父”并举，如《晋书·礼志下》：“登介丘，履梁父。”唐代封禅泰山，也把行禅礼的社首山称为介丘，并把社首坛称为介丘坛，见《旧唐书·礼仪志三》。介山或有这类含义。

22 扬雄《河东赋》是写于汉成帝的哪一年，王先谦《汉书补注》曾有所讨论，定为元延二年。《西汉会要》卷十也把《汉书·扬雄传》的这段话编入元延二年。

23《唐十道志》：“河东道名山曰介山，其山高三十里，周七十里，汉武帝用事介山，即此。后周保定初，韦孝宽筑城于玉壁以北，齐人至境上，会废，孝宽使汾水以南傍介山、稷山诸村皆纵火，齐人以为军营，将兵自固。版筑遂集。所谓介山，亦即此山也。或又讹为绵山。西半隅有栏泉，南麓有双泉。又有桃花洞，其东谷有暖泉，流为东谷涧。”

三、历代的祭祀活动

古代祭祀后土是属于郊祀。郊祀，按先秦礼书记载，本来是在国都四郊，祭天圜丘在南郊，祭地方丘在北郊。汉初仍如此。但汉武帝的郊祀不一样。它是一种与“五年一巡狩”的封禅活动相配，活动半径达200千米，远距离、大范围的祭祀活动，祭天在甘泉，祭地在汾阴，祭五帝在雍，都远离长安。[24]这三大祠，雍五畤是袭用周秦故祠（原有四畤，惟增北畤祭黑帝），甘泉泰畤是利用秦代宫苑而扩建，建于故“匈奴祭天处”，只有后土祠是前无古人的全新创造。

（一）后土祠的兴立

后土祠是用来祭地，也用来祭河。秦代祭河，本来在临晋（在今陕西大荔县东南朝邑镇的西北），叫河水祠，后世也叫河渎祠或河渎庙。唐开元十五年（727年）迁河渎祠于黄河对岸的蒲州（在今山西永济县西的蒲州镇），仍在黄河转弯处。[25]这是传统的祭河地点。汉武帝选中汾阴作为祭祀地点，有两个考虑，一是平水患，二是合祥瑞。他在汾阴正式立祠是在元鼎四年（公元前113年）。这以前，汉文帝十六年（公元前164年）已在此修庙，祠河求鼎。这些活动都和水患有关。文、武二帝时，黄河曾多次决口。[26]文帝治庙，是从新垣平议，其事在河决酸枣之后四年。汉初盛传，秦亡而周鼎没泗水，而汾阴多出鼎彝。新垣平，赵人，可能对此早有所闻，他说“周鼎亡在泗水中，令河溢通泗，臣望东北汾阴直有金宝气，意周鼎其出乎？兆见不迎则不至”，以为河决是因鼎没，鼎出才能河平，劝文帝治庙汾阴南，临河求鼎。这是汉武帝立后土祠的先声。但周鼎没于泗，不可能逆流而上，汾阴所出者，乃魏墓所藏（详见第六节）。新垣平的气神之说（伪称“宝玉气”“金宝气”），当然是编造。平谋败伏诛，但临河求鼎之说却深获武帝之心。元光三年，河决瓠子，通于淮、泗，使他再次把求鼎与塞河联系到一起（这种说法在汉代影响很大，东汉画像石上常见的泗水捞鼎图，就是其反映）。公元前116年，武帝得鼎于汾水（应即脽上），视为祥瑞，因此改元，称元鼎元年。这件事更刺激了武帝的想法。后三年，乃从司马谈和宽舒之议，在汾阴设后土祠，从此频繁祭祀后土。上有此好，当年夏天，供事后土祠的巫锦就在祠外发现了一件大鼎，也被视为祥瑞（应是当地人为了迎合武帝而制造的祥瑞），送往甘泉宫，供人朝拜。可见立祠和出鼎有直接关系。

---

24 扬雄《河东赋》“谒汾阴于东郊”，师古曰：“京师之东，故曰东郊也。”可见当时是以汾阴比东郊。案：这三大祠，祭祀对象大体同于明清的天坛、地坛和历代帝王庙。

25 黄河在蒲坂和朝邑之间经常摆动，蒲津渡（宋称大庆关）时在河东，时在河西。参见：《黄河水利史述要》，17页。

26 如：①文帝十二年（公元前168年），“文帝十二年冬，河决东郡”（《汉书·武帝纪》，“孝文时，河决酸枣，东溃金堤”（《史记·河渠书》）；②武帝建元三年（公元前138年），“河水溢于平原，大饥，人相食”（《汉书·武帝纪》；③武帝元光三年（公元前132年），“三年春，河水徙，从顿丘东南流入勃海”（《汉书·武帝纪》）；④武帝元光三年（公元前132年），“夏五月，河水决濮阳，氾郡十六”（《汉书·武帝纪》），“今天子元光之中，河决于瓠子，东南注钜野，通于淮、泗”（《史记·河渠书》）。

（二）汉代的祭祀活动

史载天子亲祭17次，包括：

（甲）西汉

（1）武帝　凡五祭后土：元鼎四年（公元前113年）、元封四年（公元前107年）、元封六年（公元前105年）、太初二年（公元前103年）和天汉元年（公元前100年）。其中元鼎四年和元封四年，中间隔五年；太初二年和天汉元年，中间隔两年；其他只隔一年。

（2）昭帝　年幼，不亲巡，无记录。

（3）宣帝　初即位，亦为幼主，非宗庙之祀不出，即位12年，始祭后土，凡两次：神爵元年（公元前61年）和五凤三年（公元前55年），中间隔五年。

（4）元帝　遵旧仪，凡五祭后土：初元四年（公元前45年）、永光元年（公元前43年）、永光三年（公元前41年）、永光五年（公元前39年）和建昭二年（公元前37年），都是隔年祭祀。

（5）成帝　初，从匡衡、张谭议，罢武帝诸祠，行长安南北郊之祭，即位19年，以无继嗣故，又复武帝诸祠，凡四祭后土：永始四年（公元前13年）、元延二年（公元前11年）、元延四年（公元前9年）和绥和二年（公元前7年），也是隔年祭祀。

（6）哀帝　成帝崩，曾罢武帝诸祠，复长安南北郊之祭。但哀帝即位后不久，又罢长安南北郊之祭，尽复武帝诸祠。哀帝多病，不亲祭，惟遣有司致祭。

（7）平帝　从王莽议，彻底废除武帝诸祠，行长安南北郊之祭。

（乙）东汉

惟光武帝建武十八年（42年），进幸蒲坂，祠后土，推测也在汾阴。[27]

（三）唐代的祭祀活动

史载天子亲祭三次，即唐玄宗开元十一年、十二年和二十年（723年、724年和732年）。祭祀地点在宝鼎县。玄宗祭祀前，宫内原有后土像，是作妇人塑像，武则天时还把河对岸梁山祠的神像移此，置于别室配焉。[28]

（四）宋代的祭祀活动

史书记载，宋代祭后土，天子遣官致祭，主要有三次，即宋太祖开宝九年（976年）一次，宋

---

27 以上，见《史记·封禅书》,《汉书》的《武帝纪》《昭帝纪》《宣帝纪》《元帝纪》《成帝纪》《哀帝纪》《平帝纪》《地理志》《郊祀志》,《后汉书》的《光武帝纪》《文苑列传》。

28 以上，十一年祭，见两《唐书》的《玄宗本纪》和《旧唐书·礼仪志四》和《册府元龟》卷三三；十二年祭，见《通典》卷四五和《文献通考·郊社考九》。这也可能是同一次祭祀的两种不同记载。

真宗景德四年（1007年）一次，宋真宗大中祥符元年（1008年）一次，这些祭祀是真宗亲祭的准备。他祭后土，只有一次，是在大中祥符四年（1011年），仪式非常隆重。宋代史料对这一活动有详细记录（可以精确到天）。活动酝酿于三年（1010年）的下半年，正式进行是在四年的正月到三月（仪式是在二月十七日，但往返颇费时日）。是年，真宗改宝鼎县为荣河县，置庆成军，增葺宫室，宫内设后土圣母像。[29]

（五）宋以后的祭祀活动

宋以后，天子不亲祭，但金章宗（1190—1208年）和元世祖（1260—1294年）皆遣官致祭，[30]明清以来降为民祠，乃乡社之所。[31]

案：明乔宇《汾阴祠记》"登谒后皇，翠冠翟裳"（收入上引《万泉、荣河县志》，626页），曾提到明代的后土圣母像。今后土庙中仍供奉着类似的神像。

上述祭祀活动，自西汉中期到清代末年，历时两千多年，光是天子亲祀，就有21次。[32]

四、历代发现和金石铭刻（附：艺文著录）

这类发现和金石铭刻有：

（1）铜鼎　汉武帝元鼎元年（公元前116年），"得鼎汾水上。"（《汉书·武帝纪》）

案：此鼎非当时之鼎（若当时之鼎，不会视为神异），据下第六节，当是战国魏国墓地出土的铜鼎。

29 以上，见《宋史》的《真宗本纪》《礼志七》，以及《文献通考·郊社考九》、《续资治通鉴》卷二六、二九、《庙图碑》录《通鉴纲目》《文献通考》。

30 见上《万泉、荣河县志》，470页。

31 后土庙附近的乡民在庙中举行祭祀活动，宋代就有记载。如：《宋会要辑稿·礼二八》："（大中祥符四年四月）五日，诏汾阴后土坛令官吏守奉，勿令人至其上。十六日，诏脽上后土庙宜令本殿周设栏楯，民庶祈赛，上拜于庭中，官吏非祠祭，亦勿升殿。""六年四月六日，庆成军言：'太宁宫请自清明至四月八日天庆节三元各五日，并听士庶焚香。'从之。"案：今俗以农历三月十八日和十月五日为庙会大祭日。

32 下引《庙图碑》"历朝立庙致祭实迹"对历代祭祀有撮述，王世仁《记后土祠庙貌碑》说它"除轩辕、二帝、三王之说系讹衍附会者外，余文均见诸史乘无误"，但经核实，其记事多误，如：①以后土祠立于元狩二年冬十月"行幸雍，祠五畤"后；②误增"汉武帝元封二年祀后土"；③误增"太初元年十二月祀后土"；④"五凤元年三月幸河东祀后土"是"五凤三年三月幸河东祀后土"之误；⑤误增"甘露二年三月，幸河东，祀后土"；⑥汉元帝五祭后土，此碑漏掉永光三年和五年事；⑦汉成帝四祭后土，此碑漏掉元延二年、四年和绥和二年事；⑧误增"哀帝建平三年冬十一月祀汾阴"；⑨漏唐玄宗开元十一年事。

（2）铜鼎　汉武帝元鼎四年（公元前113年），“其夏六月中，汾阴巫锦为民祠魏脽后土营旁，见地如钩状，掊视得鼎。鼎大异于众鼎，文镂无款识”（《史记·封禅书》）。“昔宝鼎之出于汾脽也，河东太守以闻，诏曰：‘朕巡祭后土，祈为百姓蒙丰年，今谷口兼未报，鼎焉为出哉?’博问耆老，意旧藏与，诚欲考得事实也。有司验脽上非旧臧处，鼎大八尺一寸（注：1寸=3.3厘米），高三尺六寸，殊异于众鼎……”（《汉书·郊祀志下》）。

案：这是一件有花纹无铭文的大鼎，按汉尺一尺长23.1厘米计算，径约187厘米，高约83厘米，在出土发现中非常罕见，据下第六节，估计也是战国魏国墓地出土的铜鼎。

（3）铜鼎　唐玄宗开元十一年（723年），有两种说法，一种是出了三件，一种是出了两件。[33]

案：有可能是战国魏鼎，或秦汉魏晋时期的鼎。

（4）汉砖　唐玄宗开元十一年（723年）。“又获古砖，长九寸，篆书‘千秋万岁’字及‘长乐未央’字”（《唐会要》卷十上）。

案：“千秋万岁”“长乐未央”，都是汉宫砖瓦铭文的流行用语，不仅陕西出土，山西也出土。《三辅黄图》卷三：“万岁宫，武帝造。汾阴有万岁宫。宣帝元康四年幸万岁宫，神爵翔集，以元康五年为神爵纪元。”《河水四》“又南过汾阴县西”条：“汉宣帝神爵元年，幸万岁宫，东济大河，而神鱼舞矣。”这很明显是汉代的宫室用砖，或许就是万岁宫的用砖。

（5）张说《后土神祠碑铭》　碑铭很短，唐玄宗开元十一年（723年），命兵部尚书张说撰（收入《全唐文》卷二三一），但前有御序（收入《全唐文》卷四一），很长。碑亡。

案：《庙图碑》于承天门外西侧画碑楼，上题“唐明皇碑”，疑即此碑。[34]

33《旧唐书·礼仪志四》：“先是，脽上有后土祠，尝为妇人塑像，则天时移河西梁山神塑像，就祠中配焉。至是，有司送梁山神像于祠外之别室，内出锦绣衣服，以上后土之神，乃更加装饰焉。又于祠堂院外设坛，如皇地祇之制。及所司起作，获宝鼎三枚以献，十一年二月，上亲祠于坛上，亦如方丘仪。”《唐会要》卷十上：“初，有司奏脩坛，掘地获古铜鼎二，其大者容四升，小者容一升，色皆青。”

34　参见：王世仁《记后土祠庙貌碑》。

（6）宋《汾阴二圣配飨之铭碑》 宋真宗大中祥符四年（1011年）刻，俗称“萧墙碑”。原在后土庙内，清顺治十二年（1655年），黄河东侵，祠被水淹，曾移此碑，置之荣河县城（在今宝井村）内察院东。1931年，黄河东侵，荣河县城被淹，碑亦沉沦。1951年，荣河县修建轧花厂，将碑帽砸碎作石料，留下中间的篆字碑额，使石碑遭到破坏。1963年，经勘探，始从泥沙中挖出，移入今后土祠内，收入碑廊保护。[35]

案：《庙图碑》于承天门外东侧画碑楼，上题“宋真宗碑”，疑即此碑。[36]或者楼中还有宋真宗《河渎显圣灵源公赞》、宋真宗《西海广润王赞》等碑（详下）。

（7）宋真宗祭后土玉册 大中祥符四年（1011年）刻铭瘗埋，埋藏地点应在《庙图碑》所画“阴柔之殿”前的栅栏内。文曰“维大中祥符四年，岁次辛亥，二月乙巳朔，十七日辛酉，嗣天子臣某，敢昭告于后土地祇：恭惟位配穹旻，化敷品汇。瞻言分壤，是宅景灵。备礼亲祠，抑惟令典。肇启皇宋，混一方舆，祖祢绍隆，承平兹久。眇躬缵嗣，励翼靡遑，厚德资生，绵区允穆，清宁孚祐，戴履蒙休。申锡宝符，震以珍物，虔遵时迈，已建天封。明察礼均，有所未答，栉沐祇事，用致其恭。夷夏骏奔，牲以荐，肃然郊上，对越坤元。式祈年丰，楙昭政本，兆民乐育，百福蕃滋，介祉无疆，敢忘祗畏。恭以琮币、牺牲、粢盛、庶品，备兹瘞礼。皇伯考太祖皇帝、皇考太宗皇帝配神作主。尚飨。”（《宋史·礼志七》）

案：册文形式同于大中祥符元年（1008年）宋真宗禅社首玉册，目前尚未发现，但说不定哪一天会出土。

（8）金《后土庙像图碑》[37] 此碑是明天启三年（1623年）翻刻嘉靖三十五年（1556年）碑，嘉靖三十五年碑又是据金天会十五年（1137年）碑重刻，碑名全称是《蒲州荣河县创立承天效法厚德光大后土皇地祇庙像图》，“蒲州荣河县创立承天效法厚德光大后土皇地祇庙”，是宋后土庙的原名，[38]碑的正面是庙像图，背面是“历朝立庙致祠实迹”。此图有两点值得注意。第一，它可以大致反映宋金后土庙的基本布局；第二，它把庙的北端画在汾、河二水交会处，这足以说明，宋金时期

35 山西省考古研究所《山西碑碣》，太原：山西人民出版社，1997年，172-181页。参见：樊晋宝《〈汾阴二圣配飨铭〉碑文注释》（《后土》2001年4期，44-50页），50页：注2。

36 王世仁《记后土祠庙貌碑》说此“宋真宗碑”是指大中祥符四年王钦若撰《汾阴朝觐坛颂》，恐非。

37 参见：王世仁《记后土祠庙貌碑》。案：王文只有碑图的拓本和摹本；碑阴的拓本，见山西省考古研究所《山西碑碣》，182-184页。

38 王世仁先生指出，今碑额所刻庙号全称见于《宋大诏令集》卷一三七之政和六年诏，是宋代原来的名称。见氏著《记后土祠庙貌碑》。

的庙址应在今庙前村以北，傅熹年先生的复原图也表现出这一点。明代的后土庙，其实也离水边很近。[39]故今后土庙反而是南移的结果。

案：此碑，王世仁先生简称“后土祠庙貌碑”。他指出，“此图与金承安五年重修中岳庙图碑中之中岳庙极为类似”。王先生提到的“金承安五年重修中岳庙图碑”，碑额原名是“大金承安重修中岳庙图”。此碑碑阴所录《通鉴纲目》《文献通考》提到大中祥符三年八月“辛未，内出《脽上后土庙图》，命陈尧叟量加修饰”，也是称为“脽上后土庙图”。可见当时最普通的叫法是“庙图”，下文简称“《庙图碑》”。

（9）元代和清代的《秋风辞》刻石　有元大德十一年（1307年）刻楷书《秋风辞》和清同治十三年刻篆书《秋风辞》两种，现藏秋风楼的二层和三层。[40]

案：我们推测，明清时期的“秋风楼”，前身即金元时期的“秋风亭”，而金元时期的“秋风亭”，前身即宋代的郊丘亭。明清时期的“秋风楼”，金元时期的“秋风亭”，都是取名于汉武帝《秋风辞》，碑刻本身正与这一名称相配。这可能是金元以来改名。我们推测，《庙图碑》上的大亭就是宋代的郊丘亭。今秋风楼在后土庙的最后，正与此亭相当。

（10）郘黛编钟　据说“出山西荣河县后土祠旁河岸中。同治初年，岸圮，出古器甚夥，长安贾人雷姓获郘钟大小十二器，皆同文”（《愙斋集古录》卷一，7页）。[41]

案：同治元年（1862年），黄河于荣河东岸决口，淹后土庙。这套编钟可能即出于其前后。“郘黛”，魏郘锜的后人。这套编钟是春秋晚期的魏器，出土后，曾归英兰坡、潘祖寅所有。“十二器”，现知有十三件，十件在上海博物馆，一件在台北故宫博物院，一件在大英博物馆，一件只有拓片，下落不明。

---

39 明乔宇《汾阴祠记》：“去祠三百步许，是为汾河，重湍驶涛，自河津而来。河之滨，见卧有崇碑，埋有穹龟，去流惟跬步，拂而观之，乃宋真宗西封文也。相与恻感，遂鸠隶人培土而深，贯木而旋，系绳而引，使依于祠所，庶几不忘。”（收入上引《万泉、荣河县志》，626页）。案：“宋真宗西封文”，是记真宗祭华山事。真宗祭后土前曾祭西行祭华山。乔宇文说明，明后土祠仍距河口不远。

40 山西省考古研究所《山西碑碣》，270-271页。

41 中国社会科学院考古研究所编《殷周金文集成》，第一册，北京：中华书局，1984年，252-262页；225-237。

（11）齐仲之子𬭚镈　旧称齐子仲姜镈、齐侯镈、𬭚镈等。据说“同治庚午岁四月，山西荣河县后土祠旁河岸圮出土”（《攈古楼彝器款识》卷二，第一页），“寻氏得之，后归潘伯寅”（《缀遗斋彝器款识考释》卷二，27页）。20世纪50年代，此器由上海博物馆调拨中国历史博物馆收藏。[42]

案：这是一件春秋中晚期的齐器，葬于魏国。“同治庚午岁”为1870年，即今后土庙落成之年。这是现存铭文最长的钟镈之一，铭文有172字（外加重文二，合文一），它与上部𩁹钟也有可能是一墓所出，犹曾侯乙编钟与楚王酓章镈同簴。

（12）古铜印　“初淳熙十四年春，有聂事愿者获古印，其文曰‘皇帝车驾奉祀汾阴之宝’。吴琚以献于朝，诏藏天章阁，下工部考覈，乃铜也。按《汾阴记》：‘封金匮石匮，用‘受命宝’及‘天下同文宝’。’此宝不见于记载，朝论疑之，卒不加赏云。”（《文献通考·王礼考十一》）

案：《汾阴记》，即下陈尧叟《汾阴奉祀记》。宋工部考覈，疑点有二，一是此宝是天子用印，非金则玉，而此印是铜印；二是《汾阴记》没有著录这类印文。但《汾阴记》所记为宋印，此印也可能是唐印。当然，唐代是否真有此类铜印，还有待证实。

附：艺文著录

（1）汉武帝《郊祀歌·景星》　见《汉书·礼乐志》等书，佚。《汉书·武帝纪》：“（元鼎四年夏）六月，得宝鼎后土祠旁。秋，马生渥洼水中，作《宝鼎》《天马之歌》。”

（2）汉武帝《秋风辞》　见《文选》卷四五等书，存。或说出自《汉书》，或说出自《汉武故事》。序曰：“上行幸河东，祠后土，顾视帝京，欣然中流，与群臣饮燕，上欢甚，乃自作《秋风辞》曰”云。

案：汉武帝亲幸河东祭后土都在春三月，而不在秋，此诗或出依托。逯钦立先生说，元鼎四年夏六月巫锦获鼎后，武帝或有汾阴之行，乃猜测之辞，无法证实，见氏著《先秦魏晋南北朝诗》（北京：中华书局，1983年，上册），94－95页。

42 同上，301-302页：271。

（3）扬雄《河东赋》 见《汉书·扬雄传》，存。

（4）《玄宗开元十一年祭皇地祇于汾阴乐章》 见《旧唐书·音乐志》，凡十一首，佚。

（5）《汾阴后土故事》三卷（自汉至唐） 见《崇文总目》卷二、《宋史·艺文志》。《宋志》注“不知作者”，佚。

案：《宋会要辑稿·礼二八》之四二至四三载大中祥符三年八月一日下宰臣诏，提到“先是召王旦等曰：‘谓朕览史书，见汾阴祠后土事，亦古礼也。’因勑陈彭年等检讨历代祀汾阴及废后土祠事”，其书或出陈彭年等人。

（6）宋真宗《汾阴二圣配飨铭》 见《宋会要辑稿·礼二八》之五二、《续资治通鉴》卷二九、《庙图碑》录《通鉴纲目》《文献通考》，即上《汾阴二圣配飨之铭碑》，存。

（7）宋真宗《河渎显圣灵源公赞》 见《宋会要辑稿·礼二八》之五二，佚。

（8）宋真宗《西海广润王赞》 见《宋会要辑稿·礼二八》之五二，佚。

（9）宋真宗《汾阴礼成诗》 见《庙图碑》录《通鉴纲目》《文献通考》，佚。

（10）宋真宗《西巡还京歌》 见《庙图碑》录《通鉴纲目》《文献通考》，佚。

（11）王旦《祀汾阴坛颂》 见《宋会要辑稿·礼二八》之四六、五二，为碑刻，文见上引《万泉、荣河县志》，617-620页，存。

（12）宋王钦若《朝觐坛颂》 见《宋会要辑稿·礼二八》之四六、五二，亦碑刻，佚。

（13）宋陈尧叟《亲谒后土庙颂》 见《宋会要辑稿·礼二八》之四六、五二，亦碑刻，佚。

案：《宋史·陈尧叟传》作《亲谒太宁庙颂》，“太宁庙”即大中祥符四年四月十六日宋真宗为后土庙起的新名。

（14）宋陈尧叟《汾阴奉祀记》三卷 见《续资治通鉴》卷三十一，佚。

（15）宋陈尧叟《汾阴补记》三卷 见《庙图碑》录《通鉴纲目》《文献通考》，佚。

（16）丁谓等《大中祥符祀汾阴记》五十卷 见《郡斋读书志》卷八、《宋史·艺文志》、《文献通考·经籍考十四》、《续资治通鉴》卷三一，佚。

案：《郡斋读书志》曰：“右皇朝丁谓撰。大中祥符三年八月，降祀汾阴御札，至明年春礼成。四年，诏与陈彭年编次事迹仪注，逾二年，成书上之。”

（17）宋丁谓《大中祥符祀汾阴祥瑞赞》五卷 见《宋史·艺文志》，佚。

（18）宋杨照《重修太宁庙记》 文见上引《万泉、荣河县志》，620-621页，存。

（19）宋师德《汾阴大礼颂》 见《宋史·师德传》，佚。

（20）宋晁迥等撰《祀汾阴十首》 见《文献通考·乐考》，佚。

五、读卫聚贤《汉汾阴后土祠遗址的发现》和董光忠《山西万泉县阎子疙瘩（即汉汾阴后土祠遗址）之发掘》

西方的考古学，最初往往与探险和寻宝有关。他们的探险和寻宝很多都是根据古典作品和《圣经》的描写，按书上的记载去找，可能找到，可能找不到。有些著名发掘就是因此而起。例如英法和德国在土耳其、伊拉克、伊朗等地的发掘就是如此，典型代表是谢里曼的特洛伊发掘。我们的考古学比较年轻，20世纪上半叶，也有类似经历。例如，1930年卫聚贤发起的山西万泉县阎子疙瘩汉代遗址的发掘就是如此。[43]

卫聚贤为什么要发起和策划这一发掘？而且是选择在万泉县的孤山附近进行发掘？原因可能很多，但关键有一条，他是旧万泉县北吴村人。其地在唐以前，一直属于汾阴县，即脽丘的所在地。卫氏是在自己的家乡，按照《史》《汉》记载寻找后土祠，而且一找，还真的就发现了汉代的遗址。《汉汾阴后土祠遗址的发现》就是他寻找后土祠和发掘后土祠的设想和计划，下简称《发现》。[44]

《发现》一文包括四部分：

（1）“介子推的隐地” 他先讨论介子推。介子推是山西历史上的名人，据说逃隐于介山。介山见于古书，向有二说，一说在介休，即绵山；一说即上面提到的万泉孤山。他的结论是，汉武帝到过的介山肯定在万泉，而不在介休，此山才是介子推隐居的介山。

（2）“汉汾阴后土祠的所在地” 是讨论汾阴后土祠在什么地方，即旧荣河县还是旧万泉县，作者认为，古书所见脽丘应是一高起之地，而汉汾阴境内的最高处当属介山，介山应即脽丘。他在“山西万泉县南吴村药王庙西南柏林庙东南严子疙瘩”，即阎子疙瘩，发现断崖上有不少汉代砖瓦，其中包括带“千秋”铭文的汉砖和带“宫宜子孙”“长乐未央”铭文的瓦当，这更坚定了他的想法：汉汾阴后土祠肯定是在旧万泉县的孤山。

（3）“后土祠即介子推祠” 作者又回到文章开头的话题，他说介子推是死在三月，万泉、稷山交界处的介庙有三月三日举行迎神赛会的习俗，而汉祭后土也在三月，可见后土祠就是介子推祠。

（4）“发掘的计划” 包括在山西万泉、山西太原、河南洛阳、陕西咸阳四处发掘，共需经费九万元，其中万泉占一万元。卫氏设想，此次发现，除汉代砖瓦为“当然得物”，铜器石刻和其他

---

43 1950年，徐旭生先生在河南登封、禹县、偃师寻找夏墟也带有同样的性质。

44 卫聚贤《汉汾阴后土祠遗址的发现——附发掘计划》，《东方杂志》第26卷19号（1929年），71-81页。

汉代建筑物为“预计所得”，还有“进一步希望”，是挖出春秋铜器，其中甚至包括“晋文公所埋五鼎之四”（此说近于幻想），以及这一时期的其他建筑物。

文后有年款，是1929年6月12日写于南京古物保存所。

《山西万泉县阎子疙瘩（即汉汾阴后土祠遗址）之发掘》，是根据卫氏设想，于次年在山西万泉县阎子疙瘩进行发掘，嗣后写成的发掘报告。报告用中英文双语发表，中文从书口的右边翻页，英文从书口的左边翻页，图版按英文顺序走。下简称《发掘》。[45]

中文部分，书前有山西省立（封面作“公立”）图书馆馆长柯璜的序言。然后是著者的简短声明，说明这一发掘是由卫聚贤论证和策划，请看《发现》一文云。

正文分四部分，第一至第三部分是由董光忠执笔，第四部分是由张蔚然执笔：

（1）“山西万泉县阎子疙瘩（即汉汾阴后土祠遗址）之发掘” 主要是讲发掘之缘起和发掘之经过，甚短。发掘缘起，是1930年卫聚贤从南京到北京与美国华盛顿弗利尔美术馆陈列部主任毕士博（C. W. Bishop）商定，由弗利尔美术馆出资，山西省立图书馆负责组织考古团进行发掘。双方签约，规定发掘标本归山西省立图书馆，发掘报告由两家署名，用中英文双语发表，发掘经费和出版经费由美方负责。考古团由四人组成：董光忠（来自山西省立图书馆，毕士博在中国的代理人）、张蔚然（来自中央研究院历史语言研究所考古组）、聂光甫（来自山西省立图书馆）和卫聚贤（来自南京古物保存所），万泉县长魏曰靖、西杜村村长吴克明协助。发掘始于1930年10月30日，终于同年11月8日，共挖探沟十条，其中包括南北纵沟五条、东西横沟四条、斜沟一条，以及探沟旁出的探坑四个，属于试掘性质。

（2）“掘获物门类” 是对出土物的说明，主要包括汉砖、汉瓦、陶器等大件器物，以及铜、铁、蚌、骨、琉璃等不同材质的小件器物。其中“铜器类”为耳环和五铢钱，没有图版或插图。汉砖有“千秋”“□岁”铭，瓦当有“长生无极”“宫宜子孙”和“长乐未央”铭。

（3）“各坑掘获物器物数目统计表（附统计表例言）” 即出土器物登记表，只有一页。

（4）“遗址附近之地形及地质” 是对孤山地理、地质的描述，并附“图三”即地图三的说明。作者说，此山周长60里，山高300米［两句中间，英文还多出一句：and it occupies an area of some 300 square *li*（thirty-five square miles），即“占地约300平方里（35平方英里）”］（1英里=1609.3米），[46] 西南峭突，东北坡缓，特别是东南一隅，山势平缓，为山尾，按堪舆家的说法，是宜于修建宫殿和

45 董光忠《山西万泉县阎子疙瘩（即汉汾阴后土祠遗址）之发掘》，太原山西公立图书馆和美国华盛顿福利尔艺术陈列馆合刊，上海，1932年。案：“美国华盛顿福利尔艺术陈列馆”，即Freer Gallery of Art of Washington，D.C.，今多译为“华盛顿弗利尔美术馆”。

46《水经注·汾水》“又西过皮氏县南”条曾描写此山：“文颖曰：介山在河东皮氏县东南。其山特立，周七十里，高三十里。颖言在皮氏县东南则可，高三十里，乃非也。今准此山，可高十余里。”案：“周七十里”，与此说相近，但“高三十里”或“高十余里”则不合。疑所记或为上山路程，非高度也。

祭坛的地点。[47]遗址即位于此处的多层台地上。

英文部分，与中文略同，但前面多出一篇长达20页的介绍：*Prefatory Note on the Worship of Earth in Ancient China*（《序说：中国古代的土地崇拜》），是毕士博写给英文读者看的。上述四节的顺序也不一样，张文（第四节）在前，董文（第一至三节）在后。

全书包括图版19幅（14幅是黑白照片，5幅是线图），地图3幅，遗址（发掘部分）平面图一幅，插图1幅。

这次发掘的出土物，后来是归山西省立图书馆。山西省立图书馆，1933年改为民众教育馆，后来又改称山西省立太原博物馆，即山西省博物馆的前身。当年，这批文物曾于该馆的文庙陈列室展出。[48]

上述作品，《发掘》的最大可取之处，就是它对与汾阴后土祠有关的介山给予了极大关注。其贡献主要有两点，一是论定汉武帝所到介山非介休介山而是万泉介山，二是指出阎子疙瘩遗址是汉代的宫殿遗址。但此文把万泉介山说成是脽丘和后土祠所在，把后土祠说成是介子推祠，据下所论，却并不可信。《发掘》一书记录的发掘，是在卫氏的设想下进行，它对遗址性质的判定也不可取，但发掘对象与汉武帝祭后土有关，这对我们的研究仍有参考价值。

六、汾阴古城之调查和庙前村魏国墓地的发掘

探索汾阴后土祠，关键有三，一是确定古汾阴城的位置，二是确定古脽丘的位置，三是寻找汉后土祠本身的遗物。

（1）我们先说第一点。首先，我们可以肯定，历代文献讲后土祠都是说它在汾阴。上面说过，汾阴古城，战国秦汉也好，魏晋南北朝也好，隋代和唐初也好，肯定是在汾、河二水交会处；唐代的宝鼎县和宋元明清的荣河县也都在黄河岸边。现在，据山西省考古工作者调查，汾阴古城是在今后土庙和庙前村的西侧，只有东墙的北段和东北角还留在岸上，北、西、南三面均已没入水中，保留面积还有3000～4000平方米。东墙残长约750米，北段高15～42米、宽约7～9米不等，夯层厚8厘米，夯窝直径5.5厘米；东南角“看去不很明显”。城址遗物有陶片、砖瓦、瓦当、箭头等物，年代是在战国到西汉。其中有西汉典型的云纹瓦当和带“长生无极”铭文的瓦当（注意：这种铭文也见

47 地图三上标有大片新石器遗址。它们主要位于孤山东北（药王庙的西北和东南）和正南（水母庙南）的山麓。这次发掘后，1931年4月，由国立北平大学女子师范研究所、山西省立图书馆和美国弗利尔美术馆合作，卫聚贤（代表国立北平大学女子师范研究所）和董光忠（代表弗利尔美术馆）还在孤山东北的荆村瓦渣斜进行过考古发掘。参见：董光忠《本校与山西图书馆、美国福利尔艺术陈列馆发掘山西万泉石器时代遗址之经过》，《师大月刊》1933年3期，99-111页。案：1993年李零在华盛顿弗利尔—赛克勒美术馆的图书馆曾发现董氏的报告手稿。

48 水野清一、日比野丈夫《山西古迹志》，孙安邦等译，太原：山西古籍出版社，1993年，11、16-18页。

于1930年万泉阎子疙瘩汉宫殿遗址出土的瓦当）。[49]也有学者认为，古城可以早到春秋时期，[50]即与庙前村的魏国墓地大致为同一时期。其上下限的时间范围还可以讨论。但凭这一发现，我们可以肯定，早期的汾阴肯定是在这一带。

（2）脽丘，按古书记载，是在汾、河二水交会处，现在还在黄河东岸。20世纪50年代，考古工作者到当地调查，说此丘是一道高约30米的土岗。当时，村民说，30～40年前，它东西长约5～6里，南北宽约2～3里，后来因河道东移，南段约3～4里已没入水中，剩下的部分只有2里长。[51]我们在第二节提到，按汉代的说法计算，脽丘的大小是：长约合今3～4里，宽约合今1.5里，高约合今20～30多米。它比村民所说20世纪10～20年代人们看到的要小一点，但比20世纪50年代看到的要大一点。他们的回忆不一定可靠。这道土岗，汉代叫"魏脽"（《史记·封禅书》），当与它在魏汾阴城附近有关。我们要想确定汉后土祠在什么地方？有一点不能忘记，就是这一地点是个历代多出鼎彝的地方，汉武帝、唐玄宗祭后土，都是迎合这种祥瑞。

脽丘为什么多出鼎彝？请参见上文第四节。[52]它们很多都是因河水冲刷暴露于断崖，显然和脽丘所在的地形有关。1958年3月，当地船工在黄河边距河底30多米高的断崖（贾家崖）发现有铜器露出，当时捡到铜鼎、罍、鬲等二十余件。山西省文物管理委员会获知这一情况后，派人清理了残余部分，证实这是一座墓葬，编号为58M1。它就是后来庙前墓地发掘的先声。[53]另外，1961年，因河水冲刷，贾家崖被河水冲塌，这里还出土过错金鸟书的吴国铜器：王子于戈。[54]

庙前墓地，20世纪50～60年代，山西省文物管理委员会做过全面调查、钻探，并有三次发掘（1958年、1961年和1962年）。他们发现，脽丘的地势是东北高亢，西南低缓，墓地分布其上，略小于这道土岗，面积有25万平方米，贾家崖一带，断崖上暴露墓葬甚多，就是历代多出鼎彝的地方。整个墓地，墓地中部和斜口村西北，墓葬最密集。这批墓葬主要是春秋战国墓，年代最早是上面提到的58M1。它们早可早到春秋晚期之初，晚可晚到战国中期，战国中期以后一度废弃，西汉中期又被利用，多数是春秋战国墓，少数是汉墓。[55]

上述发现说明，汾阴这个地方，城、墓、祠三者之间有密切关系。春秋战国时期，汾阴古城和庙前墓地彼此相邻，城里是住活人的地方，墓地是埋死人的地方，两者一左一右，相互匹配。而西汉中期，大约正好在武帝前后，这里的居民似乎突然增加，城邑是利用原来的城邑，墓地是利用原来的墓地。当时的人在这一带兴屋起坟，很容易发现铜器。汉代的后土祠是和出鼎有关，它的位置

---

49 杨富斗《山西万荣县发现古城遗址》。

50 陶正刚《山西境内东周古城址调查》，《晋文化研究座谈会纪要》，太原：山西人民出版社，1985年，32-36页。

51 杨富斗《山西万荣县发现古城遗址》。

52 关于汾阴出鼎和庙前墓地的关系，李零已有所讨论，见所著《中国方术续考》，北京：中华书局，2006年，134-136页。

53 杨富斗《山西万荣县庙前村的战国墓》，《文物参考资料》1958年12期，34-35页。

54 张颔《万荣出土错金鸟书戈铭文考释》，《文物》1962年4、5期，35-36页。

55 正式报告尚未发表，目前比较详细的介绍，见山西省考古研究所《万荣庙前东周墓发掘收获》，《三晋考古》第一辑，太原：山西人民出版社，1994年，218-250页。

应该就在这一带，庙前墓地是间接证明。

（3）汉代的汾阴城是沿袭秦代和战国时期的汾阴城，但后土祠的正式建立却是在汉武帝元鼎四年，大致与庙前墓地中的汉墓是同一时期。汉汾阴城在什么地方？汉后土祠在什么地方？现在还没有直接证据。但我们在第四节中提到唐玄宗开元十一年祭后土，“又获古砖，长九寸，篆书‘千秋万岁’字及‘长乐未央’字”（《文献通考·郊社考九》），汉汾阴城也出土过带“长生无极”铭文的西汉瓦当。这些都是寻找汉代宫殿的重要线索。

总结上述发现，我们认为，既然汾阴古城在黄河岸边，唐宝鼎县和宋荣河县皆沿其地而易其名，仍在附近，唐宋以来的后土祠，与城相随，一脉相承，也在这一带，我们相信，汉代的后土祠不可能在其他地方，也一定就在附近。

七、我们的调查

我们的调查，是由国家社会科学基金委员会、山西省文物局大力支持，太原师范学院派车，该校网络中心主任董靖保陪同，同行有中国社会科学院文学所的赵丽雅先生，以及北京大学城市环境系的两位研究生，马保春和王辉，连同司机，一共七人。

下面摘自李零的调查日记。

5月16日夜，同赵丽雅乘火车去太原。17日晨到达，与先到太原师范学院的唐晓峰会合，他的两个学生已在身边。上午，去山西省考古所座谈，参观所内的发掘标本。然后，去山西省博物馆，除院里有一点石刻，没有文物展览。下午，上路，先去平遥古城，再去镇国寺，最后到霍州，宿霍州市财政局招待所。18日，参观霍州署、兴唐寺和霍山中镇庙，继往洪洞，参观广圣寺，看水神庙壁画，访永凝堡和坊堆的西周遗址，宿临汾市；19日，经临汾、襄汾、新绛，到稷山和河津一游。稷山，参观金墓博物馆，看青龙寺壁画。河津，看禹门口。然后去万荣，本来打算沿黄河东岸走，因为堵车，被迫绕道从柴家、里望走。下午到达万荣，住商贸大厦，旅馆对面是飞云楼。参观飞云楼，见万荣县文物旅游局局长孙养幸，听他介绍情况，得《万泉、荣河县志》和后土祠《庙图碑》拓片，以及后土祠和秋风楼的说明书。

20日，早起，天阴下雨，再到飞云楼会孙局长。孙局长在开会，暂时无法谈话。先在院内参观，看薛儆墓石椁。然后登楼照相。飞云楼的匾额是1952年所书，落款仍作“万泉县”。会后，孙局长派小贾、小孙为向导，南行，一同去孤山。

先到万泉乡，寻找“西社村”。因为在北京准备不够，很多地理方位都不清楚，只好临时打听。赵丽雅在孙局长写的《卫氏故里考》中读到，阎子疙瘩是在一个叫“西社村”的地方。我们就先打听“西社村”。万泉乡在孤山的北面。小贾、小孙说，你们要了解“西社村”在哪里，最好是找当地老人而且是有知识的老人问。经介绍，我们拜访了一位退休老师。此人名叫屈殿魁。他给我们讲孤山的形势，介绍孤山周围的村落分布。经他指点，卫聚贤的故里是在孤山东侧的北吴村，北吴村的南面还有南吴村；我们找的“西社村”，其实是“西杜村”之误，和吴村分南北相似，它也分东西，我们要找西杜村，先要找到东杜村。谢过屈老师，我们往外走，南望孤山，灰灰蒙蒙，天公不作美，雨中摄孤山，很不理想。照相后，去荆村，路旁有小屋，小屋旁立有保护标志，旁边是个土疙瘩，村人谓即瓦渣斜，当年董光忠等人在此发掘，在考古学史上有纪念意义。出荆村，再往东南走，至皇甫乡。问路，谓向南走，不意走错，又返回皇甫乡，再问路，才知道应走另一条路。路上，黄色的麦田和绿色的树丛相间，风景很好。左绕右绕，终于到达东杜村。东杜村与西杜村，中间有一道南北向的壕沟，连接两村的路是一道土梁，比较窄，刚刚下过雨，司机担心塌陷，众遂下车而行。进西杜村，被村民围观。问阎子疙瘩在什么地方，都说不知道，没人听说过。我们问，村里还有没有老人知道，谁听说过吴村的卫聚贤，也没人知道。这个村是以吴姓为大姓。有人说，村里最有知识是尹老师。于是，找尹老师。我们进一个院子打听，说不是尹老师家，唐晓峰和赵丽雅扭头就走。李零在院中解手，留在后面，出门前，顺便打听，女主人靠窗而立，说不知道，但问话间，有人在屋里搭讪，不断驳斥女主人，原来是此家的男主人。他说他知道这些事。唐晓峰和赵丽雅问尹老师，无功而返，他们没有想到，反而是这个农民知道情况。此人叫吴振江，自告奋勇，愿意给我们带路。我们从村西头出村，先西行，再北折，路边到处可见汉代的砖瓦。最后爬上一座高塬。他说，到了，你们说的“阎子疙瘩”，我们叫“阎疙瘩”，现在是村里的墓地，俗名“陵园”，还有一种叫法是“上甘岭”（当是20世纪50年代以来的新名），并指着北面的另一个塬说，那座塬上有个“祖先碑”，有一个叫吴璋的人埋在那里。当年，卫聚贤到此发掘，是1930年，即72年前。那时，即便是10岁的小孩，活到现在也82岁，老人是见不到了。吴振江也是耳闻于先人。

遗址在孤山的东南脚，西北遥对孤山上的柏林庙，所见砖瓦与1930年的发现相符，纹饰同于未央宫和甘泉宫所出。

我们终于找到了阎子疙瘩。登临四望，细雨绵绵，大家都很激动。唐晓峰望气，斩钉截铁说，此遗址必非后土祠，而是汉武帝祭后土临时歇脚的行宫（或可称为“介山宫”）。大家都赞同这一看法。看来，这个遗址还没有引起考古学界的足够重视，今后，还应做进一步调查，遗址保护的问题也应呼吁一下。

从阎子疙瘩回来，时间紧，放弃去北吴村调查（老人都已作古，估计很难访到当年的情况），返回万荣县吃午饭。然后去庙前村看后土祠。路上有不少水坑，颠颠簸簸。

后土祠，东依黄河，北带汾水，人还没到，远远已见秋风楼。车开到庙垣东北隅，有小门正对秋风楼的右侧。大家从此小门入。接待者十分热心，售当地出版的《后土》杂志和碑刻拓片，入库看《秋风辞刻石》和《后土庙像图碑》，然后在院内拍摄。

今后土庙是一长院，北门不开，只能从门缝向外窥看。前院有树，地面有点潮湿，后院比较敞亮，也比较干燥。正殿和秋风楼间是一大空场，有一群小孩正在跳舞，秋风楼有三层，第一层，一进门，可见“扫地坛”三字，下面有放供物的石龛，左右两旁是楼梯。登楼，观《秋风辞》刻石，极目远眺，左前河滩十分宽阔，远处有星星点点的白色，是羊在吃草。黄河的河道很远，汾水蜿蜒，流入其中。整个颜色，或黄或绿，昏昏蒙蒙。左侧是韩城县，据说可见司马迁祠，但睁大眼睛看，还是看不清。

出秋风楼，继续颠簸，经临猗，去永济。晚上到永济，宿黄河宾馆（原名莺莺饭店）。

21日，上午参观万固寺和普救寺。然后，去蒲州城和蒲津渡，看黄河铁牛。下午去运城，看关帝庙、运城市博物馆、盐池博物馆。最后到夏县，宿国贸宾馆，名字很阔，条件极差（被褥、毛巾都很脏）。22日，上午去夏县博物馆，找不到拿库房钥匙的人。然后，去东下冯遗址。然后去侯马，住凯悦宾馆。下午去山西省考古所的信息中心，看陶寺文物。23日，同夏商周断代工程的人一起参观曲村车马坑、陶寺城址和侯马工作站。下午4点半，乘火车回北京。

上述调查，时间过于仓促，资料准备很不充分，但沿途所过，山川形势，多所观察，归而读书，还是很有收获。

现在，对照今后土庙的平面图和剖面图，回想我们看到的建筑，讲一点粗糙的印象：

①大门：前有月台，后有戏台，大体相当《庙图碑》的櫺星门或“太宁庙”门。

②道院：左右并列，大体相当《庙图碑》的“西道院”和“东道院”。但《庙图碑》的这两个院子是在外垣中点的两侧，这里则前置。

③旗杆：在院门内，《庙图碑》是放在“太宁庙”门后，位置大体对应。

④戏台：在旗杆后，左右并列，相当《庙图碑》的露台，两旁有廊庑。这一空间大体相当《庙图碑》主殿区内院的前庭。

⑤鼓楼和钟楼：在献殿前。《庙图碑》的钟楼和对面的建筑也在主殿的前方，但位置更为靠前，其实是在主殿区内院的前方，按此庙的位置讲，等于是在戏台的前面。

⑥献殿和正殿：它们大体相当《庙图碑》的“坤柔之殿”。

⑦献殿、正殿两旁的建筑：左右有东西相对的两个配殿，左前和右前还有二祠，或即说明书上的“东西五虎配殿”。它们大体相当《庙图碑》的“□主”“六丁殿”“五岳殿”和“五道殿”“六甲殿”“真武殿”。

⑧正殿后的空场和秋风楼：大体相当《庙图碑》的后院和我们推测为郯丘亭的建筑。

总体印象，今后土庙，主要是放大和突出了《庙图碑》的主殿区，而大大简化了它前面的院子。它在一定程度上保留了《庙图碑》的某些成分，但布局变化很大。

八、初步总结

（1）汾阴后土祠是汉代“三大祠”中硕果仅存，唯一保持祭祀的地点，唐宋时期的祭祀带有复古意味，延续了这一传统。其地位很高，从建筑设计看，要高出一般的岳庙、镇庙和渎、海庙，只有封禅泰山，才能与之相比。历史上，光天子亲祠就有21次。其中西汉最盛，有17次，唐代有3次，宋代有1次。天子派臣致祭或民间奉享，还不在其内。其著名天子，如汉武帝和汉光武帝，唐玄宗和宋真宗，都是历史上举行封禅大典的皇帝。它的历史价值和考古价值是毋庸置疑的。

（2）汾阴后土祠在今万荣县西黄河、汾水交汇处，即在旧荣河县的西南，地点与汉汾阴县城、唐宝鼎县城、宋荣河县城相邻，而不可能在其东面旧万泉县的孤山。

（3）汉代的汾、河二水，汾水的南岸较今靠北，河水的东岸较今靠西。我们应根据当地的地理形势和历史上的水患记录，进行地质和水文方面的调查。这会有助于了解上述城址和祠址的位置，以及其迁徙移动的规律。

（4）战国和汉代的汾阴古城是在今万荣县黄河东岸、汾水南岸的庙前村一带，确切地点是庙前村的西北，即旧荣河县的西南。这座古城，除东墙还残存在岸上，大部分都已没入黄河之中。唐宝鼎县和宋荣河县在庙前村南的宝井村，它们都在庙前村附近。唐万泉县在庙前村以东的万泉乡，即旧万泉县县城的位置，与历代的后土祠相距较远。1930年卫聚贤和董光忠等人在旧万泉县东南的阎子疙瘩发掘，他们发现的是另一处汉代遗址，而不是汉代的汾阴后土祠。

（5）汉后土祠在脽丘，脽丘在庙前村一带。这里是春秋战国魏国的汾阴城所在，城西有魏国墓地，历代多出鼎彝。汉武帝和唐玄宗获鼎，清代出土郘黛编钟、齐仲之子䨷镈，多半都是因汾、河二水冲刷河岸，因此露头。汉祠的位置在什么地方，还有待调查，或已没入水中，或仍压在今后土祠下，还有可能在附近的其他地方。唐玄宗祭后土，曾在这一带发现过“千秋万岁”砖和“长乐未央”砖，可以证明这一带确有汉代宫室。唐祠的位置，可能较汉祠偏南，具体位置也有待调查。宋祠则更在唐祠以南。金元和明清时期的后土祠，是在庙前村的北面，位置也经常移动。

（6）卫聚贤、董光忠等人发掘的万泉县阎子疙瘩遗址不是汾阴后土祠，而是汉武帝祭祀汾阴临时歇脚的行宫，即介山宫，情况类似蒲坂的首山宫。这个遗址，虽然不是后土祠本身，但与后土祠有关，是属于同一时期的汉代建筑，而且从过去的调查和试掘看，规模可能比后土祠还大，今后应该进行深入调查，摸清其遗址范围和地层内涵，以便采取适当的保护措施，为将来的发掘作准备。

2004年7月17日写于北京蓝旗营小区

（原载《九州》第4辑，北京：商务印书馆，2007年3月，1-107页）

在这里寻找“最早的中国”

山西省社科院　艾斐

春日祭祀

春三月，正是桃红柳绿的时节。黄河的凌汛刚刚过去，蛰伏了一冬的滩涂崖峁便都一下子苏醒了过来。猛乍间，厚厚的黄土便被绿茸茸的嫩草芽覆盖了。

正当此时，兀立于黄河之滨的后土祠和秋风楼，也随之而变得分外热闹起来。一队队、一簇簇的人们，从四面八方向这里汇聚、攒集。他们中，有的擎着旌旗，有的举着仪幡，有的挂着璎珞，有的拎着贡品。虽然人流如织，但秩序井然。在不无庄尚的气氛中，处处都盈荡着无边的崇敬之情与圣洁之意。大家摩肩接踵，拾级而上，直向族宗圣母的祠庑大殿徐徐走去。

显然，虽时值花季，春和景明，但来这里的人们却决非是为了踏青赏景。他们中，既有四乡民众，又有八方香客，更有来自中国台湾和海外的中华儿女。大家之所以要不远千里万里，甚至是远涉重洋来到这里，都是为了一个美好的憧憬，特别是为了了却一桩心仪已久的夙愿，那就是寻觅自己的根本，造访华夏的源流；叩谒肇发的圣祖，瞻仰大地的母亲。而今，一种热衷于寻根问祖的世界潮流正在兴起。当人们在生存与探索的道路上走过了几千年之后，蓦然回首，却发现对过往的无知常常会造成对未来的迷茫，因为人类的历史进程是充满因果感应关系的，不知道怎样从过去走到现在，就很难设定如何从现在走向未来。于是，“我从哪里来？我向何处去?”便成了一个最能引发人们关注的世界性话语与时代性命题。

缘于此，后土祠和秋风楼便越来越成为人们的情愫所系和心旌所萦。特别是每年的3月，后土祠和秋风楼尤为热闹非凡，因为农历三月十八日是后土娘娘的诞辰。这一天，后土祠和秋风楼的上上下下、里里外外、前前后后，到处锣鼓喧天，人声鼎沸，彩旗飘扬，欢声雷动，“品”字台上唱着大戏，名角们次第登场。人们通过多种形式尽情地抒发着敬谒先祖、秉承恩德的绵绵情思与殷殷愿景。而在廊前庑下所呈现的，则全然是另一番景象：一排排衔花擎旗、歌功颂德的人们正在无比庄严地举行着祀祖圣典。按照司仪的指令，人们焚香、献花、上贡、叩首，然后在领唱人的带动下同声朗诵充满怀乡之愫和念祖之殷的祭拜文辞：“中华民族，经世激扬；源系后土，根在炎黄；尔来五千载，神州映韶光；抚今更追昔，祀祖表衷肠……”

从这些来自四面八方的人们所共同喊出的心音中，不啻昭示着中华民族那刚朗而强韧的意志与追求，尤其显呈着大家对建设中华民族共有精神家园的向往与期冀。

血脉上的同根同源和基因上的共承共传，向来就是最具向心力和凝聚力的生命纽带；而寻根、念祖、还愿、报恩，则是所有钟情的人们所永不泯灭的良知和与生俱来的天性。

于是，后土祠便成了普天之下所有华夏儿女的一个共同的心结、一种深切的忆念、一场永远也做不完的梦……

源系后土，根在炎黄

黄帝是我们的祖先，而黄帝的祖先又是何许人呢？北京的天坛和地坛是闻名遐迩的古典精品建筑与祭祀天地之所，而其又渊源于何地、肇始于何时呢？

对于诸此悬疑，答案皆在山西万荣的脽上后土，即今秋风楼所在的后土祠。

脽上后土谓者，系指在黄河与汾河交汇处之夹角地带由河泥淤积而形成的滩涂圹垅，因其貌呈“泽中圜丘”，而后土又在此以抟土之法繁衍众生、擅膏粱之腴泽被后世，故得其名。

自古以来，黄河就是中华民族的母亲河，而汾河则因其渊源久远和流贯庶华，遂成与母亲河同脉共济的姊妹河，其在中华民族历史上的重要性决非他河可比。因此，地处黄汾之交的脽上后土，也便自然成了炽盛于历史脉动的皇族圣境与人文福地，在文化积淀和精神凝聚方面皆十分优渥而重要。

这片位于今之山西省万荣县的滩涂圹垅，在朝代的兴替与岁月的更迭中，不知埋藏了多少中华民族的秘籍玄奥，演绎了多少华夏子孙的世事沧桑，成就了多少皇室贵胄的宏基伟业！不仅轩辕黄帝在这里“扫地为坛”，首开祭拜先祖之风，而且在此后的4000多年间，竟有9位皇帝24次来这里祭祖祀圣，誓志铭愿，倾诉期许，擘画朝纲。特别是汉武帝、唐明皇、宋真宗等在历史上大有作为的威仪之君，也都在这里留下了彪炳史册的文墨诗骚或书艺碑碣，从而铸就了供人回望往事和凭吊英贤的稀世瑰宝，一如《宝鼎之歌》《秋风辞》和《汾阴二圣配飨铭》等，便是其中具有代表性的人文圣迹。他们不仅真实地采录了历史的脚步在这里所发出的跫音，而且更以另一种方式清晰地回应了岁月为这里所营构的世代辉煌，以至于让人在深深的景仰与眷顾之中，油然而生归本还源的感慨！因为脽上者，乃华夏之根；后土者，乃炎黄之祖。脽上后土，实为中华民族的初元之始与炎黄子孙的繁衍之根。

虽然“脽上”和“后土”常常被连缀在一起，共同作为华夏先祖和人类肇宗的称谓，而实际上脽上是指黄河与汾河交汇处的狭长滩塬，而后土则是指最早繁衍人类的女神——后土圣母或曰后土娘娘。据传，后土是在脽上完成了创世的伟业，使人类得以衍生，所以也便被习惯性地称为脽上后土，并因之而在此立庙建祠，奉仰圣母，传承祖制，弘扬道统，遂使脽上后土朝野悉尊，名声大振。就连此地所应归属的行政县治，也被钦定为汾阴，即今山西省万荣县。汾阴之谓，显然是对脽上之义的域念诠释。

从皇室到民间，历来都十分重视对后土的祭祀活动。至今，中国台湾每年都有庞大的祭祖团专程来万荣后土祠进行隆重的祭祖活动，由此足见海峡两岸的人民自古就是同根同源，同为后土子嗣。如果说黄帝和炎帝是中华民族的人文初祖，那么，脽上后土就是中华民族的人文初祖的人文初祖了。就在2011年的10月14日，由“发现中国”文化基金会和中国社会科学院考古研究所共同发起的以寻找“最早的中国”为主题的文化考察活动，已在后土祠秋风楼前正式启动。这项旨在探索传统文化源头脉络，发掘中华民族根祖渊流，展示华夏人文丰富内涵，增强全民族文化自觉与自信的大型文化考察活动，之所以要在后土祠启动，就因为这里是“最早的中国”的发祥地。

实际上，自黄帝、唐尧、虞舜、夏禹、商汤和周文武诸王蝉联祭祀后土之后，直到金元时代，中国各主要朝代的主要皇帝，几乎都来到脽上后土进行过盛大的祭祖活动。这其中，光是在汉朝，先后亲临脽上后土进行祭祀活动的就有文、武、宣、元、成和后汉光武诸帝。特别是汉武帝刘彻，不仅亲手完成了祖帝刘恒为后土立祠建庙的夙愿，而且在从公元前113年到公元前87年的26年间，他亲赴汾阴后土进行祭祀活动竟达6次之多。尤其是在他濒于70岁高龄的一个深秋时节，竟然发起了一次规模最为宏大的汾阴脽上祭祖活动，并通过亲自书写迄今已成千古绝唱的《秋风辞》，真实地记录了这次祭祀活动的豪华、盛大以及由此而引发的对人生的省悟与感慨。直至今天，“秋风起兮白云飞，草木黄落兮雁南归……泛楼船兮济汾河，横中流兮扬素波，箫鼓鸣兮发棹歌……”仍是被人们广为吟诵的隽永之作。正因为这首由汉武帝写于脽上后土的《秋风辞》气势豪放、叙事逼真、文采飞扬、感情真挚，业已成为传世的文学佳构，所以时至元代，便刻有《秋风辞》石碑，并建亭置之，供人阅赏；到了明朝隆庆年间，又专门在后土祠修建了秋风楼。秋风楼在岁月风雨的剥蚀下几经倾圮，直至清光绪十六年（1890年），才又在现址上重建。其楼高三层，砖木结构，十字歇山顶，迴廊四绕，斗拱天成，面阔进深各五间，踞高昂首，至为雄绮，遂成后土祠一大景观。

在汉武帝之后，最为盛大的后土祭祀活动，当推723年和732年的唐明皇祀汾阴与1011年的宋真宗祭后土。由于唐明皇在开元十一年（723年）二月的汾阴之行中，于整修后土祠时从地下挖出两个古铜鼎，而鼎在古代又是权力的象征和祥瑞之兆，所以唐明皇十分高兴，遂敕令将汾阴县改为宝鼎县。其实，后土现鼎的事，并不是首例。早在汉武帝时期，就曾于汾阴祠旁发现过宝鼎。汉武帝于元鼎四年（公元前113年）所作的《宝鼎之歌》，就是记述这件事的经过及其所产生的巨大影响的。诚如歌中所云：“……汾阴出鼎，皇祐元始。五音六律，依违飨昭。杂变并会，雅声远姚。空桑琴瑟结成信，四兴递代八方生……天上布施后土成，穰穰丰年四时荣。”汉武帝并因在后土欣获此鼎而将其年号改为“宝鼎”。其实，后土现鼎的意义绝不仅仅在于感应天命、维赋皇权，而是更以实物证明了汾阴后土确实是中国古代最早繁衍人类和建立政权的所在。

继唐明皇之后的另一次后土祭祖圣典，发生在北宋大中祥符四年（1011年）正月。宋真宗赵恒所进行的脽上后土祭祀活动，不仅规模盛大、礼仪隆重、恩赐广泛、影响深远，而且他还亲自撰写了迄今仍完整存留于后土祠的《汾阴二圣配飨铭》碑，俗你“萧墙碑”。此碑高2.52米，宽7.14米，字体俊逸，笔力遒劲，内容主要是以祭祖献先为由头而盛赞宋太祖赵匡胤和宋太宗赵光义的懿世功德。难能可贵的是，此碑不仅历遭劫难而终究得以完好保存，而且其在采录历史真实状貌的同时，更于不经意之间勾留下了宋真宗那极富功力的书法艺术，遂使这碑、这字、这艺、这史，均已成为弥足珍贵的历史文化瑰宝。宋代著名词家晏殊的《河清颂》，就是从一个侧面礼赞宋真宗此次汾阴脽上的祭祖活动的。因为正是在宋真宗后土之行的当年十一至十二月间，脽上附近的一段黄河曾奇异地两次变清。海晏河清，向来就是国运昌盛、民生安裕的象征，再加上《汉书》《唐书》《宋史》中多次记载后土“汾旁有光如绛”“甘露降，神雀集”“荣光溢河”“荣光现于河”等吉象的出现，所以在宋真宗此次祭拜脽上后土时，便又将宝鼎之县名易为荣河。如今的万荣县，便是荣河县与万泉县1954年合并之后的新称谓。

从金元时代开始，皇帝就再也不去后土祭祖了，其原因有二：一是草原民族入主中原后，与华夏人文的渊源关系渐远；另一是从金元至明清各朝代的都城皆迁离长安或洛阳，与后土的路径距离渐远。这样两个“渐远”，便造成了皇室与后土的疏离，但也由此而形成了北京的天坛和地坛。

金元之初，虽然皇帝不再去后土祀天拜祖，但却每年都要派皇室族裔和达官重臣去后土代为进行祭祀活动。及至到了明代，改由朱棣执掌朝政并迁都北京后，为了解决到后土祭祖路途太远的问题，便索性于永乐十八年（1420年）在北京敕建天地坛，用以代为后土祠而进行祭祀活动。这也就是等于把后土祠迁至北京，改为天地坛，将祭天拜地的礼仪一并在此进行。直到嘉靖九年（1530年），明世宗朱厚熜在北京另建地坛后，才将天地坛改称为天坛。迄今，我们从天坛平面以北圆南方象征天圆地方的设计理念中，仍可清楚地看出它是对脽上后土的刻意模仿。至于天坛内所设的“圜丘坛”，那就更是对脽上后土之“泽中圜丘”地形制貌的摹实仿真了。

自从天坛在北京建成之后，即无异于是把脽上后土搬到了北京，迁到了京城。不过，尽管有了北京的天坛和地坛，万荣的脽上后土，即今后土祠，也仍旧紧紧地萦系于华夏子民的心旌与情怀之中，仍旧深蕴着海内外千千万万华夏儿女的根祖心与桑梓情。这便是后土祠为何总也人流如织、荫及四海的根本原因。

后土之瑞熠华夏

后土之瑞，决非传闻与臆测。这在《历朝立庙致祠实迹》的铭文中早已悉作昭告。从黄帝以降的众多帝胄君王，之所以要屡莅后土，除了尊先敬祖之外，还有一个原因，那就是这里的地脉优渥，风水雍雅，有着得天独厚的造化力和强大无比的内蕴性，极利于朝政的宏达、世事的昌明和贤才的颖出。

可不啊！后土之北，衔接龙门；后土之南，襟缀华谓。如果说黄河是中华民族的母亲河，那么，这后土无疑就是中华民族得以生成与繁衍的胚基与襁褓了。它位于秦、晋、豫交壤的腹地，又崛立于黄、汾汇流的脐下，既风光绮丽、气象万千，又文脉深厚、物资丰饶，确不失为孳衍族群和彰显国运的阆苑与福地。

历史的发展也一再证明了后土的这一特异禀赋。在后土的北沿，就是孔子高足卜子夏“西河设教”之处，而向南则是老子出“关”的函谷之所在与武丁访贤的古虞之尚存。西有司马迁桑梓翘首可望，东有司马光故里胼胝相邻。而在东北隅和西北隅，则分别坐落着晋国的故都、汤祷桑林的濩泽、稷教稼穑的麓塬和仓颉造字的府邑。若以后土为轴心而画一个半径30千米的圆，那则可以悉数囊括董永、张仪、王通、王勃、王绩、裴松之、裴行简、裴秀、郭璞、柳宗元、薛仁贵、薛道衡、薛稷、杨玉环、薛瑄等古代各类才彦人杰和尧、舜、禹的酋邦故土。当然了，在这个并不算大的范围里，还演绎了黄帝战胜蚩尤、帝尧建构陶寺、猗顿开拓商贸、关公义救乡邻以及盐文化的形成、西厢记的故事、玉璧大战、晋商发迹等足以彪炳史册的历史事件。

正因为如此，后土祠自古以来便是中华民族肇始的象征、大地母亲浩瀚的怀抱、国运民生欣昌的根基、文明智慧相生的源头。

祠，是用于祭祀先祖的殿庑。脽上后土祭祀虽然自黄帝“扫地为坛”始，直至二帝、三王，都是在两水夹积的圹塬上实行裸祭，但自从汉文帝提出在脽上为后土建祠的设想后，便得到了后世历代皇帝的积极响应。西汉元鼎四年冬天，汉武帝在史官司马谈、祠官宽舒的协助下，首先于脽上泽中圜丘建起了最初的后土祠，后经历次扩建，早在宋代时就已经形成了规模宏大的建筑群，由山门、碑亭、承天门、延禧门、坤柔门、元宁亭、钟鼓楼、朝觐台、穆青殿、判官殿、二郎殿、五虎殿、六甲殿、真武殿、寝殿、坤柔殿、奉祇宫等建筑物错落有致地依次排开，甚为宏达、壮观，向来被誉为海内祠庙之冠。后因黄河倒岸，水流浸渍，脽塬坍塌，乃至祠庙中的大部分建筑沦于瘝弃。后经清康熙元年（1662年）和同治九年（1870年）多次移址修葺、重建，遂成现今规模。

如今的后土祠，南北长240.81米，东西宽105.21米，占地总面积为25268平方米。人们自黄河岸边拾级而上，走进山门后，迎面便可见品字舞台、五虎殿、献殿、正殿和秋风楼等，在祥云绿树的掩映中逐一显现。古柏拙长于当院，碑刻安放于右厢，在高台兀起、飞檐耸峙之中，河风轻拂，楼铃叮当，犹如地韵之声远播，宛若天籁之音萦转，显示出一派肃穆庄尚的隆庆景象。其实，后土祠的最为惊世绝伦之处，还在于它那极为精湛的木雕、石雕和砖雕艺术，一如正殿斗拱檐头的琉璃瓦、檐楣之间的系列木雕、殿侧砖雕幅面上栩栩如生的云龙腾翻，特别是献殿青石柱基上那50余个大小不一、形象生动、情态逼真、线条流畅的石狮子，就更是神韵十足的造化、雕刻艺术的极品了。

被尊为大地之母、人类之肇、华夏之根、文明之始的后土圣母的宏丽造像，位于正殿的中央。只见她峨冠高耸，霞帔绰约，颜颐慈慧，神情威仪。人们从她的身上，不仅看到了中华民族的源头，而且也看到了大地母亲的涵厚。多少年来，人们之所以要怀着无限虔诚拜谒她，纪念她，就因为她在抟练和繁衍中华民族的同时，更慷慨地赋予了我们以无限丰裕的物益大地和饱含仁爱的民族本性。

也正是出于这样的情愫与意念，有人说后土就好比中国的夏娃，是她肇生了华夏民族；也有人说后土就犹如女娲的替身，是她护佑了神州大地；还有人说后土就是大地的主宰，是她教会了我们对土地的依赖与眷顾……

尽管这些说法或许只是人们的心仪与愿景，但却也表达了一种高度的认同。正因为这样，黄帝才“扫地为坛”，首开祭祀后土之风。也正因为这样，才有了历朝历代的君王朝拜，群贤毕至，庶众叩谒，天下共仰。

后土文化，承载五千年智慧的文化结晶

万荣　李永辉

后土，被后世尊奉为土地之神；后土祠，就是供奉后土之神的祠庙，是最早的国家祭祀地，是海内祠庙之冠、北京天地坛之源。后土文化历经五千年风雨，一路走来，得黄汾滋育、受帝王推崇、聚先贤智慧、汇民俗传统，逐渐发展成一个承载五千年文明智慧、蕴含社会主义核心价值观的文化体系。

后土文化是根祖文化，传颂着“忠”与“孝”的美德。远至上古、近到当前，上至帝王、下到平民，历朝历代、海内海外，对后土的祭祀，延绵不断，到后土祠寻根问祖的，更是络绎不绝。大量资料证明，从轩辕黄帝扫地为坛祭祀后土开始，历史上共有9位皇帝24次亲临祭祀。这种对根的追寻、对祖的敬仰，本身就是对自古以来作为人之根本的“忠孝”思想的躬身践行。也正是有了忠国爱民、敬老孝亲这一优秀文化的代代传承，我们的民族力量才得以凝聚、我们的民族气节才得以弘扬、我们的民族脊梁才得以挺直。

后土文化是祈福文化，传承着“平”与“福”的愿景。历代帝王亲临后土祠祭祀，都旨在祈祷国泰民安、江山永固。元明之后，皇家祭祀迁到北京，万荣后土祠成为民间祭祀场所，每年的农历三月十八、十月初五，来自晋、陕、豫三省的人们都要前来朝拜后土，烧香祈福。

后土文化是和谐文化，传播着“和”与“善”的大道。黄帝扫地为坛之时，正是战后休养生息之际，需要的是全国一统、人民安宁，设坛而祭本身包含了“和谐共生、天下太平”的理念。

后土文化是辩证文化，传释着“舍”与“得”的哲学。后土祠的道家台上刻着一副对联：金榜题名，功成名就虚富贵；洞房花烛，男婚女配假姻缘。佛家台上也刻着一副对联：世事总归空，何必以空为实事；人情都是戏，不妨将戏做真情。两副对联虽然表现的是道家的“虚”和佛家的“空”，但却阐释着一样的道理，那就是“人生如戏、戏如人生”；带给我们一样的哲学思考，那就是“失什么、得什么，做什么、留什么，付出什么、回报什么”；留给我们一样的告诫劝导，那就是付出诚信、收获信誉，付出敬业、收获业绩，企业只有舍得爱心，才能赢得利润；干部只有奉献真心，才能赢得民心；我们每个人只有付出真情，才能成就完美人生。

后土文化是包容文化，传载着“博”与“大”的胸襟。后土祠的正殿前，写着这样一副对联：“后配六合之天，至上至尊，圣德自应崇代代；土为万物之母，资生资育，世人所以称娘娘。”后土罗纳万象，滋养众生，能生万物、可发千祥，体现的是厚德、诠释的是包容。

后土文化是进取文化，传动着“行”与“进”的不息。后土文化发展到今天，是在不断演进中丰富、完善和提升的，这其中有儒家的仁礼、佛家的因果、道家的辩证，还有各个时代、不同群体的世界观、人生观、价值观、审美观等主流文化元素。这个过程是批判继承的过程，是取舍扬弃的过程，是且行且进、不息不止的过程。在中央高度重视培育和践行社会主义核心价值观的今天，后土文化只有与“富强、民主、文明、和谐、自由、平等、公正、法治、爱国、敬业、诚信、友善”的价值取向同频共振、与“创新、协调、绿色、开放、共享”的发展理念深度融合，才能在修齐治平、尊时守位、知常达变、开物成务、建功立业的过程中，逐渐形成体现着时代特色、闪耀着精神光彩、蕴含着发展动能的独特文化体系。

后土祠　秋风楼

山西晚报　胡增春

秋风起兮白云飞，草木黄落兮雁南归。兰有秀兮菊有芳，怀佳人兮不能忘。泛楼船兮济汾河，横中流兮扬素波。箫鼓鸣兮发棹歌，欢乐极兮哀情多。少壮几时兮奈老何！——这首慷慨悲凉的辞，正是著名的汉武帝所作的《秋风辞》。

写这首辞的时候，汉武帝正在今天的万荣境内祭祀后土。汉武帝当时所到之处现今留有一处古建筑群，这就是后土祠。后土祠中的最精华的建筑，为秋风楼。

我国古代有鹳雀楼、岳阳楼、黄鹤楼及滕王阁四大名楼，不知是恰好还是评选者有意，每座楼都有一篇漂亮的诗赋文章相应。可是如果您有幸登临秋风楼，了解一下它的由来，再读一读《秋风辞》，会发现与四大名楼相比，秋风楼有过之而无不及。

高崖耸立秋风楼

后土祠坐落在万荣县宝鼎乡庙前村北的高崖上，距县城40余千米。这一带历史上称之为“汾阴脽”，东周时属魏，亦称“魏脽”。秦惠王伐魏，“渡河取汾阴”就在此处。这里，也是汾河和黄河的汇合处。

坐北面南的后土祠东西宽105.21米，南北长200.81米，占地面积25268平方米。祠内现存建筑有山门、井台、献殿、香亭正殿、东西五虎配殿、秋风楼等，建筑宏伟，结构精巧，清乾隆十九年（1754年）编修的《蒲州府志》称其为“海内祠庙之冠”。山门与井台组成国内罕见的“品”字戏台，对研究中国古代舞台形制提供了重要例证，具有极高的历史艺术价值。正殿琉璃饰件光彩夺目，极为珍贵。各建筑物上的悬雕，玲珑剔透，栩栩如生。

秋风楼，是后土祠内的压轴之作，也是闻名遐迩的全国重点文物保护单位。

秋风楼东依峨嵋岭，西隔黄河与陕西省韩城市太史公司马迁祠相对，托地傍水，居高临险，正所谓“千寻嵋岭演天亘，一曲黄河卷地来”。该楼位于后土祠正殿后，因楼上藏汉武帝《秋风辞》碑而得名。因为后土祠多次毁坏重建，秋风楼最早出现在何时已经无法考证，但是，最晚明代时即有记录。目前留存的秋风楼，为清代同治年间建筑，也有研究者认为该楼有明代风格，属清代迁建。

楼身高达32.6米，主体为三层楼，面阔五间，四周围廊，十字歇山顶，一二两层四面各凸出龟须座一间，上筑瓦顶，山花向前；二三层廊下置斗拱或平座，全楼斗拱密布，造型美观大方。下部筑以高大的台基，南北穿通，周围砖砌花栏，楼身比例适度，檐下斗拱简洁，结构精美古朴，形制壮丽劲秀。楼内二、三层内各藏汉武帝《秋风辞》碑一块。三层的一块碑高0.58米，宽0.73米，行草阳刻，笔画凝重，体态端庄。此碑系元至元八年（1271年）所建，现已破裂，缺左上角，用木架镶嵌竖于楼内；二层的一块碑高0.82米，长1.87米，篆体阴刻，嵌在楼内北壁上，碑体完整，系清同治十三年（1874年）八月立。因为建筑群整体本来就位于高台之上，高大雄伟的秋风楼极便于望远，楼身东西两向各雕横匾一块，东曰“瞻鲁”，西为“望秦”。

秋风楼两侧下方都有精雕的吊柱，共有28根。走访中，当地居民对此津津乐道，说这28根柱子代表汉武帝的云台28将；上层是十字歇山顶，共有36个挑角，象征隋末瓦岗寨36兄弟；每个玻璃挑角上都装有彩色琉璃武将形象，共108个，“据说象征梁山一百单八将”。

当日风和日丽，品味这些传说，记者登楼四望，抚今追昔，极尽感慨。

被黄河水逼着移动

后土祠和秋风楼，深刻地打上了历代帝王的印记。

打粮食、生孩子，在农耕社会是人类最重要的活动，人们对大自然的敬重崇拜不言而喻，一直到清朝，皇帝都要年年亲自斋戒沐浴后，虔诚祷告天地，祈求风调雨顺、五谷丰登。中国的古代社会很长很长，而天子祭地的仪式从明代开始才改在北京天坛举行，之前，无论秦皇汉武，还是唐宗宋祖，再牛的帝王要办这件事，都需要舟车转换，巴巴地到山西的万荣来。具体的地点，就是万荣境内汾河和黄河交汇处的这处汾阴脽。

这是一处长形的高地，不算太广阔却绝对够肥沃，也有人说，这里的地形和女性的臀部近似，所以名为“脽”。传说中，女娲就是在这里，取黄河合着汾河的水，用汾阴脽的土，来抟土造人的。

黄帝是中华民族公认的祖先，但是黄帝的祖先是谁呢？在今天的万荣，可供研究的遗迹首推后土祠。据说黄帝待天下平定后，感激皇天后土以及祖宗先人对他的眷顾，专程来到汾阴扫地设坛祭祀，祭谁呢？后土以及祖先女娲氏。女娲自此也就成为先民供奉的土地最高之神、华人最远之祖兼最早的“送子娘娘”。在有史料记载的传说中，黄帝之后，尧、舜以及夏商周三代，都在汾阴脽举行过祭祀活动。

到汉代，汉文帝派遣官吏在汾阴的黄河岸边修建了后土庙，结束了之前露天扫地设坛祭祀的传统模式，之后随着黄河、汾河河道频繁变迁，后土建筑群历次冲毁又不断迁移、重建。

可以说，秋风楼就是一座被黄河逼着移动的古楼。明代，由于黄河干流东移，汾阴脽被河水侵蚀，脽丘塌陷，后土祠受到威胁，在加固保护已经不奏效的情况下，到明万历末年，后土祠整体东移。清顺治十二年，黄河决口，后土祠内的建筑大部分被黄河冲毁，只留下秋风楼和门殿。

康熙元年黄河再次决堤，所有建筑都淹没于黄河中，康熙二年，后土祠移地重建于今万荣县庙前村北。同治六年，后土祠再次被黄河冲毁，仅仅3年后也即1870年，后土祠再次移建到了庙前村北的一处高崖上，一直保留至今，距今已有142年的历史。

多少皇帝来此祭拜

文献记载，汉武帝时的公元前117年，在黄帝所建“扫地坛”遗址附近的黄河边，出土了一只“大鼎”，报汉武帝后，认为这是吉祥之兆，于是下令，改年号为“元鼎”，并派人在得鼎处修后土祠。由庙到祠的变化，体现出汉武帝也在把圣母女娲认为是自己远祖的心理。

汉武帝在祭祀时做了一首《宝鼎之歌》，歌中描写了他的兴奋之情，记述了祭祀后土圣母的宏大场面，回顾了开疆拓土的丰功伟业，同时也寄托了他企盼天下太平、五谷丰登、繁荣昌盛的希望。

公元前113年，43岁的汉武帝再次在汾阴县祭祀后土。活动仪式完成后，泛舟于汾河中流。由众美女相伴，喝着吃着，听着鼓乐和船工们的号子，汉武帝心情爽极，这时，天空中阵阵雁鸣引得他抬头四望，只见秋风阵阵下草木黄落，白云悠悠中鸿雁南归，不由感慨人生美好只是太过短暂，于是吟下了那首悲凉壮美的《秋风辞》。

史载汉武帝曾先后五次（也有说六次或八次）到汾阴祭祀后土，并在后土祠为自己建造了一座万岁宫。据《汉书·郊祀志》载，汉武帝元鼎四年，汾阴祭祀逐渐形成制度，基本每三年皇帝都要来这里举行一次仪式。

汉成帝初年，丞相匡衡等人向汉成帝上奏章，认为到汾阴祭祀后土，要“渡大川，有风波舟楫之危”，建议把对后土的祭祀活动改在长安北郊，汉成帝采纳建议，不再去汾阴祭祀后土了。这件事在今天看来不失为一种节俭之举，可是仅仅过了两年后，匡衡丢了官职，同僚们议论，这是天地对匡衡的报应，汉成帝心里也暗怀忐忑。更为蹊跷的是，汉成帝即位许久没有子嗣，于是在公元前14年，皇太后以自己的名义下了一道诏令，恢复了黄帝至汾阴祭祀的先制。

唐玄宗先后三次到后土祠祭祀，并加以扩建，其规模壮丽，同于王居。在后土祠中留下认祖归宗记载的还有宋朝第三位皇帝宋真宗，他对后土祠进行了大规模的扩建，据史料记载，北宋时后土祠占地面积达数百亩，各种大型建筑物20多处。而宋真宗还撰文并书写《汾阴二圣配飨之铭》碑，安排把自己的伯伯宋太祖、父亲宋太宗一同列入后土祠中，与女娲老祖宗“配飨”，一同祭祀。

现存庙内的明天启年间重刻的金代庙图碑上，记载了宋代以前历朝祭祀修建的记录。据不完全记载，从汉代至宋代，历朝皇帝先后24次在万荣汾阴祭祀后土。明代之前，后土祠一直是皇家庙宇。

由此，有当地研究者称，万荣后土圣母是中华最古之祖，土地最尊之神；后土祠不但是海内祠庙之冠，还是北京天坛之源。

万荣后土祠的历史变迁

万荣　解放

一

后土祠建在汾阴脽上。汾阴脽亦称汾脽、脽丘、癸丘。光绪《山西通志·山川考》云："后土祠在汉汾阴故城西北二里，在今宝鼎镇西北十余里原汾河与黄河的交汇处。"据《水经注》讲，该处"有长阜，背汾带河，长四五里，广二里余，高十丈，汾水历其阴，西入河。"《汉书》称这块地方为"汾阴脽"。唐时颜师古云："因其地高而起，如人尻脽而名之。"脽乃人之臀部，据考证，目前以脽为名的地方就只有万荣县的黄汾交汇处。这块地方在春秋战国时属魏地，所以又称魏脽。《蒲州府志》载："始自汉文帝后元元年治庙未定"，武帝元鼎四年郊雍，觉得不完美，说："今上帝朕亲郊，而后土无祀，则礼不答也。"意即祭天而不祭后土，是一个缺憾，于是就在汾阴脽建后土祠。

汾阴原有轩辕黄帝扫地坛。汉时的后土庙貌不得详知。据《蒲州府志》云："《三辅黄图》载：'汾阴有万岁宫，武帝祀后土时作。'"唐开元十一年修庙，"规模壮丽，同于王室"。建有奉祗宫。宋开宝九年，徙庙稍南。宋大中祥符四年，在后土庙侧建有朝脽台、太宁宫，宫中建有穆清殿。宋真宗在此接见群臣朝贺。又建亭，以登高远眺黄河、吕梁。

宋真宗祭祀后土时，在此御制了《汾阴二圣配飨铭》碑，并铸了四个铁人，各高六尺，置放配飨铭碑前，用为"顶焚炉之具"。到明末，河水数涨，县人惧怕，言于官，云铁人能镇水患，将其移到县城西门外侧，作为镇河之物，后没于泥沙。

根据北宋是汾阴庙貌提供的资料看，宋时后土祠建筑相当壮观。其中轴线建筑有山门、太宁庙、承天门、延禧门、坤柔之殿、寝殿、配殿、旧轩辕黄帝扫地坛。两边有真武殿、六甲殿、五道殿、二郎殿、判官殿、钟楼、鼓楼、唐明皇碑亭、宋真宗碑亭以及东道院、西道院等。当时被誉为"海内祠庙之冠"。元时，还在后土庙前建了秋风亭，置放汉武帝《秋风辞》碑。明隆庆年间，秋风亭没于水，又建了秋风楼。

金元之时，皇帝不再亲祀后土，只派官员祭祀。到明清时，连政府官员也不祭，改由民间祭祀，以致祠庙凋零。据明乔宇《汾阴祠记》云，他曾携友等临后土祠，只见"颓然荒祠，倚于脽旁"，祠门破烂，大殿倾圮，椽折瓦破，"白日照于中堂，鸟巢于梁，苔侵于堂"，"登轩辕之郊台，探巫锦之鼎区，皆茫茫杳杳不可辨矣"。

明万历末，汾河护堤倾剥，汾脽渐陷。顺治十二年，黄河肆虐，楼台正殿尽没于洪涛之中，只留下秋风楼和门殿一座。康熙元年河再决，淹没楼殿，于是汾阴脽上旧物荡尽，秋风楼移地重建。同治元年，即1862年，又被黄河所沦，于同治九年再移建于庙前村北的高崖上，即现在的后土祠所在地。

二

汾阴脽，即后土祠这块宝地，自轩辕黄帝扫地祭坛后，又经历了两千年，直到汉武帝在此建祠，才成为历代皇帝朝拜最勤的圣地。据《蒲州府志・卷四・坛庙》记载，“汉武帝自元鼎三年冬，躬祀汾阴，其后元封四年、六年，凡三祀，太初元年、二年再祀。天汉元年一祀”。据传他于晚年的一个秋天踌躇满志，率领文武大臣、侍从嫔妃，乘坐双层楼船，从夏阳东渡黄河至汾水，亲祀后土。汉武帝在楼船上面对悠悠汾水，伴着欢乐的歌曲，豪情满怀地与群臣举觞对饮，高兴到极点。此时秋风萧飒，草木枯黄，黄叶飘零，一群群鸿雁向南飞去。他注目蓝天白云，忽感秋之悲凉、人生短暂，乐极生悲，命侍臣捧出文房四宝，提笔挥毫，留下了这首千古绝唱——《秋风辞》：

秋风起兮白云飞，
草木黄落兮雁南归。
兰有秀兮菊有芳，
怀佳人兮不能忘。
泛楼船兮济汾河，
横中流兮扬素波，
箫鼓鸣兮发棹歌。
欢乐极兮哀情多，
少壮几时兮奈老何！

这首《秋风辞》是汉武帝刘彻流传至今的七首辞中最著名的一首，正是因为有了这首《秋风辞》，后来的王者在修建后土祠时取秋风之意，设计修建了著名的“秋风楼”，可谓“楼”以“辞”起，“辞”与“楼”存。千百年来这首著名的《秋风辞》和“秋风楼”，相互依存，相互辉映，直到如今，我们现在仍可在秋风楼内看到元代和清代的《秋风辞》碑刻。

汉武帝之后，紧接着汉宣帝、元帝、成帝、汉光武帝先后来此祭祀。

唐明皇李隆基于开元年间，曾三次来此祭祀，并将后土祠加以扩建，使庙貌更加雄伟壮丽。

宋大中祥符四年，宋真宗到后土祠进行了一次规模空前的祭祀活动。

先是大中祥符三年，河中知府杨举正上书朝廷，请求皇帝祭祀后土。

七月，文武官员、耆艾、道释等众三万余人在京城请愿，要皇帝到汾阴祭祀后土，宋真宗没有见，请愿者又三次上表，八月，宋真宗答应了请愿者的要求，同意次年春到汾阴祭祀后土，遂征调陕西、河东五千士兵到汾阴修筑道路，设置递铺；令翰林学士晁迥、杨亿与太常礼院详细制定了祭祀活动的礼仪和程序；同时诏令全国不得在通往汾阴的大道上打猎游弋，不得侵占民田；宝鼎县衙的犯人全部押送到河中府发落。按照以往祭祀的程式、标准安排了玉册、玉匮、印宝等。当年十一月至十二月，黄河宝鼎段两次河清，集贤校理晏殊因作《河清颂》献皇帝，表达皇恩浩荡、使黄河水清之意，也说明皇上举行大规模祭祀，后土显灵，黄河水清之意。大中祥符四年正月，宋真宗从京城出发，开始了酝酿已久的汾阴之行。二月底抵达宝鼎奉祇宫，辛酉凌晨趋向祭坛，沿途灯火通明，如同白昼。其仪如："至坛，次服衮冕，登坛……"仪式完毕后，返回奉祇宫，下令改奉祇宫为太宁宫，增修殿室，设后土圣母像。又受百官朝贺，诏令大赦天下，赏赐乡民酒食衣锦。同时，还作《汾阴二圣配飨铭》《河渎》《西海》三篇文章。

《汾阴二圣配飨铭》是宋真宗在汾阴祭祀他伯父宋太祖和父亲宋太宗时亲笔撰写的碑文。在祭祀时陈设"二圣"牌位，取其"功高德隆，配享后土"之意。事后由宋真宗亲笔书丹，立于萧墙巷内。此碑由五块大石组合而成，碑两旁有石柱为边，上刻"博古花卉"，碑帽高一尺五寸，形如云彩，中间突出，高三尺，宽约五尺，横额上篆书"汾阴二圣配飨之铭"八个大字，此碑虽为封建帝王歌功颂德，但由皇帝亲自撰写并书丹的碑文，历史上还不多见，故为我国名碑之一。

后来，随着后土祠几次毁建，碑没于河中。直到1960年，才由山西省人民政府拨款，县文化馆牵头承办，使该碑重见天日。现后土祠已建廊保护。

三

现在的后土祠内东西长105.21米，南北宽240.81米，占地总面积25535.62平方米。庙内建筑群有山门、品字舞台、献殿、正殿、东西五虎殿、秋风楼等，献殿与正殿的额仿雕刻，殿里的石雕、砖雕，甚至铁雕等，都是那样玲珑精巧，美不胜收；就连屋面披覆的琉璃瓦，虽历经百年风雨，仍然光彩夺目，令中外专家赞叹不已。秋风楼是清同治年间修的，由荣河知县戴儒珍主持，新选庙址第三次重建。楼高32.6米，下部筑一高大砖台基，凌空横跨于一条东西贯通的深沟古道之上，周围砖砌花墙，楼原建五层，因建筑过高被暴风吹倒，又改建今之三层，面阔五间，四周回廊，十字歇山顶，一二层四面各凸出龟座一间，上筑瓦顶，山花向前，檐下斗拱简洁，楼身比例适度，宏伟中不失精巧之风，实为现存古建筑之珍品。清光绪二十八年，荣河知县章同，筹集资金，将此楼油漆彩绘，并增修楼梯，从此人们才能登高远眺。楼东西砖墙雕刻有"瞻鲁""望秦"字牌。楼西边有章同手书的"大河西横"牌匾。楼三层置放着元代至元八年镌刻的一块《秋风辞》楷书石碑，无论书法或刀笔都是上乘之作。故属我省名碑之列。

庙内的戏台共三座，山门底下有一过路戏台，紧靠山门后有两座并排戏台，构成品字形，故称品字戏台。它是研究我国戏曲舞台的重要实物资料。据中华梨园学会会长李尤白先生考证，此种舞台在我国乃至全世界上都是极为少见，可谓珍宝。

现在的后土祠建筑都是同治年间所建，光绪年间继有兴建。但祠内东部一小殿石柱上刻有"大明正德十年重立"，山门后石旗杆上刻有"咸丰三年三月立"文字。从现存建筑之形式和风格看，当系晚清所营造。后土祠面临黄河，北望龙门，南瞻潼关，历来是秦晋的枢纽、帝王祈谷的胜地，风景优美，庙貌辉煌，仕民敬仰，商贾云集之所。昔日文人学士、社会名流，都多次朝拜。唐代诗人王勃、杨炯都曾在此留下名篇。仅《荣河县志》中就收录了50余位文人墨客留下的优美华章。或赞美后土祠的宏丽，或颂扬后土的圣德，或借景抒情，感叹人生的短暂和沧桑的变迁。从现存汉武帝留的七首诗中看，描写后土祠和宝鼎的就占了两首。

每年的农历三月十八和十月初五，是春社和秋社的日子，特别是三月十八，传说是后土圣母的生日。后土祠附近各村社，都要闹社火，演锣鼓杂戏，以祭祀后土。届时庙内广场摆满了各种京广杂货、农副土特产品。熟食摊点、服务修理行业比比皆是。秦晋豫各地的善男信女和求子祈福的人群以及看热闹的观众，摩肩接踵，云集圣地。特别是品字台上的对台戏，更是人声鼎沸，热闹非凡。

中华人民共和国成立后，人民政府曾几次拨款对后土祠进行修葺。1965年，山西省人民政府将后土祠确定为省级文物保护单位。1985年10月，又建立了秋风楼文物管理所，派专人看管。改革开放后，中国台湾同胞曾三次组团到此处寻根问祖。1993年，万荣县委、县政府为了繁荣经济，根据文化搭台、经贸唱戏的策略，对后土祠进行了一次大规模祭祀。1996年，万荣后土祠被国务院确定为国家级重点文物保护单位。2003年，万荣县委、县政府举行了大规模的“世界华人公祭后土圣母大典暨万荣首届后土旅游文化节”活动，埋没了千年的万荣后土祠也必将重现昔日的光彩。

参考文献

[1] 瑶薇．水利部党组召开扩大会议 传达学习贯彻习近平总书记考察黄河重要指示和在黄河流域生态保护和高质量发展座谈会上的重要讲话精神[J]．水资源开发与管理，2019，(10)：3-4．

[2] 孙运锋．实施国家战略 打造幸福之河——学习习近平总书记黄河流域生态保护和高质量发展座谈会重要讲话精神的几点体会[J]．河南水利与南水北调，2020，49（1）：5-6．

[3] 干鸣丰．长江之神“江渎”祠庙勾沉[J]．美与时代（城市版），2015（9）：84-86．

[4] 范彦淳．河南省黄河流域水土保持生态建设成效及做法[J]．中国水土保持，2016（10）：24-26．

[5] 王腊昔．讲好“黄河故事”，凝聚精神力量[N]．光明日报，2019-10-8（2）．

[6] 夏忠．开发黄河水电 造福各族人民[J]．水力发电，2007（11）：1-3．

[7] 张文彦，白莹．黄河文化建设浅谈[J]．山西水土保持科技，2013（3）：6-8．

[8] 于希贤，陈梧桐．黄河文化——一个自强不息的伟大生命[J]．北京大学学报（哲学社会科学版），1994（6）：31-43，128．

[9] 耿步健，葛琰芸．习近平关于生命共同体重要论述的逻辑理路、内涵及意义[J]．河海大学学报（哲学社会科学版），2019，21（5）：22-27，105-106．

[10] 杨臣华．推进内蒙古黄河流域生态保护和高质量发展的重点[J]．北方经济，2019（10）：17-20．

[11] 高攀．旅游文化深度融合助推县域旅游发展——以重庆市垫江县为例[J]．现代营销（下旬刊），2017（9）：188．

[12] 马川川．黄河作为中华民族的母亲河原因探析[J]．群文天地，2012，(22)：90．

[13] 周小苑，岳小乔．习近平的黄河足迹[J]．决策探索（上），2019（10）：7-8．

[14] 何耀龙．黄河流域规划与黄河流域系统治理[J]．居业，2020（5）：121，123．

[15] 刘田．地根，不可失落的文化意义[J]．中国土地，2007（1）：44-46．

[16] 何频．论区域经济发展中的文化生产力[D]．成都：四川大学，2007．

[17] 朱宏强．坚定文化自信的时代要求和路径探索[J]．继续教育研究，2018（9）：14-19．

[18] 苗长虹．黄河文化的历史意义与时代价值[N]．河南日报，2019-11-01（9）．

[19] 王景通，林建华．“金山银山”与“绿水青山”关系的逻辑理路[J]．学习与探索，2019（6）：28-32．

[20] 张福建．引领中华民族伟大复兴的光辉旗帜——习近平新时代中国特色社会主义

思想精髓研究[J]. 党史博采（理论），2018（3）：4-11.

[21] 金民卿. 新思想对百年变局的深度剖析和战略引领[J]. 人民论坛，2019（17）：10-12.

[22] 张慧婷. 记录新时代　书写新时代　讴歌新时代[DB/OL]. 2019-03-05.

[23] 曲丽丽. 黄河文明之近代转型研究[D]. 济南：山东师范大学，2014.

[24] 王颖. 西藏旅游发展战略探析[J]. 地域研究与开发，2008（4）：81-85.

[25] 李记全，谭泽媛，国庆忠. 浅谈黄河文化智慧性内涵——以河图为视角[J]. 中共济南市委党校学报，2019（2）：72-75.

[26] 陈丽，刘奎杰，曲洪志. 儒家“和”文化的思想内涵及其理论渊源刍议[J]. 中国校外教育，2009（S1）：12-13.

[27] 祝建国. 国家意志是春秋战国时期科技进步的主要动力[J]. 黄石高等专科学校学报，2004（5）：40-43.

[28] 吴朋飞. “黄河学”学科构建刍议[J]. 天中学刊，2010，25（4）：114-119.

[29] 彭岚嘉，王兴文. 黄河文化的脉络结构和开发利用——以甘肃黄河文化开发为例[J]. 甘肃行政学院学报，2014（2）：92-99，13.

[30] 孙才顺. 论黄河三角洲文化的历史发展[J]. 理论学刊，2002（2）：122-125.

[31] 陈小红. 晋陕豫黄河金三角区域古代政治文化初探[J]. 三门峡职业技术学院学报，2015，14（2）：29-32.

[32] 李沈阳. 近十年来黄河三角洲区域研究的回顾与展望[J]. 中国石油大学学报（社会科学版），2009，25（2）：38-42.

[33] 宋圭武. 小农经济自给自足也是一种均衡[J]. 农业科技与信息，2016（34）：8-9.

[34] 盖永霞. 开放交流的黄河文化综述[J]. 重庆三峡学院学报，2007（5）：70-72.

[35] 朱如虎，林长春，马元柱. 晋南黄河根祖文化旅游开发初探[J]. 山西师范大学学报（自然科学版），2007（4）：109-113.

[36] 张新斌. 河洛文化与闽南文化关系初论[J]. 黄河科技大学学报，2014，16（3）：15-19.

[37] 李记全，谭泽媛，国庆忠. 浅谈黄河文化智慧性内涵——以河图为视角[J]. 中共济南市委党校学报，2019（2）：72-75.

[38] 张永理. 全球化语境中的儒学困境及其未来[J]. 南京师大学报（社会科学版），2002（3）：25-31.

[39] 陈序. 全球化背景下社会主义文化产业发展与主流意识形态建设[D]. 南京：南京师范大学，2008.

[40] 熊勇. 披裹围服饰文化的发展历程[J]. 美与时代（上），2017（6）：110-114.

[41] 游明，房立一，李倩. 社会主义核心价值观与黄河文化之我见[J]. 山东水利，2016（11）：53-54，56.

[42] 李立新. 论河南的根文化与根文化研究[J]. 黄河科技大学学报，2006（3）：42-44.

[43] 张志伟. 黄河风景名胜区旅游产品开发[D]. 石家庄：河北师范大学，2007.

[44] 刘青. 黄河文化之唱响[J]. 河南水利与南水北调，2011（11）：25.

[45] 刘余力. 论新石器时代中国古代先民的书写方式[J]. 洛阳师范学院学报，2014，33（7）：55-59.

[46] 徐永红，邹鹏飞，杨国虎. 刍议黄河水文化对时代精神的影响[J]. 数位时尚月刊，2014（3）：136-137.

[47] 鲁静，廉伟，蔡久伟. 浅谈加强黄河文化建设的重要性[J]. 科技视界，2012（30）：423-423.

[48] 佚名．让黄河成为造福人民的幸福河[J]．小康，2019（31）：23-23.
[49] 高雅春．我国古代商事法律制度——对“重农抑商”的思辨[J]．广东经济，2017（16）：189-190.
[50] 刘秋根．中国封建社会农业金融发展阶段初探[J]．人文杂志，2007（2）：136-145.
[51] 秦开凤．汉武帝时期工商业制度变迁原因的分析[J]．红河学院学报，2004，2（5）：45-48.
[52] 申红星．唐代社会的开放风气研究[D]．西安：西北大学，2005.
[53] 董传岭．孟子的民本思想述论[J]．山东省农业管理干部学院学报，2005，21（4）：99-100.
[54] 江林昌．中国早期文明的起源模式与演进轨迹[J]．学术研究，2003（7）：86-93.
[55] 侯俊杰．三门峡地区在中华文明起源中的地位[J]．三门峡职业技术学院学报，2011，10（1）：60-65.
[56] 杨栋．“禹生石纽”传说的文化阐释[J]．中原文化研究，2015，3（5）：122-127.
[57] 姜德高．孟子若干思想研究[D]．烟台：烟台大学，2011.
[58] 王斐．黄河文化：汉藏民族的集体记忆与认同——《格萨尔》中的黄河文化[J]．时代报告：学术版，2013（2）：190-190.
[59] 侯亚男．南方少数民族自然生人型创世神话研究[D]．武汉：中南民族大学，2007.
[60] 刘兴林．史前农业的发展与文明的起源[J]．农业考古，2004（3）：70-73.
[61] 贾兵强．治水与中华农业文明的形成与发展[J]．华北水利水电大学学报：社会科学版，2017，33（4）：1-3，81.
[62] 贾兵强．先秦时期我国水井文化初探[J]．华北水利水电学院学报（社科版），2007，23（3）：112-115.
[63] 魏兴涛．豫西晋西南地区新石器时代文化与社会[D]．北京：北京大学，2010.
[64] 李友谋．仰韶文化与中国古代文明[J]．中原文物，2002（3）：13-17.
[65] 徐昭峰．夏国家兴起于中原地区的地理因素探析[J]．古代文明，2010，4（3）：68-73.
[66] 郑好．长江流域史前城址研究[D]．上海：复旦大学，2014.
[67] 董光璧．人类社会的三大技术革命[J]．铁路技术创新，2003（2）：39.
[68] 石雨．先吴文化：璀璨深邃的星空[J]．江南论坛，2009（11）：59-61.
[69] 曹丽娟．浅述临夏新石器时代的青铜器[J]．丝路视野，2018（31）：75，93.
[70] 雍际春．中西青铜文化交流与青铜之路[J]．丝绸之路，2016（6）：45-50.
[71] 线琦．宝鸡石嘴头龙山时代晚期遗存分期及相关问题探讨[D]．西安：西北大学，2006.
[72] 许继起．周代的助祭制度与《诗经》中的助祭乐歌[C]．新世纪中华文学史料学研究的理论与实践学术研讨会暨中华文学史料学会理事会，2011.
[73] 朱岚．论传统孝道的文化生态根源[J]．西北民族学院学报：哲学社会科学版，2001（1）：101-112.
[74] 杨娜，赵雪．吕梁中阳剪纸艺术的当代地域文化符号内涵与意义探研[J]．吕梁学院学报，2019，9（1）：16-19.
[75] 舒永智．从黄河三角洲芯子看民俗舞蹈的文化传承[J]．兰州教育学院学报，2018，34（2）：56-58.
[76] 佚名．黄河之都如何演绎黄河文化[J]．西部大开发，2015（8）：37-42.
[77] 刘敏，任亚鹏，王萍．山西黄河文化：内涵，符号与旅游开发——基于晋西沿黄旅游景区比较研究[J]．晋中学院学报，2018，35（4）：39-43.
[78] 牛建强．抓住保护、传承和弘扬黄河文化新的历史机遇[J]．治黄科技信息，2020（2）：13-14.

[79] 李贝. 黄河文化符号重构与中华文化认同[N]. 河南日报，2020-03-27.
[80] 张文仲. 中国近现代三大历史巨变与民族复兴梦的实践进程[J]. 重庆与世界（学术版），2014（9）：53-55.
[81] 张爱民. 视觉设计与文字形态的再塑造[D]. 石家庄：河北师范大学，2007.
[82] 王薇. 汉字到汉字图形的发展进程研究[D]. 兰州：西北师范大学，2010.
[83] 刘莹. 文字的形成和发展[J]. 北方文学（下半月），2012（5）：122.
[84] 孙婧. 当代砖建筑发展研究[D]. 天津：天津大学，2011.
[85] 刘艳萍. 郑汴一体化背景下开封产业选择研究——基于历史比较分析的视角[D]. 开封：河南大学，2013.
[86] 陈艳萍. 农耕文化的旅游开发研究[J]. 郑州牧业工程高等专科学校学报，2010，30（3）：42-43，50.
[87] 段志风，李丹丹. 万里茶路价值的弘扬与保护[J]. 吕梁教育学院学报，2018（1）：154-156.
[88] 杨振怀. 黄河治理方略的若干思考[J]. 人民黄河，2000，22（1）：1-4，28.
[89] 陈俊. 浅析电影《黄土地》的符号内涵[J]. 昭通学院学报，2010，32（2）：34-37.
[90] 吴朋飞. “黄河学”学科构建刍议[J]. 天中学刊，2010（4）：114-119.
[91] 闫凯凯. 磁山文化研究[D]. 济南：山东大学，2012.
[92] 曲丽丽. 黄河文明之近代转型研究[D]. 济南：山东师范大学，2014.
[93] 贾海滨. 再论自然环境对政治体制的影响[J]. 世纪桥，2014（9）：53-54.
[94] 杨玄. 春秋战国时期黄河流域的金属农具研究[D]. 开封：河南大学，2008.
[95] 刘兴林. 商周农具问题浅识[J]. 管子学刊，2017（2）：80-85，126.
[96] 王月疏. 明代中国棉桑及其地理分布[J]. 陕西学前师范学院学报，2017，33（6）：52-55.
[97] 王保庆，李希腾. 黄河流域论[N]. 民生周报，2020-06-21.
[98] 李玉洁. 黄河文明的历史变迁[C]. 河南：“黄河学”高层论坛，2009：19-26.
[99] 周启澄. 中国特色纺织科技创新思维——第30届全国毛纺年会论文集[C]. 北京：中国纺织工程学会，2010：108-110.
[100] 谭涛. 仓廪实而知礼节——谷仓浅论[D]. 杭州：中国美术学院，2017.
[101] 夏学禹. 中国农耕文化探源[J]. 农业技术与装备，2012（3）：72-73.
[102] 何德亮. 西公桥大汶口文化遗存之研究[J]. 华夏考古，2009（3）：37-47.
[103] 李虹. 浅谈仰韶文化与现代艺术的关系——从彩陶纹饰说起[J]. 电影评介，2008（12）：76.
[104] 魏兴涛. 豫西晋西南地区新石器时代文化与社会[D]. 北京：北京大学，2010.
[105] 庞小霞，高江涛. 中原地区文明化进程中农业经济考察[J]. 农业考古，2006（4）：1-13，26.
[106] 石硕. 从新石器时代文化看黄河上游地区人群向藏彝走廊的迁徙[J]. 西南民族大学学报（人文社科版），2008，29（10）：1-7.
[107] 狄冬梅. 河南省物质类农业文化遗产保护与发展[J]. 创新科技，2016（12）：52-54.
[108] 杨远，刘莉莉. 夏代的工艺美术及审美观探析[J]. 郑州轻工业学院学报（社会科学版），2008，9（6）：47-50.
[109] 王新建，罗丽. 先秦农事诗的社会及技术信息研究[J]. 唐都学刊，2003，19（3）：51-54.

[110] 广东省农业厅种植业管理处. 广东园艺产业发展对策研究——2003年广东省园艺产业发展战略研讨会[C]. 广州：广东省园艺学会，2003：1-10.
[111] 蒋炳耀. 畜牧业的发展历程综述[J]. 中国畜牧兽医文摘，2017，33（11）：39.
[112] 郭书杰. 宋元时期山西手工技术发展的社会学考察[D]. 太原：山西大学，2009.
[113] 何伟福. 清代贵州制度变迁与经济发展研究[D]. 厦门：厦门大学，2009.
[114] 陈兵. 先秦儒家人格思想对当代公民人格培育的启示[D]. 开封：郑州大学，2013.
[115] 张俊列. 中西教学文化差异比较、文化探源与启示[J]. 教学与管理（理论版），2009（3）：65-66.
[116] 张慧. 学校组织文化对教师组织公民行为的影响——以K校为例[D]. 曲阜：曲阜师范大学，2013.
[117] 李敢. “文化兴国”之悖论：我们的“文化”在哪里?[J]. 中国农业大学学报（社会科学版），2013，30（3）：79-87.
[118] 葛继红. 布依族节日礼俗的特征及功能[J]. 毕节学院学报，2007，25（6）：87-91.
[119] 宋文红. 中国古代农业法律制度研究[D]. 杨凌：西北农林科技大学，2006.
[120] 李雪江. 浅谈井田制[J]. 华夏地理，2014（6）：28-31.
[121] 江林昌. 两周时期的农村公社与井田制问题补论[J]. 江海学刊，2006（4）：158-164.
[122] 穆晓闪. 影响我国土地征收政策有效执行的原因分析[D]. 济南：山东大学，2011.
[123] 赵炜. 土地治权变动中的政权变迁[D]. 南京：东南大学，2004.
[124] 刘争艳. 时空视野下的春秋战国长城[D]. 郑州：郑州大学，2011.
[125] 王山青. 战国时期韩国政治的兴衰[D]. 开封：河南大学，2010.
[126] 陈绍娜. 姓氏合一问题研究[D]. 郑州：郑州大学，2009.
[127] 白云翔. 先秦两汉铁器的考古学研究[D]. 济南：山东大学，2004.
[128] 肖向平. 科学发展观的方法论意蕴[J]. 广西师范学院学报（哲学社会科学版），2009，30（1）：27-31.
[129] 赵麦茹. 先秦诸子经济思想的生态阐释[D]. 西安：西北大学，2007.
[130] 唐杏来. 春秋战国土地制度研究的若干问题[D]. 大连：辽宁师范大学，2011.
[131] 陈永国. 人类活动对古代黄河流域生态环境的影响[J]. 内蒙古民族大学学报，2011，17（4）：46-48.
[132] 陈陆. 郑国：疲秦终成郑国渠[J]. 中国三峡，2014（5）：108-113.
[133] 刘修娟. 黄河下游流域传统民居类型及特征研究[D]. 郑州：郑州大学，2016.
[134] 王京龙. 齐鲁文化对中华民族传统体育发展的影响[J]. 济南大学学报：社会科学版，2011，21（6）：57-61.
[135] 曾文芳. 战国中期四大区域的民族融合与华夏文化类型[J]. 西北民族论丛，2017（1）：11-22.
[136] 陈克进. 历史上中国和中华民族的形成与发展问题讨论述略[J]. 云南社会科学，2003（4）：65-69.
[137] 张京华. 说“时”——中国古代的“时政”思想[J]. 湖南文理学院学报（社会科学版），2007，32（1）：52-58.
[138] 吴智. 先秦诸家主流技术思想之分析[D]. 沈阳：东北大学，2008.
[139] 盛邦跃. 在历史和现实的结合中讲授马克思主义群众观点[J]. 中国农业教育，2001（3）：28-29.
[140] 李玉洁，黄庭月. 炎帝文化探源——炎黄文化学术研讨会论文集[C]. 湖南：中华炎黄文化研究会. 2007：229-234.

[141] 史志龙. 西周、春秋时期的农神研究[D]. 开封：河南大学，2007.
[142] 耿静静.《诗经》农事诗与西周农业社会[D]. 郑州：郑州大学，2012.
[143] 宋志伟. 论唐高宗武后时期的修礼活动——以政治格局为研究视角[D]. 扬州：扬州大学，2017.
[144] 谢佐. 黄河长江流域的传统文化及其现代化[J]. 青海社会科学，2005（1）：99-104.
[145] 丁柏峰. 河湟文化圈的形成历史与特征[J]. 青海师范大学学报（哲学社会科学版），2007（6）：68-71.
[146] 吴晶晶，王军，白涛. 青海省东部河湟地区少数民族传统聚落和民居生存智慧研究[J]. 四川建筑科学研究，2013，39（1）：304-306.
[147] 李莱. 浅议河湟传统文化的现代化[J]. 攀登，2005，24（4）：73-74.
[148] 唐家路. 民间艺术的文化生态论[D]. 南京：东南大学，2003.
[149] 乔柳. 青海河湟地区传统民居适宜性技术应用研究[D]. 西安：西安建筑科技大学，2018.
[150] 马海龙. 试论自然地理环境对历史上河湟多民族文化的影响[J]. 青海民族研究（社会科学版），2005，16（1）：70-72.
[151] 李健胜，李芝乾. 河湟文化特征平议——兼论河湟文化建设中的政府角色定位[J]. 青藏高原论坛：社会科学版，2019（1）：53-56.
[152] 匡达人. 炎帝神农氏的兴农与湖南古稻作文化[J]. 农业考古，2000（1）：129-141.
[153] 林向. “巴蜀文化”辨证[J]. 华中师范大学学报（人文社会科学版），2006，45（4）：90-94.
[154] 罗文锋. 乌江流域重庆段先秦考古发现与研究[D]. 重庆：重庆师范大学，2016.
[155] 陈礼贤. 近二十年中国汉民族起源、形成研究综述（三）[J]. 广西右江民族师专学报，2002（2）：12-20.
[156] 刘茂才，谭继和. 巴蜀文化的历史特征与四川特色文化的构建[J]. 西南民族大学学报（哲学社会科学版），2003，24（1）：57-59.
[157] 刘茂才，谭继和. 沿流光溢彩的历史长河前行——四川历史文化透视[J]. 四川党的建设（城市版），2007（8）：17-18.
[158] 黄林，何雨蔚，叶明兴. 川西农耕文化——川西人了解程度调查报告[J]. 四川农业科技，2019（1）：68-70.
[159] 李钊，张弘. 巴蜀文化与巴蜀非遗、农耕文化的关系研究述略[J]. 成都大学学报（社会科学版），2014（4）：42-49.
[160] 王静. 具茨山刻划符号形体初探[D]. 郑州：郑州大学，2017.
[161] 杜树泽. 靖远岩画考察散记[J]. 丝绸之路，2017（9）：10-18.
[162] 王楠. 陕西唐陵石刻马装饰图像演化研究[D]. 西安：西安建筑科技大学，2013.
[163] 何丹. 论“图画文字说”的原始版[J]. 浙江大学学报（人文社会科学版），2004，34（5）：142-148.
[164] 牟孝梅，张丽娜，杨萍. 贵州北盘江流域岩画人物的服饰特色[J]. 西北美术，2017（3）：131-137.
[165] 赵小帆. 贵州早期农具初论[J]. 四川文物，2008（4）：37-41.
[166] 郭海宁. 中国科学考古学诞生微探[D]. 重庆：重庆师范大学，2016.
[167] 张伟华. 关于黄河口文化产业发展的几点思考[J]. 石油大学学报（社会科学版），2005，21（5）：39-43.

[168] 刘杰. 唐五代宋初敦煌地区农产品研究[D]. 兰州：西北师范大学，2013.
[169] 胡云安. 农耕文化源远流长农史研究任重道远——论高等农业院校如何传承与弘扬农耕文化[C]. 农耕文化与现代农业论坛，2009.
[170] 赵晓菲. 中国鼓造型文化研究[J]. 天工，2015（4）：17.
[171] 李军，隆滟，刘延琴. 甘肃省陇东地区的农业信仰和崇拜[J]. 古今农业，2012（4）：78-84.
[172] 王鹏鸣. 甘肃地域性非物质文化遗产现状与开发研究——以甘肃著名非物质文化遗产为例[J]. 开发研究，2011（3）：68-69.
[173] 薛正昌. 黄河文化与宁夏农业文明[J]. 渭南师范学院学报，2004，19（4）：35-41.
[174] 薛正昌. 宁夏历史地理与文化论纲[J]. 固原师专学报（社会科学版），2006，27（5）：45-50.
[175] 刘烨，王欣. 陕南的史前考古文化与族群分布[J]. 中国历史地理论丛，2017，32（4）：43-53.
[176] 张琮璞. 宁夏中卫地区岩画中的羊图腾研究[D]. 银川：宁夏大学，2018.
[177] 孙昌盛. 略论西夏的墓葬形制和丧葬习俗[J]. 东南文化，2004（5）：37-43.
[178] 李亚宁. 民族博物馆及其对民族非物质文化遗产的保护[D]. 南昌：江西师范大学，2016.
[179] 易静华，刘艳华，刘辛斐. 宁夏农业农村环境现状与可持续发展的对策[J]. 安徽农业科学，2009，37（36）：18396-18398.
[180] 陈之曦. 自发移民的社会适应和社会融入研究——以银川西夏区兴泾镇涝池村为例[D]. 银川：宁夏大学，2016.
[181] 王兴文. 论宁夏黄河文化的内涵及其符号表达[J]. 西夏研究，2015（2）：99-103.
[182] 姚兆余. 中国农耕文化的优良传统及其现代价值[J]. 甘肃社会科学，2008（6）：71-74.
[183] 朱存军. 区域经济发展中的文化因素分析——以内蒙古中西部地区为例[D]. 呼和浩特：内蒙古师范大学，2008.
[184] 邹万银. 巴彦淖尔——草原上的耀眼明珠[J]. 前沿，2006（9）：213-214.
[185] 恩和特布沁. 河套文化的历史特征及现代发展[J]. 实践（思想理论版），2008（10）：50-51.
[186] 赵冬菊. 民族民俗文化与非物质文化遗产的共性分析[J]. 重庆教育学院学报，2010，23（2）：71-75，78.
[187] 赵静，刘子幸. 对河套灌区节水措施的探讨[J]. 现代经济（现代物业中旬刊），2010，9（10）：72-73.
[188] 靳怀堾. 一方水土养育一方人：水与地域文化[J]. 中国水利，2017（3）：60-64.
[189] 崔婷婷. 元代农官制度研究[D]. 杨凌：西北农林科技大学，2017.
[190] 朱立挺. 市肆菜在陕西渭南地区饮食习俗中的演变和现状[J]. 南宁职业技术学院学报，2015（4）：1-4.
[191] 马蕾. 文化视角下的先秦食育思想初探[D]. 西安：西安理工大学，2014.
[192] 王书兵，蒋复初，傅建利等. 关于黄河形成时代的一些认识[J]. 第四纪研究，2013（4）：705-714.
[193] 张信宝，刘彧，王世杰，等. 黄河、长江的形成演化及贯通时间[J]. 山地学报，2018，36（5）：661-668.
[194] 侯满平. 黄淮海平原农业结构调整及农业发展战略研究[D]. 北京：中国农业大学，2004.
[195] 张建军. 江苏北部地区黄河南徙的环境效应[D]. 南京：南京大学，2000.
[196] 李娜，卢勇. 黄河河道变迁对黄淮流域城市的影响——以安徽省砀山县为例[J]. 古今农业，2015（2）：

58-66.
[197] 李广燕. 古代“黄河改道”文献考述[D]. 南京：南京大学，2009.
[198] 朱小璠. 明清时期淮安地区水环境变迁探析[J]. 文化创新比较研究，2019，3（25）：56-58.
[199] 张华松. 大禹治水与夏族东迁[J]. 济南大学学报（社会科学版），2009（2）：7-10，97.
[200] 张雯钧. 试析马家窑文化彩陶纹饰及文化意蕴[J]. 赤峰学院学报（哲学社会科学版），2014（8）：16-19.
[201] 段晨. 具有地域环境特征的河南民居文化[J]. 科技视界，2014（13）：351-352.
[202] 米佳，赵丹，廖启鹏. 地域文化视角下黄河流域中下游历史城市景观研究——以太原市为例[J]. 中国名城，2017（12）：67-75.
[203] 白利权. 黄河中游古代渡口研究[D]. 郑州：郑州大学，2010.
[204] 恩和特布沁. 论河套文化对民族文明的贡献[J]. 前沿，2008（8）：88-91.
[205] 万金凤. 山东黄河变迁与治理研究（1855-1911）[D]. 济南：山东师范大学，2002.
[206] 李玉明. 山西历史文化丛书·历代帝王与后土祠[M]. 太原：山西人民出版社，2009.
[207] 苗长虹，艾少伟，喻忠磊. 黄河文化的历史意义与时代价值[N]. 河南日报，2019-11-01（9）.
[208] 孙凤芝，李志刚. 黄河流域餐桌的记忆[M]. 济南：山东人民出版社，2013.
[209] 刘光华，楼劲. 黄河文化丛书·黄河人[M]. 兰州：甘肃人民出版社，2001.
[210] 鲁枢元. 黄河文化丛书·黄河史[M]. 郑州：河南人民出版社，2001.
[211] 牛建强. 源远流长：黄河文化概说[N]. 黄河报，2017-07-11（4）.
[212] 胡增春. 海峡两岸同胞齐聚万荣祭后土[N]. 山西晚报，2014-04-08（2）.
[213] 范时勇. 传统节日[M]. 重庆：重庆大学出版社，2015.
[214] 韩长赋. 中国农村土地制度改革[J]. 农业经济问题，2019（1）：4.
[215] 苏黎. 中国传统农业技术演化特征及成因分析[D]. 沈阳：东北大学，2008.
[216] 陈通明，贠有强，杨云. 坚定文化自信弘扬黄河文化精神[N]. 宁夏日报，2019-11-05（12）.
[217] 景斌. 纵横家张仪在故里万荣的文化遗存——走近张仪村、张仪道、庙前渡[J]. 山西老年，2016（3）：10-12.
[218] 李永辉. 后土文化承载五千年智慧的文化结晶[N]. 运城日报，2016-06-07（3）.
[218] 潘新杰. 品字台、对台戏、三台戏[J]. 后土文化，2003，1（1）：22-25.
[220] 徐卫民. 陕西地域文化及其特征[J]. 长安大学学报：社会科学版，2014（1）：13-20.
[221] 刘璐. 陕西古代历史题材电视剧研究[D]. 西安：西北大学，2009.
[222] 曾宪利. 试论唐代文化的多元发展[D]. 济南：山东大学，2008.
[223] 孟佳颖，孟万忠. 流域文明传承的驱动要素分析——以山西黄河段为例[J]. 三门峡职业技术学院学报，2019，18（3）：35-39.
[224] 胡泽学. 三晋农耕文化的特征[J]. 当代农机，2010（7）：64-65.
[225] 张新斌. 解读河南文化的四个关键词[J]. 学习论坛，2010（2）：55-58.
[226] 杨铭. 建立河南粮食稳产增产长效机制的可行性与必要性分析[J]. 安阳师范学院学报，2014（2）：67-71.

[227] 张敏，简东．中原农耕文明环境下民间手工艺的传承与创新——对河南淮阳泥泥狗手工艺制作传承人、河南省民间工艺美术大师许述章的访谈录[J]．美与时代（上），2014（10）：37-43.

[228] 李伟．黄河与齐鲁文化研究的价值、现状与展望[J]．齐鲁师范学院学报，2018，33（2）：82-87.

[229] 徐新亮．山东黄河淤背区土地开发管理研究——以惠民黄河河务局为例[D]．济南：山东师范大学，2018.

[230] 张爽．浅析山东地域文化[J]．广东经济，2017（20）：284.

[231] 郝光荣．我省应进一步重视弘扬华夏根祖文化[J]．前进，2008（9）：32-35.

[232] 范富，饶雨平，文培红．太原特色历史文化名城内涵研究[J]．中共太原市委党校学报，2009（2）：10-18.

[233] 翟通毅．丰富而厚重的三晋农耕文化[J]．当代农机，2010（3）：66-68.

[234] 段亚蓉．改革开放以来晋南的祖先崇拜和祖神信仰调查研究[D]．太原：山西大学，2013.

[235] 李小丽．运城市文化旅游发展研究[D]．太原：山西财经大学，2006.

[236] 王建莉．《古谣谚》二十四节气谚语研究[J]．中国典籍与文化，2018（3）：127-133.

[237] 陈振民．晋学应包括后土文化[J]．山西社会主义学院学报，2011（1）：79-80.

[238] 赵民胜，王丽．道德视域中的后土文化探析[J]．太原大学学报，2015（2）：142-145.

[239] 鲍丹．缅怀后土缅怀先祖缅怀历史——“甲申年海峡两岸祭祀后土圣母大典”暨海峡两岸后土文化研讨会纪实[J]．两岸关系，2004（6）：22-24.

[240] 薄云山，张亚明．中国土地文化的魂魄——万荣后土祠土地文化传承价值[J]．华北国土资源，2016（2）：10-12.

[241] 田世升．社稷与山西初探[J]．文物世界，2011（2）：46-50.

[242] 杨洪杰．后土文化与中华文明史[J]．运城学院学报，2004，22（6）：31-37.

[243] 韩长赋．中国农村土地制度改革的历史变迁与创新实践[J]．农村农业农民：下半月，2019（1）：5-13.

[244] 周秉根，张蕾，张静，等．土地文化与文化土地内涵分析[J]．国土资源科技管理，2012，29（2）：46-50.

[245] 焦艳，朱慧芳．华夏根祖之源——汾阴后土信仰与祭祀变迁[J]．山东工会论坛，2015（2）：120-123.

[246] 陈伟，樊淑敏．后土信仰的嬗变及其生态意义[J]．江西社会科学，2007（5）：48-54.

[247] 加俊．晋南万荣县后土祠俗民后土信仰调查研究[D]．兰州：西北民族大学，2006.

[248] 薛勇勤．“后土文化与中华优秀传统文化”高峰论坛部分参会领导、嘉宾发言[J]．华北国土资源，2016（2）：4-9.

[249] 陈志明．东南亚华人的土地神与圣迹崇拜[J]．广西民族大学学报（哲学社会科学版），2001（1）：18-26.

[250] 陈振民．后土文化探论[J]．运城高等专科学校学报，2002（1）：29-32.

[251] 宋锐．习近平绿色发展思想研究[D]．锦州：渤海大学，2019.

[252] 孙安邦，胡素芬，陆峰波．后土文化的特点[J]．运城学院学报，2005，23（3）：35-37.

[253] 吕红艳．南北“二月二”习俗比较[J]．寻根，2006（1）：45-49.

[254] 胡红．传统与现代融汇下的礼俗文化展现——以山西万荣后土古庙会为例[J]．交响：西安音乐学院学

报，2013，32（1）：22–26.
[255] 孙安邦，陆峰波．女娲非后土浅见[J]．运城学院学报，2009（3）：27–30.
[256] 徐国源．民间神祇：信仰与传播[J]．苏州大学学报（哲学社会科学版），2004（3）：106–109.
[257] 孟繁仁，文庆．从“抟土造人”神话到“后土皇地祇”——中华民族的“国土之神一娲皇后土圣母”[J]．山西社会主义学院学报，2002（2）：37–41.
[258] 王丽，赵民胜．浅析两汉社会与后土祭祀[J]．卷宗，2015（5）：519–521.
[259] 杨子荣．汉武帝与汾阴后土祠[J]．文物世界，（4）：67–69.
[260] 崔梦一．北宋祠庙建筑研究[D]．开封：河南大学，2007.
[261] 于娜．山西社稷神崇拜的庙宇建筑文化[D]．南京：南京大学，2009.
[262] 尹虎彬．浅谈后土与后土崇拜传统[J]．青海社会科学，2012（2）：187–192.
[263] 钟亚军．土地神之原型——社与社神的形成和发展[J]．宁夏社会科学，2005（1）：127–130.
[264] 郑杰．山西境内的祭祀类建筑型制及其空间分析[D]．太原：太原理工大学，2015.
[265] 艾斐．后土文化与中华文明[J]．运城学院学报，2004（3）：35–37.
[266] 王玉洁，董宁倩，韦晓娟．晋南李家大院建筑装饰分析[J]．美与时代（城市版），2018，779（12）：20–21.
[267] 于娜，沈旸，周小棣．晋南现存稷王庙调研与探析[J]．华中建筑，2009，27（3）：129–133.
[268] 李校瑾．“礼教制度”下的山西宗祠建筑与文化研究[D]．西安：西安建筑科技大学，2018.
[269] 李海争．万荣笑话的地方特色和文化底蕴[D]．太原：山西大学，2014.
[270] 本刊编辑部，解放，秦改梅．演绎众生百态尽显凌空之美[J]．科学之友（上半月），2017（10）：24–27.
[271] 李筠霞．万荣花鼓的源流及演变[J]．美与时代：学术，2015（2）：118–119.
[272] 本刊编辑部，秦改梅．黄土地上盛开的“幽默之花”[J]．科学之友（上半月），2017（9）：16–20.
[273] 兰天龙．万荣软槌锣鼓的调查研究[D]．临汾：山西师范大学，2015.

后记

本书由山西省万荣县委县政府组织编写。张德纯、薛勇勤、李岩、沈伟杰、张建平、潘新杰、张旭光、薛义侠、畅晓红、吴震、吴希娟、王岩、郭燕等对书稿提出了十分中肯的意见。在此，特向他们表示衷心的感谢。

特别鸣谢北京大学李零先生、山西省社科院艾斐先生、山西晚报胡增春先生、万荣县解放先生和李永辉先生为本书无私地提供了宝贵的文章。

本书对黄河文化及后土文化的研究成果进行了较为系统的梳理，并结合我们的认识，力求深入浅出地对黄河文化和后土文化进行探析，希望能够以此抛砖引玉，引起读者对黄河文化及后土文化的关注，共同在文化继承弘扬的道路上尽一点绵薄之力。

由于编写时间仓促，加之水平有限，难免有疏漏差错，望各位专家和读者批评指正，以便在修订时进一步补充完善。

编　者

2020年8月